RDMU 融智创新管理学院
IPD 系列丛书之一

（第二版）

产品研发管理

周辉 著

——构建世界一流的产品研发管理体系

Research & Development

源自华为实践，
融合中国各类企业研发管理，即学即用即实践

电子工业出版社
Publishing House of Electronics Industry
北京·BEIJING

内 容 简 介

　　许多企业面临着研发周期长，需求不清晰，公司越做越大，却越来越不赚钱、越来越缺少核心竞争能力，研发人员越来越多，越来越难管理等问题；中国的大部分技术型企业在能力建设上只关注技术和财务以及交付的指标和要素，不关心货架共享能力，不关心市场需求和基于核心技术平台上产品收入占比的可持续发展能力，不关心核心人员的能力提高和人员结构合理性的竞争能力指标。本书将解决以上问题，帮助国内很多企业制定战略和提高领导者的管理能力。

　　本书所有图片、内容均申请了个人知识产权，任何人未经授权不得用于任何商业活动，包括但不限于培训、咨询和软件开发。

图书在版编目 (CIP) 数据

产品研发管理：构建世界一流的产品研发管理体系 / 周辉著 . —2 版 . —北京：电子工业出版社，2020.1

ISBN 978-7-121-38193-5

Ⅰ. ①产…　Ⅱ. ①周…　Ⅲ. ①产品开发－企业管理－研究　Ⅳ. ① F273.2

中国版本图书馆 CIP 数据核字（2019）第 298132 号

策划编辑：张　昭
责任编辑：张　昭
印　　刷：天津嘉恒印务有限公司
装　　订：天津嘉恒印务有限公司
出版发行：电子工业出版社
　　　　　北京市海淀区万寿路 173 信箱　邮编 100036
开　　本：720×1000　1/16　印张：23.5　字数：376 千字
版　　次：2012 年 1 月第 1 版
　　　　　2020 年 1 月第 2 版
印　　次：2025 年 5 月第 19 次印刷
定　　价：79.00 元

　　凡所购买电子工业出版社图书有缺损问题，请向购买书店调换。若书店售缺，请与本社发行部联系，联系及邮购电话：（010）88254888，88258888。
　　质量投诉请发邮件至 zlts@phei.com.cn，盗版侵权举报请发邮件至 dbqq@phei.com.cn。
　　本书咨询联系方式：（010）88254210，influence@phei.com.cn，微信号：yingxianglibook。

谨　献

谨以此书献给那些不断缩短产品周期、正在执行或将要执行产品研发管理改革的创新型企业。

谨以此书献给那些创新核心技术、构建核心产品和解决方案，以及通过优质客户定制带来新的技术需求的平台生态型企业。

谨以此书献给那些已经有一个产品线取得成功，还在建设产品平台，在平台上开发新产品的成功企业。

谨以此书献给那些长期从事一个个的定制项目、正在寻找新的需求、在共享的基础上开发产品的软件企业。

谨以此书献给那些在保证重大专项任务完成的同时还在不断做产品化探索的国家科研院所以及军工企业。

谨以此书献给正在寻找或验证市场需求并准备基于市场需求开发新产品的新生企业。

构建基于核心技术与市场需求
双驱动的产品管理

本书自2012年出版以来，销量已近10万册。正如我在书的封底中所言"这是一本一口气可以读完，但可以放在案头十年的书"。非常感谢阅读此书并对本人提出改进意见，以及通过学习本书对企业产生效益的读者和企业家。

本来准备10年后出版本书第二版，但这个世界唯一不变的是变化，今天的世界距离8年前发生了巨大的改变：

1. 技术创新与产品创新能力成为所有企业的竞争力，发展高科技企业成为国家的基本国策，中国优秀的高科技企业不仅在加大产品开发，更在加大基础研究和核心技术的开发。

2. 5G、人工智能和大数据，使得产品开发的模式发生了很大改变。

3. 产品+互联网的思维导致消费者要求在同一平台下构建不同细分市场的产品，甚至是个性化的定制产品。

中国的企业过去更多的是基于市场需求进行产品开发，更多强调的是基于资源做产品集成，大部分企业进行的是整机、单机的应用技术开发和基于市场需求的逆向设计，风险低，利润低，定价权低，核心技术支撑的元器件和原料依靠国外的企业。随着中国企业的发展，中国高科技企业在世界的影响力越来越大，企业不仅要求基于市场需求进行产品开发，更加强调基础研究和核心技术的建设，以寻求高额的利润和产业链的话语权，如图1所示。

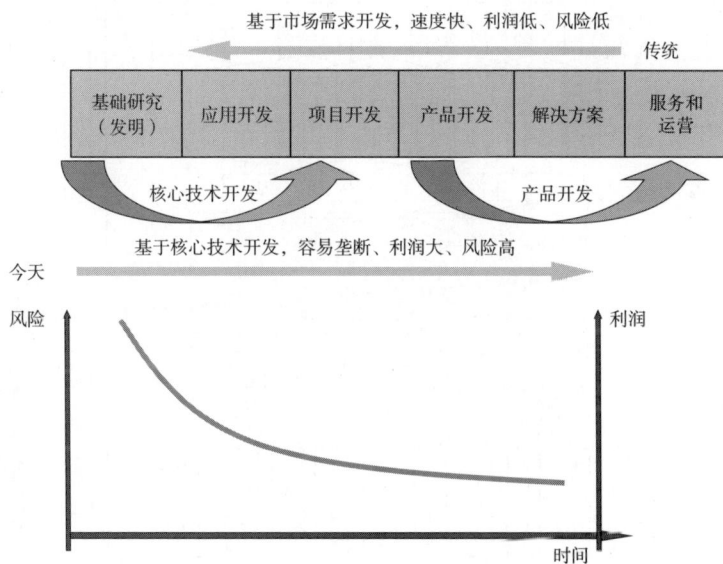

图1　高科技企业的产出模式

因此，本书在进一步强化基于市场需求驱动产品开发的同时，加强了基于核心技术的产品开发，并细化了产品开发的正向流程，进一步强化了基于市场需求和核心技术双驱动的产品开发模式。以产品、货架和平台为中心，向上围绕客户做解决方案和定制，向下进行核心技术和关键技术的开发，甚至是加大基础研究，以实现核心技术支撑核心产品，核心产品支撑解决方案和集成，通过对优质客户的定制，带来新技术的正向商业模式的循环，如图2所示。因此集成产品开发（IPD）的改革不仅是产品和技术的改革，也不仅是流程的改革，还是商业模式的转型和升级。

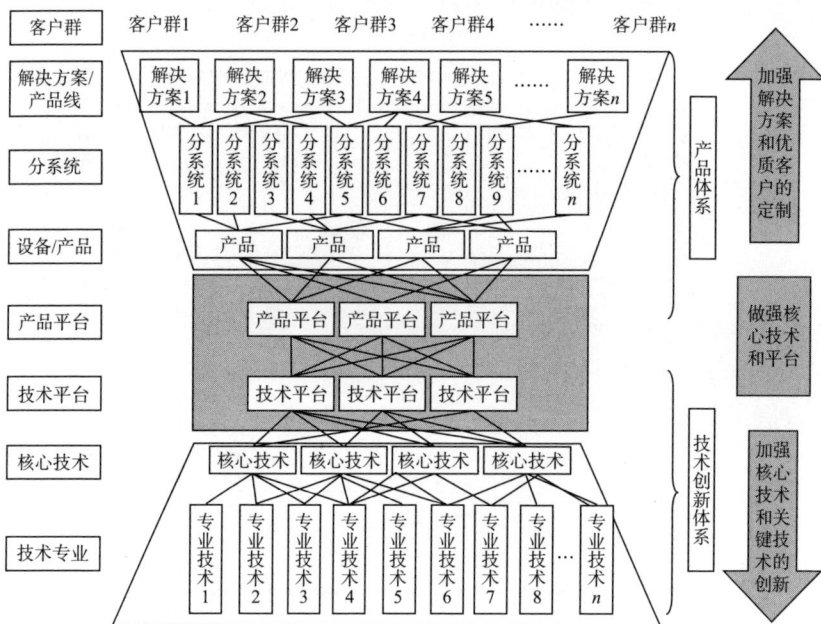

图2 产品细腰型架构

商业模式的转型和升级要求以产品为核心，横向打通从客户投资到市场需求到产品开发再到产品销售及交付和服务的过程。其中产品开发要求以货架为核心，从核心技术和市场需求两个方向驱动，以确保既满足技术的先进性，又满足个性化客户的需求，产品技术货架和产品平台的建设成为重中之重。纵向要确保公司的战略目标分解到客户群目标，以增量客户群、增量市场来构建产品策略，探寻增量战略控制点，对预算配置和增量绩效管理进行支撑，同步要求提升员工任职资格，支撑公司的商业模式。融智IPD和增量绩效及任职资格相互融合互生模型如图3所示。

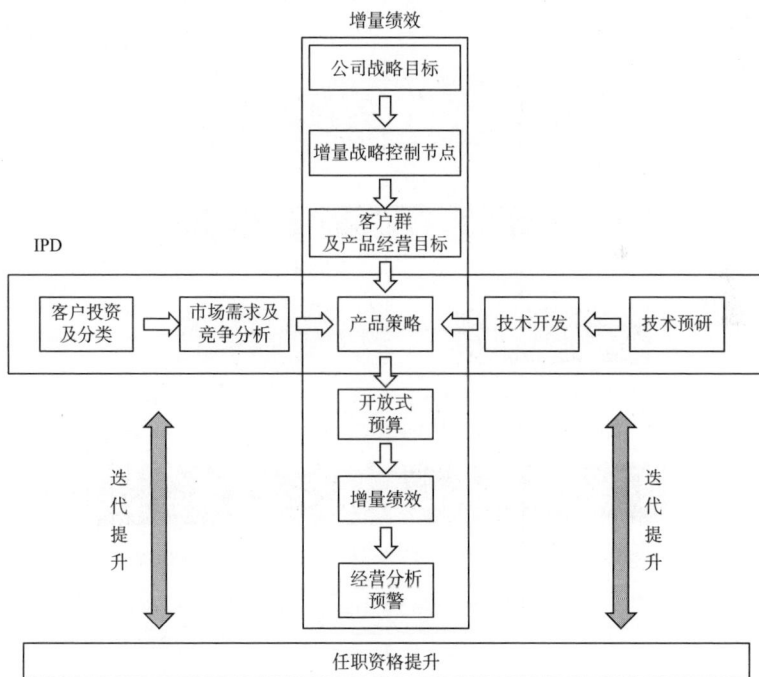

图3　融智IPD和增量绩效及任职资格相互融合互生模型

正如我在2018年出版的IPD系列丛书之二——《增量绩效管理》一书中提出的企业管理的整体解决方案"企业系统管理的周辉三六三模型"（如图4所示），通过市场细分，寻找增量客户，用核心技术和市场需求双向驱动集成产品开发管理，同步构建增量绩效管理体系和增量任职资格管理体系及增量产出文化体系，关注核心职位的产出活动和货架建设，实现"一客户一产品一策略一财务模型一队伍一增量激励"，确保企业商业模式转型、核心竞争能力提升和可持续增长。

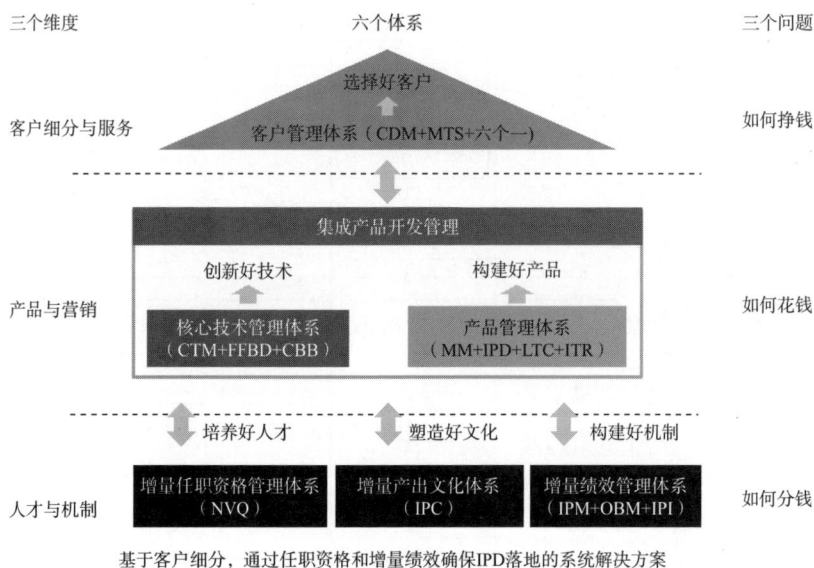

图4　企业系统管理的周辉三六三模型

本书重点针对第一版的以下内容进行了改动：

一、强化了基于核心技术和市场需求双驱动的产品开发。

二、进一步对技术进行了分类，对技术创新和产品创新进行了划分。

三、强化了客户细分和面向优质客户进行定制服务，明确了

"一客户一产品一策略一财务模型一队伍一增量激励"的产品矩阵模式。

四、进一步细化了从客户投资到客户问题到客户痛点到竞争分析到卖点设计到需求分类到核心技术构建的市场管理流程。

五、进一步明确如何实现"核心技术支持核心产品，核心产品支撑解决方案，并通过优质客户的定制带来新技术的商业模式"。

六、对产品研发成本管理、产品研发绩效管理、研发人员的增量以及产出文化进行了进一步细化。

为了使读者能更进一步理解此书，我对本书的核心观点进行了数字化的梳理。

"一"是一个回归：回归产品。

"二"是两个驱动：基于市场需求、核心技术双驱动产品开发。

"三"是三个交付：

（1）面向市场成功和财务成功的商业交付；

（2）面向CBB和产品平台的货架知识交付；

（3）面向研发人员任职资格提升的能力交付。

"四"是产品开发的四个包：产品包、工具包、服务包、礼品包。

"五"是五种技术分类：核心技术、关键技术、独有技术、一般技术、通用技术。

"六"是基于市场细分的产品开发R版本设计的六个一：一客

户，一产品，一策略，一财务模型，一队伍，一增量激励。

"七"是七层货架：从器件/芯片/原料到部件、单机、整机到系统，支撑商业模式的七层产品货架（如图5所示）。

"八"是基于客户细分的八个象限产品开发策略（如图6所示）。

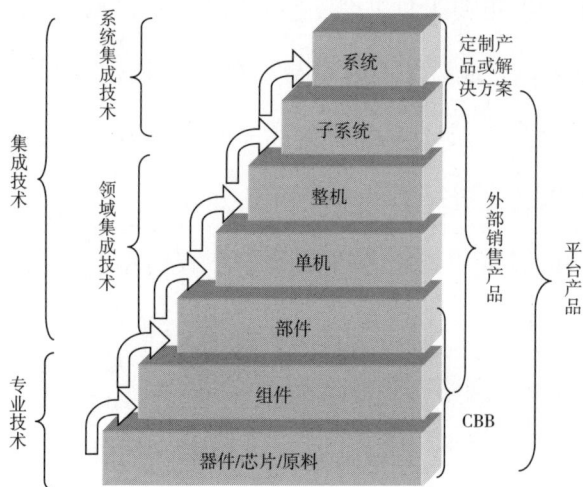

图5　七层产品货架周辉模型

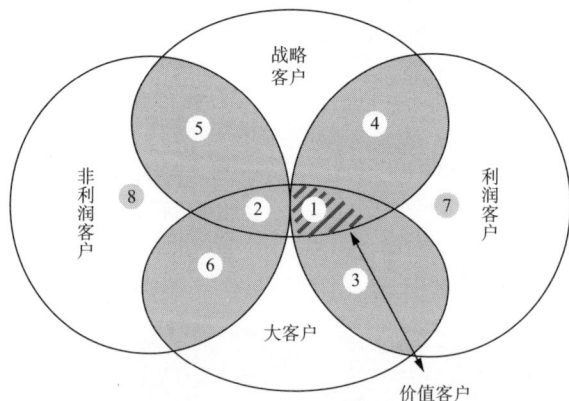

图6　基于客户细分的八个象限产品开发策略

衷心希望本书能够帮助企业创新核心技术、构建核心产品、建立产品货架，面向优质客户定制，实现财务成功、市场成功、核心人员能力提升，为企业实现增量绩效做出更大的贡献。

周　辉

2019年5月5日

企业本质应回归产品研发管理

刘九如

数字经济已经迎面而来，促使各行各业出现变革和调整。

随着大数据、人工智能、区块链、5G等新一代信息技术与实体经济的深入融合，数字化转型促使企业产品研发、生产、销售、服务以及供应链管理等各个环节发生重大变革，以高新技术推动产品研发创新，成为新时代国家和企业竞争的关键。尤其是领先企业，面对瞬息万变的市场需求和更加激烈的竞争环境，在进一步强调基础研究和核心技术研发的基础上，回归到企业本质，更加聚焦产品研发与运营，才能确保持续领先。

然而，正处在产业转型升级过程中的各类企业，如何在产品研发和管理方面跟上信息技术深入应用的潮流，缩短与世界领先企业的差距？如何基于核心技术创新和市场需求变化双轮驱动，赢得创新产品的市场成功和财务成功？如何在促进产业链生态可控的基础上，强化产品研发的开放合作？如何真正实现以客户为中心，不断创新产品研发方案？

正是基于企业的这些疑惑，周辉先生创作出版《产品研发管理》一书，从培训的视角，为企业答疑解惑，赢得持续热销，第一版发行以来总计已销售近10万册。一部相对专业的著作，能赢得读者如此的厚爱，我想不仅是因为周辉先生曾多年担任华为公司的项目管理和产品研发主管，主导推动华为全面实施集成产品开发管理（IPD），培育形成了企业产品研发管理及经营的有效工具，引起国内众多高新技术企业的学习和模仿；更为重要的是，本书综合了周辉先生多年来参与烽火通信、科大讯飞、航天一院、中国卫星、中国电科29所、启明星辰、广联达、用友网络、国防科大等上百家技术型企业和研发机构管理咨询的感悟和案例研究，对众多产品主导型和成长型企业大有裨益。除此之外，周辉先生这本书能够持续畅销，我想应该还有以下几点原因：

一是强烈的产品思维。全书大力倡导企业回归产品经营的本质，不断增强研发投入，想方设法构建核心技术支撑核心产品，努力实现以产品为核心的增量经营，力求为客户提供优秀的、拥有自身核心产品的解决方案，这样的理念，契合了当前大力发展实体经济的要求，为众多长期被"脱实向虚"困扰的企业，赋予了思想的力量。

二是前瞻的互联网思维。书中系统介绍了信息管理系统和信息技术工具在企业产品研发和运营过程中的深远意义，启发读者以互联网思维和强烈的信息技术思维，去更科学地把握当前企业产品研发运营全生命周期的管理，以实现对产品研发绩效的科学评估。

三是务实的操作实践。书中主要内容源于华为的产品研发管理经验，更多的是周辉先生自身实践的真切总结；同时结合中国企业成长过程的研究思考和众多产品研发与管理案例的解剖，不是简单地讲故事、说案例，而是回归到产品研发原理和具体实践流程，方便企业产品研发主管和研发人员学习、模仿和复制，由此成为众多企业的培训教材和实践指南。

我和周辉先生是相知多年的老乡，曾多次见面交流，共同对众多企业产品研发案例进行过深入切磋和交流。他在企业管理咨询工作异常忙碌的情况下，挤出时间，对《产品研发管理》一书进行了修订，书中不仅增加了一些前瞻的产品研发思想，还补充了很多新鲜的企业产品研发管理案例，尤其是对技术创新和产品开发流程进行了众多创新的思考和设计。他把书稿送到我面前，希望我写一个推荐序，我欣然写下以上几行文字，特此向读者推荐。

企业的成功在于拥有核心产品，产品的成功在于增量绩效的不断递增，创新的思维和成功的经验总结，可以帮助企业少走弯路、加快创新。期待《产品研发管理》一书的再版发行，能给各类产品研发企业、众多的研发主管和产品规划、研发、运营、管理全流程相关人员提供参考，有所启发。(作者系电子工业出版社总编辑)

信心和责任

——为什么到现在才写这本书

这本书还没有封稿前，我将一些章节给一些朋友和客户看，他们都在问我一个问题，这本书的思想和思路甚至一些方法和工具的介绍，均出自我在华为研发工作的实践，离开华为近十年了，为什么到现在才出这本书？

听到这个问题，我也在想，如果十年前出这本书，这本书的思想和架构会是什么样？内容会有什么不同？

我反复思考这个问题：会有什么不同？

我回顾离开华为这十年的经历，担任过三年亿阳信通首席运营官兼营销总裁，担任过三年青牛软件的CEO，亲自创办融智咨询公司，为中国的大部分技术型企业包括用友软件、启明星辰、烽火通信、广联达，以及国家的科研院所包括航天一院、五院和中电集团的电子29所，还包括一些高校的研究室等几十家客户做过咨询，这些客户通过建立产品研发管理体系都取得了很好的业绩。正是这些客户的反复实践，证明从华为到中国的各类技术型企业，都可以复制这套研发管理体系。

想到这些，这个问题的一个答案油然而生：信心。

一是经历和案例会导致内容和思路更加完善；二是写作的信心不一样，导致对一些问题的回答是明确的而不是模棱两可的。

有了信心这个答案，还有其他不一样的吗？

我再想是什么原因让我离任即将上市的公司CEO的职位和过亿的期权收益，还坚持继续做咨询？

我想到了与我合作的客户，他们为什么要与我持续合作？

我发现大部分客户分不清R&D中R（Research，技术开发）和D（Development，产品开发）的区别，他们面临着一个一个做定制项目，研发周期长，需求不清晰，公司越做越大，却越来越不赚钱、越来越缺少核心竞争能力，研发的人员越来越多，越来越难管理等问题。

我还发现中国的大部分技术型企业在能力建设上只关注技术和财务以及交付的指标和要素，根本不关心货架共享的能力，不关心市场需求与基于核心技术和平台上产品收入占比的可持续发展能力，不关心核心人员的能力提高和人员结构合理性的竞争能力指标。很多企业的领导者认为我提出的基于三种能力上的七类指标对制定战略和指导工作具有重要意义，这三种能力和七类指标分别是：

一、生存类能力指标

1. 财务指标包括收入、回款、人均利润等；

2. 交付指标包括计划完成率、客户满意度等。

二、可持续发展能力指标

1. 新业务占收入比重包括新产品收入占比，老产品卖新客户占比，需求和规划的准确率；

2. 核心技术和平台带来的收入占比，包括核心技术带来收入占比，基于平台上产品收入占比等。

三、核心竞争能力指标

1. 公共基础模块（CBB）共享率；

2. 人员结构合理性及任职资格提升率；

3. 引导客户需求与规划的能力。

我又发现，这些指标如果往下分解成具体的要素，中国的一些企业与世界级优秀企业在研发管理上还存在较大差距，这些具体要素的差距如表1所示。

想到这些，第二个答案迸然而出："责任"。

正是因为信心和责任，导致我今天才写这本书。希望大家能从本书中获益，多与我交流和探讨，提出宝贵的批评意见，以真正证明这个问题的答案，尤其是"信心和责任"的回答是对的。

周　辉

2011年1月8日

产品研发管理（第二版）

表1　中国企业与世界级优秀企业在产品研发上的差距

类比要素	中国大部分技术型企业	世界级优秀技术型企业
产品规划	设计时头脑里并没有一个特定的市场或应用方向；是面向一个通用市场，而不是面向一个细分市场做系列设计	为特定的细分市场和应用设计产品；设计时产品线着眼于世界市场，但产品面向一个个细分市场；围绕一个客户群有一系列产品规划，并牵引技术规划
市场需求	先开发产品，在销售过程中收集需求或以领导的构想为需求	市场需求收集和分析成为一种例行手段，先验证市场需求再开发产品
营销管理	以销为主，重视客户关系，不重视客户需求、产品策略和品牌	以营为主，重视客户需求、产品策略和品牌；强调样板客户和用户体验
开发过程	设计过程中产品需求和规格不断变化，没有基线控制	根据明确定义的产品需求和规格设计；有明确的规格、时间、成本基线控制
开发内容	主要是技术开发	主要是产品包的开发，包括市场开发、技术开发、生产和服务开发以及资料包的开发，尤其是市场开发要包括前三单和业务场景开发
开发模式和货架建立	以技术开发或定制项目为主；预研与产品开发和技术开发以及平台开发没有分离	技术开发与产品开发以及平台开发分离；基于市场需求、平台和货架产品共享快速开发产品；关键技术问题没有突破不进行产品开发
开发流程	部门式分段开发，部门壁垒森严	执行IPD，打破部门间的墙，全流程开发
开发责任人	分段设立，对技术和自己部门负责的项目经理	产品经理及对产品、市场和财务的成功负责的核心组成员

续表

类比要素	中国大部分技术型企业	世界级优秀技术型企业
开发团队	通常是部门内项目组角色，没有资源的投入和释放	跨部门的团队，分阶段的投入和释放资源
开发周期	漫长甚至无法估计	有明确的上市时间限制
技术管理	无技术管理部门，对技术没有分类，几乎所有技术都想自己做	对技术进行分类，核心技术和关键技术自己开发，一般技术和通用技术外包
平台管理	没有货架，没有高级别的专职成员做平台开发或管理	立足于平台，在平台上开发产品，以平台为核心构建产品线
项目管理	没有分级的计划，主要是单项目管理； 没有项目的排序； 项目绩效管理粗犷	多项目管理和单项目管理分离； 项目有排序，根据排序分阶段投入和释放资源； 三级计划管理体系； 项目绩效管理和成本核算管理体系清晰
质量管理	事后进行质量管理和归零管理； 通常质量管理的责任主体是质量管理部	以共享和评审以及测试、验证和归零管理等多种手段在设计中建立质量管理的模式，全员参与质量管理； 质量管理责任主体是系统级工程师和主审人
评审管理	技术管理和决策管理混为一谈，评审要素不清晰； 通常变成批斗会和头脑风暴会； 评审效率低下，没人对评审效果负责	技术评审、决策评审和市场评审分离，设立评审要素； 事先设立主审人，建立主审人负责的评审制度，而不是临时抓差
成本管理	基本上是在研发过程中更多地关注物料成本	成本和定价以及开发过程成本联动，先做成本和价格趋势分析，在设计中构建成本优势

产品研发管理（第二版）

类比要素	中国大部分技术型企业	世界级优秀技术型企业
绩效管理	无财务和市场的指标，基本上是部门设计的过程指标；组织绩效和个人绩效没有分离	财务、市场和过程的指标相结合，包括交付、财务、竞争能力提升和可持续发展等七大指标；组织绩效和个人绩效分离，先考核组织绩效，在组织绩效的基础上再考核个人绩效，如果团队目标没有完成，不考虑个人绩效
任职资格管理	基于部门设计任职资格；人员无横向流动；没有规定人员任职资格与关键活动匹配	基于产出设计任职资格；人员在产出线上横向流动；低任职资格水平的人不能承担高任职资格水平的关键活动

目　录

第1章　集成产品开发管理是企业发展不可跨越的阶段 …… 1

集成产品开发管理以市场需求为核心，将产品开发看成一项投资，通过共享基础模块和跨部门的团队准确、快速、低成本、高质量地推出产品，是世界一流企业普遍采用的一套系统工具方法和策略，是企业发展不可跨越的阶段。

第2章　产品战略管理 ·························· **47**

　　产品战略要结合公司战略综合考虑市场、核心技术、平台、人员能力提升和资源配置策略，尤其是寻找增量市场和客户，设计增量策略，制订产品规划，其责任主体是公司总经理（CEO）而不是研发负责人。

第3章 建立以产品为中心、面向客户的组织体系 ……… 75

　　并不是所有企业都可以实施矩阵管理，实施矩阵管理必须进行产品线和资源线建设并实施六大分离。产品线建设立足于产出，完成面向市场成功和财务成功的商业交付；资源线建设立足于核心技术的提升和专业人员的培养，完成面向CBB和产品平台的货架知识交付和面向人员任职资格提升的能力交付。

第4章　建立从客户需求到产品路标规划的市场体系 ···　107

企业落后时，不要花太多精力做规划，主要是瞄准竞争对手，在技术和客户关系上进行突破和超越；企业领先时，要进行市场和营销分离，要将懂业务和需求的研发人员放到市场部，以牵引和规划客户需求，快速形成产品，同时加强核心技术创新和基础研究以确保技术可控，确保持续领先。

第5章　产品开发流程 ················· 143

　　企业流程不能为流程而流程，必须将产品开发作为主流程，同时将研发生产、市场、采购、营销、财务管理、项目管理、质量管理和绩效管理等活动融入产品开发的主流程中，以实现全流程、全要素的统一管理。

第6章 产品开发的项目管理 ·············· **187**

项目管理跟随业务分步演进，企业发展到一定阶段，要将单项目管理和多项目管理分离，单项目管理的责任主体是项目经理，多项目管理的责任主体是项目管理部，项目管理部的主要职责是资源配置、项目排序和项目绩效管理，项目管理部经理要由熟悉业务的高管担任并赋予较高的职位。

第 7 章　技术管理和平台管理 …………………………… 225

　　并不是技术越多越好，而是拥有核心技术和关键技术越多越好。企业预研必须基于核心技术和关键技术进行立体研发，反对核心技术和关键技术外包，一般技术和通用技术可以外包，同时，要建立平台和货架，基于平台和货架进行开发。

第8章 新产品开发的营销管理 ················· 249

　　产品卖点、产品命名、商标及样板点建设和产品前三单销售是产品开发团队的责任。公司高层领导前期要多参与产品营销策划、设计卖点和建立样板点，并亲自负责前三单的销售。卖点包括产品包、工具包、服务包和礼品包四个包的设计。

第9章　**产品开发的财务及成本管理** ··············· **271**

研发人员要树立综合成本概念，综合成本不仅包括物料成本还包括研发设计成本、维护成本、生产成本、共享成本，同时还要考虑批量器件采购带来的成本降低因素。在设计方案时，要综合考虑成本和价格的关联，以低成本、高质量满足市场的竞争要求。

第 10 章 质量管理 ……………………………… 287

研发质量管理不是事后缺陷管理，而是综合考虑CBB、评审、测试和验证以及归零管理和人岗匹配五种手段在产品设计中构建质量管理体系，其责任主体是系统级工程师（SE）和评审责任人。

第 **11** 章 产品研发绩效管理 …………………… 303

只有在组织绩效（KPI）成功的基础上才能谈个人绩效（IPI），预研人员、产品开发人员和研发职能部门人员的绩效考核指标和方法都有区别，应该通过任职资格、行为准则、PBC、组织KPI和个人IPI及KCP五种手段分别进行绩效管理和激励。

第 1 章

集成产品开发管理是企业发展不可跨越的阶段

集成产品开发管理以市场需求为核心，将产品开发看成一项投资，通过共享基础模块和跨部门的团队准确、快速、低成本、高质量地推出产品，是世界一流企业普遍采用的一套系统工具方法和策略，是企业发展不可跨越的阶段。

本章精华

1. R&D中R和D是有区别的，R（Research）指的是技术开发，D（Development）指的是产品开发。技术开发偏重于原理研究，强调技术的领先性和影响力，产品开发偏重技术成果的产品化，强调可批量、可重复使用和可复制的生产，尤其强调对市场和财务成功负责。

2. 技术型企业的产出形态包括基础研究、应用开发、定制项目开发、产品开发、系统集成和服务运营六种。高校和科研院所要重视技术的先进性，重心放在基础研究、应用开发和定制项目上，而企业在注重核心技术自主研发的同时，还应该重视产品开发、系统集成和服务，尤其要重视同步产品和平台开发。

3. 技术型企业的商业模式有四种：卖技术（T）、卖产品（P）、卖业务解决方案（B）和卖服务经营客户（C）。最好的商业模式是TPBC形成产业链，核心技术支撑产品，产品支撑解决方案，解决方案支撑服务。

4. 产品开发和技术开发要分离，技术开发要将不成熟的、未解决的技术转变成为成熟技术；产品开发则是根据市场需求，尽量从货架上应用成熟技术，准确、快速、低成本地满足客户的要求。

5. 技术型企业的产品是分层级的，不仅包括对外销售的通用产品，还包括面向某一客户的定制产品和内部产品开发共享的组件和公共基础模块（CBB）。

6. 企业内部研发、市场和销售对产品的理解和表现形式是不同的，通常用VRM表示。V版本（Version）是指研发理解的产品，通常指产品平台，是产品线划分最重要的标准；R版本（Release）是针对某一客户群的细分产品，是产品经理和市场经理理解的产品，也是对外销售的产品；M版本（Modification）是指定制产品，一般以解决方案和定制项目的形式出现，是客户经理和服务实施人员理解的产品。三种产品的关系为：技术构成平台（V），平台（V）上开发产品（R），以产品（R）为基础进行定制和设计解决方案（M）。V版本保证内部研发共享，R版本保证细分客户群的通用性，M版本保证在R版本的基础上满足客户个性化的需求。

7. 产品开发主要指产品包的开发，产品包的开发包括四个方面的开发：

（1）市场开发（客户痛点识别、卖点设计、前三单、业务场景等）；

（2）技术开发；

（3）生产和服务开发（可生产、可测试、可验证、可安装、可维护开发）；

（4）资料包开发，尤其是销售工具包的开发。

8. 执行集成产品开发（IPD）要实现四个重组：

（1）财务重组：将项目当成一项投资，内部进行虚拟核算；

（2）市场重组：以需求为核心进行规划和设计，"营"（Marketing）和"销"（Sales）分离；

（3）产品重组：产品货架分层，建立CBB和平台，在CBB基础上进行异步开发；

（4）流程重组：分别建立战略流程、市场流程、产品开发流程、技术和平台开发流程，以及与流程匹配的跨部门的团队和项目管理体系。

9. 执行产品管理体系，主要以"四四四模型"为核心思想，"四四四模型"包括四个产出流程、四个支撑流程和四大团队建设。四个产出流程包括战略流程、市场流程、产品开发流程、技术和平台开发流程；四大团队建设包括IPMT、PMT、PDT和TDT；四个支撑流程包括项目管理、绩效管理、质量管理和成本管理。

第一节
技术型企业的产出形态和商业模式

▌ 问题思考

1. 技术型企业的产出形态是什么？

2. 技术型企业有哪几种开发模式？

3. 产品货架和产品层级如何划分？

4. 技术型企业的商业模式是什么？如何演进？

5. 科研院所、高校和企业的产出模式、商业模式的区别是

什么？

▌ 研发有哪六种产出模式

研发，通常大家统称为R&D，R（Research）指研究，主要指技术开发，关注基础原理和技术路径；D（Development）指开发，主要指产品开发，关注技术成果的产业化，关注产出成果和市场财务成功。

技术开发和产品开发有何区别？有何关联？竞争环境下的技

术开发和产品开发的关系是什么？让我们先来看看研发的六种产出模式（见图1-1-1）。

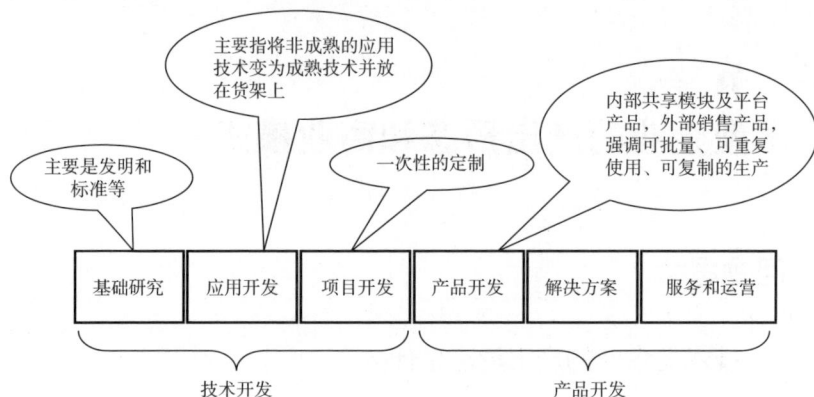

图1-1-1 研发的六种产出模式

1. 基础研究：以发明自然规律和发展科学理论为目标的研究，包括发明、创制新的事物、首创新的制作方法，以及一些原理性的探索，比如大唐电信研究的TD-SCDMA标准、东阿阿胶的配方和原材料的研究等。

2. 应用开发：将业界的技术变成自己掌握的可应用的成熟技术，并放在货架上供产品开发选用。很多公司在标准协议上开发的应用技术和模块，如苹果公司的iPad产品在基于标准通信协议上的接口模块技术开发，易宝基于安全协议的支付技术开发等。

3. 项目开发：基于单个客户需求，进行一次性的定制开发，如中国大部分企业尤其是军工和软件企业的项目开发。

4. 产品开发：将眼光放在某一细分客户群的需求上，并把这种需求通过技术开发和可生产、可测试、可服务和可销售的开发，实现可批量、可重复使用和可复制的生产。产品开发通常包括内部共享的产品开发（CBB和货架）和外部可销售的产品开发。

5. 解决方案：以产品为核心，为客户做的跨产品或跨领域集成的总体方案，军工企业的产品型号也属此类。

6. 服务和运营：以产品为核心，通过服务和运营方式经营用户或通过产品维护的服务获取收益，如电信运营商、汽车厂商的4S店、软件的SAAS模式等。

▌ 技术开发与产品开发的范畴

一般来讲，基础研究和技术开发以及无共享（产品或模块）的定制项目开发都视为技术开发（Research），其主要的目的是确保技术的先进性和完成交付。

而产品开发和基于核心产品的解决方案以及以产品为核心的运营和服务都归类为产品开发的范畴，视为产品开发（Development），其主要目的是在保证市场和财务成功的基础上，强调准确、快速、低成本、高质量地满足客户群差异化的需求。

通常，高校和科研院所强调技术开发，企业更强调在技术开发的基础上进行产品开发。因此，在技术型企业的六种产出模式中，企业至少要做到产品开发（哪怕技术开发是外包），优秀的企业要做到产业链上多层级的产品开发和共享，以及核心产品所需要的核心关键技术的自我创新或可控的开放合作。

▌ 如何划分产品层级和建立产品货架

如何进行多层级的产品开发和共享，必须清楚产品货架、产品平台、面向细分客户群的产品和面向某一客户的定制产品的定义和区别。

通常要明确两个问题：什么是产品货架？产品如何分类？

第一个问题：什么是产品货架？

产品货架是将公司的所有产品按照一定的层级结构进行统一管理，以利于产品开发时方便地共享以前的成果。如华为公司及大部分系统级设备商的产品开发货架层次分为七层，如图1-1-2所示。

不同层次或级别的产品或技术都是货架的一部分，在货架上进行标注，在产品开发设计时就可以参考货架上的成熟产品或技术，看哪些是能够直接应用的。这样就能更方便地、最大限度地实现共享和快速交付，并减少重复开发造成的浪费和减少新开发模块的不可靠性，以提高产品的可靠性和质量。

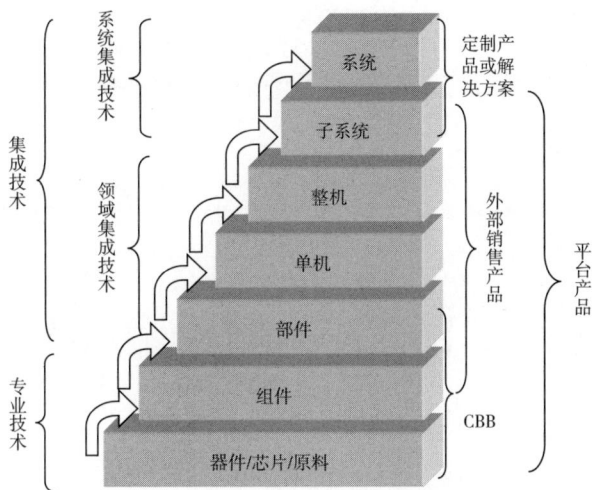

图1-1-2　七层产品货架周辉模型

产品货架通常分为三类。

第一类：器件或芯片或原料。

第二类：共享的基础模块或部件，通常叫CBB。

第三类：既可共享又可独立销售的产品。

产品平台既可以在第二类，也可以在第三类。

货架建设需要注意两个问题：

（1）货架可能是产业链的货架，一般的公司有可能只涉及某一层级或某几个层级，这时要注意与产业链的配套与合作；

（2）产业链的货架和企业自身的货架，针对系统和子系统的概念是相对的，企业自身的系统主要是要面向跨几个领域或产品的集成，也可能是产业链货架上的整机或者是子系统。

第二个问题：产品如何分类？

针对七层产品货架周辉模型，按面向的对象或者客户，通常将企业产品分为三类。

1. 内部共享产品。

内部共享产品又叫内部公共基础模块（CBB），指在不同产品之间共用的技术、器件、部件、模块及其他相关的设计成果，包括软件包、材料等。通常指一、二、三层产品，与专业技术相关，有些器件级公司此层级的产品直接对外销售，但产品级和系统级公司更多的是供上层产品开发时共享使用的模块。

2. 面向细分客户群的产品。

这类产品是指面向某一客户群的单机、整机和软件模块，一般不仅对外销售，还可作为上一层产品的共享模块。通常指三、四、五层产品，系统集成能力强的公司六层产品也能做到大部分共享。

3. 解决方案级产品。

这类产品一般是指跨几个产品或领域，需要进行系统集成的产品组合，部分子系统能共享，但系统基本上都是需要在产品的基础上进行一定的定制，通常指六、七层产品。

企业产品所处的不同层级决定了企业的商业模式和在产业链的位置，以及核心竞争能力的要素。

▌如何设计技术型企业的商业模式

在产品货架的七个层次和产品的三种分类中，一、二、三层产品（包括器件、组件、部件）主要与专业技术相关；四、五层产品（包括单机、整机）主要与企业的产品及领域集成技术相关；六、七层产品主要与企业的系统集成和服务相关。因此技术型企业按照责任主体和收入的来源分为T-P-B-C四种商业模式（见图1-1-3）。

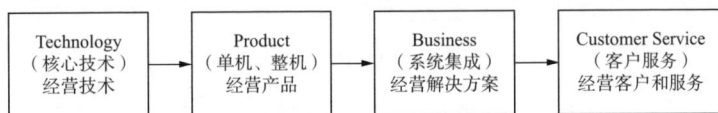

图1-1-3　融智技术型企业四种商业模式

1. 经营技术（Technology）：主要通过技术转让和技术承接，以及通过技术路径的实现完成某一客户交付的项目（包括申请一些政府补贴项目），获取现金流和利润。一些通过技术承接项目的一次性或小批量的项目型公司、科研院所、高校，以及拥有核心技术的器件公司都以此类商业模式为主。

2. 经营产品（Product）：通过产品货架和成熟产品销售和服务，给别人配套或直接销售一些整机，获取收入，通常经营产品有规模，有没有利润则要看是否有核心技术和核心客户。

3. 经营解决方案（Business）：基于对客户业务的理解，通过核心产品及代理其他产品，通过完成解决方案或者系统集成获取利润。

4. 经营客户和服务（Customer Service）：以产品为核心，通过运营方式经营客户或进行产品维护的服务获取收益，如电信运营商、汽车厂商的4S店、软件的SAAS模式和某些备板备件的更换等。

各种商业模式下具体的产出表现、业务模式、收入模式和责任部门见表1-1-1。

表1-1-1　技术型企业的商业模式

责任部门	专业研究部	产品线	系统部	服务部门
产品层次	一、二、三层	四、五层	六、七层	服务或运营定制
经营对象	Technology 卖技术	Product 卖产品	Business 卖解决方案	Customer Service 通过客户服务获利
产出表现	核心技术	单机、整机	系统集成	服务和运营
业务模式	拥有核心技术，基于核心技术做技术预研项目或技术转让一级定制交付	内部客户共享的单机、整机级产品；给外部系统集成商做配套的单机、整机级产品	进行产业链分析和规划；直接给客户的系统集成项目（交钥匙工程）；给用户提供全业务的系统解决方案	配件；服务运营；定制
收入模式	国家预研项目技术转让；技术承接项目；定制项目技术改造基金	产品销售收入（内部与外部）；产品服务收入（备件）	基于产品的定制开发项目；集成收入；代理收入；服务收入	运营收入；服务收入

不同商业模式下，企业的核心竞争要素和竞争策略有所不同。

1. 经营技术，只卖技术：只有技术和项目，没有产品，主要的研发模式以定制为主。

大部分的高校和科研院所就是这种模式，基本没有形成核心产品，完全是做科研项目或定制项目。这种模式通常在项目小的时候有利润，但不一定有规模，一旦想扩大规模，如果没有核心技术，或者不能将核心技术转化为器件、组件和更上层的产品形态，可能会导致亏损。要想有利润的规模化扩张，必须要产品化，建立共享CBB和产品货架，向集成产品开发模式演进。

2. 经营产品，无技术，只卖产品：有产品，无研发，采取与高校和科研院所合作的方式做研发，同时也不做解决方案，主要为别的企业做配套。

通常以产品为主，但由于没有核心技术，又没有解决方案，既没有技术的优势，又不贴近最终客户，要想在产业链上成为不可替代的环节，必须保证产品的高质量、低成本和快速交付，产品管理是核心竞争力的主要要素，同时要加强支撑该产品的核心技术的创新和储备。

3. 经营业务解决方案和服务（B和C），技术和产品（T和P）由合作伙伴提供。

必须对客户的业务有非常深的理解，最好进行自主研发或通过资本运作控制核心产品和核心技术，否则可能有规模、无利润。

4. 经营技术和产品，有核心技术，有核心产品，无解决方案，主要给别的企业的方案做配套或通过渠道销售。

有可能有利润和规模，但由于给别的企业做配套，对技术的先进性和需求的理解不直接，若技术和产品领先了，如何保持持续领先是一个难题，因此领先后必须建立产品市场管理体系。

5. 既有核心技术，又有核心产品，同时还有解决方案，围绕核心技术和产品形成了平台。在平台的基础上支持多产品和多客户群的解决方案，形成了核心技术支持核心产品，核心产品支持解决方案，通过解决方案做服务和运营，通过对外合作完成解决方案中非核心产品的配套。

这种商业模式是业界最具有竞争力的产业链生态模式。在这种模式下，由于有核心技术以及核心技术支撑的技术平台和核心产品，以核心产品为基础不断形成多客户群的解决方案，企业形成以核心技术、技术平台和产品平台为基础的细腰形货架生态架构，如图1-1-4所示。

这种细腰形货架生态架构的形成有如下好处：

（1）技术体系和产品体系分离，预研部或企业所属的研究所进行技术创新，各产品线、分子公司按领域进行产品设计；

（2）由于企业形成了自身的核心技术、技术平台和产品平台这种"腰"，以"腰"为支撑，进行扩张，主营业务突出，且竞争能力强，获利就高；

（3）由于企业有了共享的"腰"，就能快速开发出产品，保持持续的竞争能力。

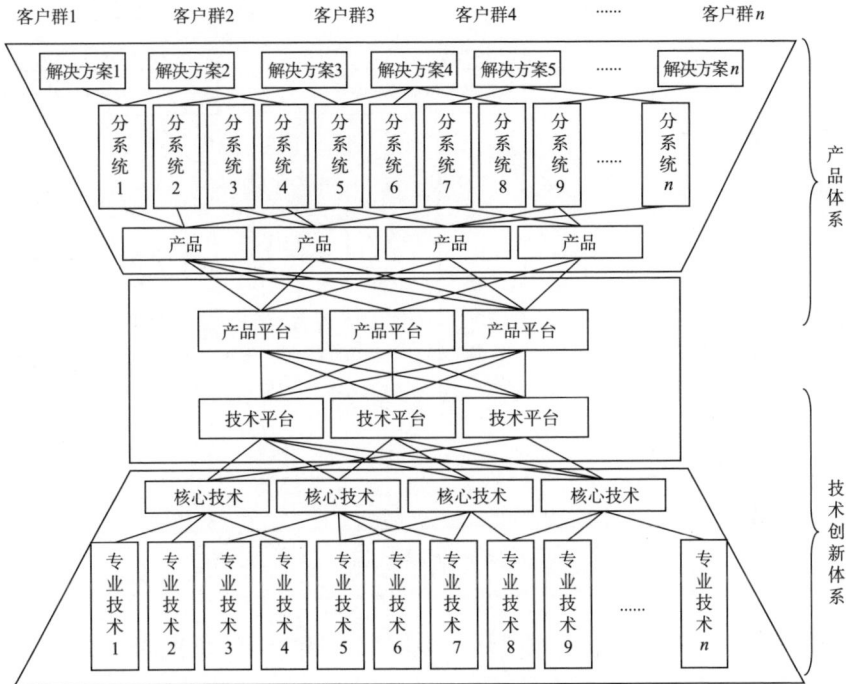

图1-1-4　周辉细腰形货架生态架构

完成这种细腰形货架生态架构后，企业要注重以下要素：

（1）对客户的业务要非常熟悉和了解，能起到业务咨询的作用，建立市场部或业务咨询部；

（2）对产业链的产品要非常熟悉，形成解决方案部；

（3）建立对产业链统一管理的合作管理部；

（4）本身拥有能够进行系统集成、测试和总装的环境；

（5）能够做技术规划，对核心技术进行持续的立体开发和预研，确保持续领先。

实现细腰形货架生态架构的企业的组织架构如图1-1-5所示。

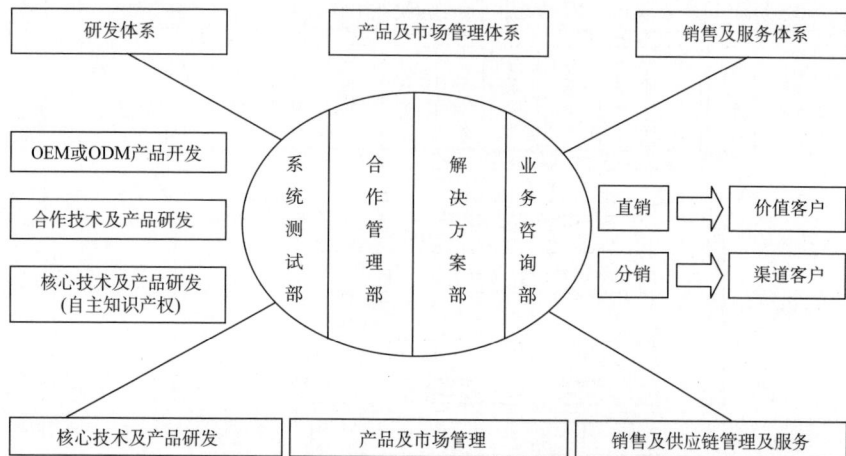

图1-1-5　周辉系统集成公司橄榄形架构

图1-1-5这种模式是典型的产业链管理的系统集成公司的组织架构。这种模式对产品体系建设和市场体系建设提出了更高的要求，是一个橄榄形的架构，产品管理和市场管理是公司核心竞争能力最重要的环节，像IBM、华为等公司都正在朝这种架构方向努力演进。

这种架构有以下特征：

（1）通过分销做规模客户，通过直销做价值客户；

（2）业务咨询部确保对客户业务的理解；

（3）解决方案部确保方案的总体性和系统性；

（4）核心技术及核心产品自主开发，非核心技术通过合作和外包开发完善解决方案；

（5）通过系统测试保证自己的产品和合作产品的质量。

▍技术型企业商业模式如何升级演进

经过对数百家技术型企业案例的总结和分析，我们将技术型企业的商业模式发展和演变分为五个阶段。

第一阶段：劳动密集型加工模式，主要表现为低成本的代工，无核心技术，企业的核心竞争力是低廉的劳动力和成本。例如，长三角、珠三角早期大量的来料加工企业，就属于这类模式。

第二阶段：项目生存型模式，具有一定的技术，但是没有形成批量产品和共享的货架。一个个的承接项目，项目多时，人力资源不够，项目少时，又必须进行裁员，其核心竞争要素是客户关系，技术影响力。由于存在很多项目要赶进度，很多员工要拼身体，其管理难度很大，企业一直处于生存状态。例如，目前中国大部分软件定制企业和一些科研院所都属于这类模式。

第三阶段：产品扩展型模式，由于有成熟的产品和货架，产品开发不需要完全重新进行，企业有足够的积累进行新产品、新市场的开发。企业进入扩展阶段，其竞争能力和要素主要包括：成熟产品共享货架、市场、品牌、渠道和销售体系，产品制造商和设备供应商属于此类模式。

第四阶段：运营客户型模式，企业有成熟产品，卖给越来越多的客户，当客户的规模积累到一定程度时，服务的收入足以维持企业的发展，此时主要是强化服务，增加增值服务内容，企业进入稳定收入的阶段。例如电信运营商属于此类模式。

第五阶段：集成产业链型模式，当企业既有核心技术又有核心产品，同时做企业的解决方案，企业自身或通过资本运作可以控制产业链；此时，企业文化、流程建设、干部培养成为企业竞争力的核心要素，企业形成了细腰形架构和系统集成的模式，此类模式是企业商业模式的最高境界。

五类商业模式的竞争能力要素如图1-1-6所示。

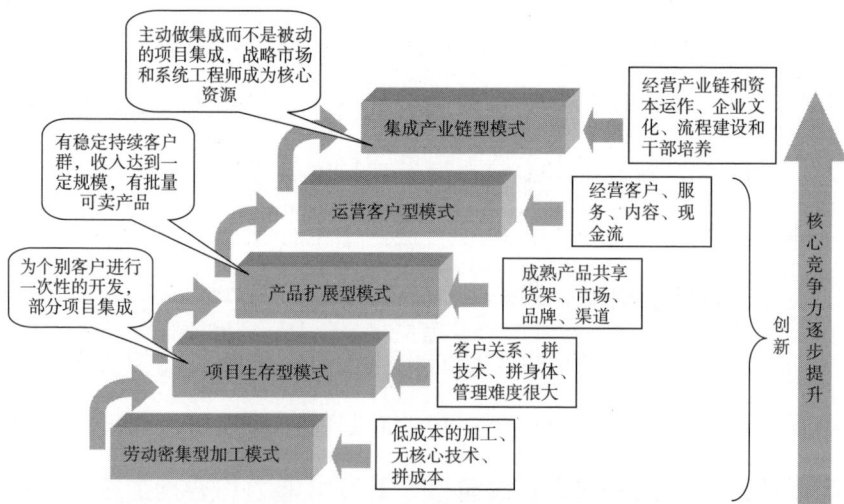

图1-1-6 融智技术型企业商业模式发展的五个阶段

　　在这五个阶段发展中，一、二、三阶段都有可能是直接起步的，但产品扩展型模式阶段是不可跨越的。每一类商业模式的升级，都代表着企业的组织和流程发生了变化，集成产品开发模式就是帮助企业进入到产品扩展型模式阶段。

第二节
竞争环境下的产品开发方式——集成产品开发模式

▍ 问题思考

1. 企业产品开发有哪三种开发方式？

2. 企业为什么要进行集成产品开发？

3. 集成产品开发模式下产品开发和技术开发有何不同？

4. 集成产品开发模式下产品的定义和表现形态有哪三种？

5. 研发理解的产品是什么？市场理解的产品是什么？销售理解的产品是什么？

6. 集成产品开发模式下产品包开发的内容和步骤是什么？

▍ 传统的产品开发方式今天面临什么问题

传统的产品开发方式有两种：

一种是先开发技术，然后在技术的基础上做出通用产品，再销售。另一种是根据客户需求，寻找技术，完成定制产品交付。

第一种产品开发的模式： 基于技术推出通用产品的开发模式，如图1-2-1所示。

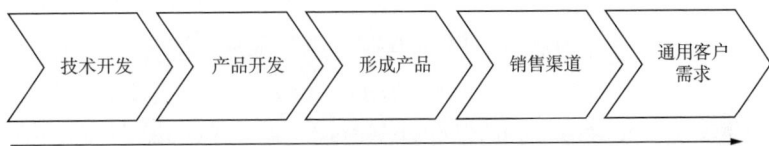

图1-2-1 基于技术开发通用产品的模式

这种开发模式的市场环境、优点、竞争要求和风险如下。

1.市场环境：产品短缺、以产定销的买方市场时代。

2.优点：通用产品，快速产生规模，容易交付，可批量生产和复制。

3.竞争要求：在激烈竞争时代，技术必须具有不可替代性和领先性，技术能形成保护壁垒。

4.风险：

（1）由于是通用产品，不能满足客户的个性化要求，很容易被细分市场产品替代；

（2）技术一旦落后，没有后续产品推出，客户群很容易被转移，不容易持续稳定地服务一个客户群。

第二种产品开发的模式：基于客户需求重新开发技术，满足客户个性化的定制模式，如图1-2-2所示。

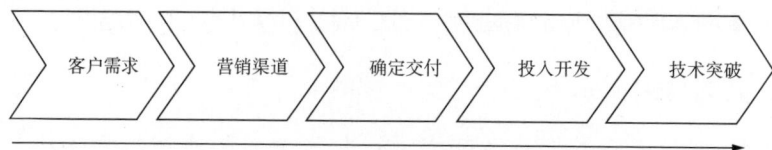

图1-2-2 基于客户需求定制产品开发模式

这种模式完全根据客户的需求定制，个性化地满足客户需求。

这种开发模式的市场环境、优点、竞争要求和风险如下。

1. 市场环境：个性化定制的卖方市场时代。

2. 优点：由于满足客户的个性化定制，客户满意度较高。

3. 竞争要求：必须及时交付。

4. 风险：

（1）如果由于技术问题没能解决，很难及时交付；

（2）个性化的定制没有积累，一个一个项目做下去，企业很难做大；

（3）由于每个项目都从头做起，很容易出现质量问题；

（4）人员没有专业发展通道，容易流失；

（5）项目越多，管理越难，随着项目的增多，成本越来越高，公司甚至出现亏损。

这两种传统的开发模式，在信息高速发展的今天和客户需求充满个性化挑战的时代都遇到了极大的挑战。

能否有一种开发模式，既能满足客户的个性化需求，又能保证快速如期交付，还能将技术的风险提前化解，能够在产品上达到可共享、可批量生产、可复制，这种模式就是今天竞争环境下的产品开发模式，一般叫集成产品开发模式，也叫并行开发或异步开发模式。

▌ 集成产品开发模式

集成产品开发模式既可做到内部共享，产生规模，可批量生产、可复制，又可以满足客户个性化的需求。主要做法是：

1. 产品开发和技术开发以及平台开发分离；

2. 技术和平台开发按第一种模式，解决技术的突破，形成产品货架或产品平台，供产品开发时共享；

3. 产品开发按第二种模式，在共享的基础上，分成一个一个细分客户群的版本或子产品，满足细分客户群的需求。

通过这种模式，提前进行技术开发，将不成熟的技术或没有解决的技术提前突破，并将各细分客户群的公共共享部分按产品层级分层开发好，放到产品货架上（即并行异步开发）。这样，产品开发过程中共享下层部分，不再做重新开发，就能准确、快速、低成本和高质量地满足客户的需求。这种模式如图1-2-3所示。

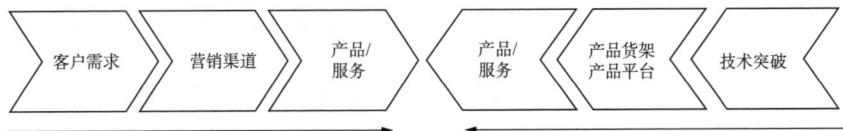

图1-2-3　集成产品开发模式

由于采用了集成产品开发模式，改变了传统的通用产品开发模式，如图1-2-4所示。

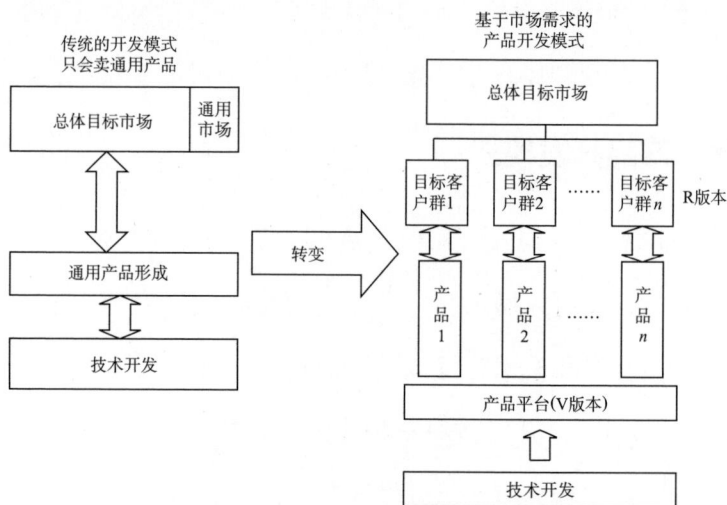

图1-2-4　集成产品开发架构

在集成产品开发模式下，技术开发与产品开发是异步进行的，各层次的模块是分层开发的，其流程、项目管理和团队构成都不一样。这样就可以减少上市时间，提高了开发效率，如图1-2-5示。

在这种模式下，产品开发的总体结构会形成细腰形生态架构（细腰形生态架构详见上节），而"腰"是指公共共享的技术平台或产品平台。细腰形生态架构是评价企业核心竞争能力的最重要的指标，如果一个企业拥有细腰形生态架构，就预示着这个企业拥有公共共享研发基础，能够满足客户的需求和获得更大的利润。

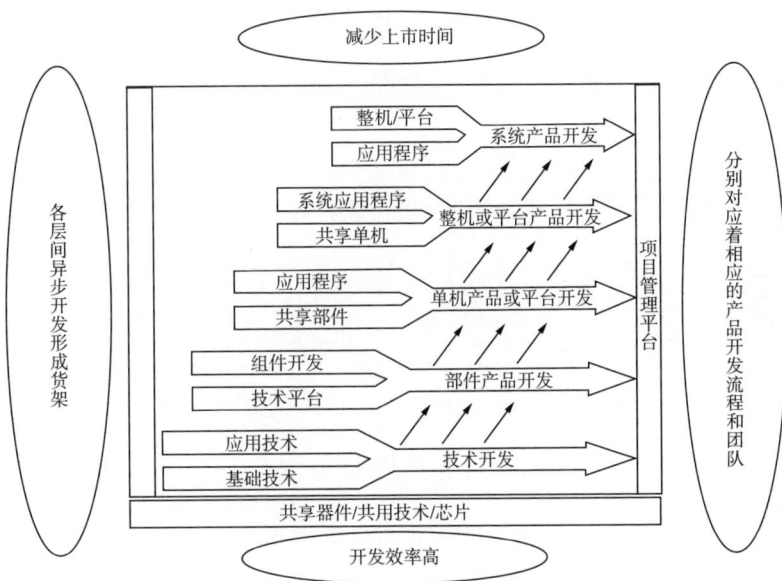

图1-2-5　集成产品开发异步开发架构

▎集成产品开发模式下产品开发与技术开发的区别

在集成产品开发模式下，产品开发与技术开发分离，产品开发和技术开发内涵是不一样的。

1.产品开发的内涵。

内容：包括平台开发，基于细分客户群的产品开发和某一细分客户群产品的定制开发。

关注：产品开发最重要的是将眼光放在顾客的需求上，并把这种需求快速、低成本地用成熟技术或平台实现，这些技术不一定全部由自己企业创造，产品开发不允许失败。

强调：产品开发强调基于市场需求和共享平台，对市场和财务的成功负责，强调产品包的成功。

目的：

（1）产品是企业现金流和利润的主要来源；

（2）产品开发立足于市场需求，要求准确、快速、低成本和高质量；

（3）以成熟技术和平台快速、低成本地满足客户的要求；

（4）在周期、成本和可靠性以及可生产性和可保障性上领先对手，在市场和财务指标上构建核心竞争力；

（5）以低层次的产品作为平台，为高层次的产品开发做积木式开发。

2.技术开发的内涵。

内容：技术开发主要包括基础研究和应用开发，以及部分无产品平台的定制项目。

关注：技术开发主要着眼于技术和原理研究，是一个创造的过程，其风险和周期是不可预测的，计划可以按阶段顺延，技术开发原则上允许失败。

强调：自己掌握业界成熟的技术，做成货架，供产品开发时共享，以缩短产品开发的周期，降低产品开发的技术风险。

目的：

（1）构建技术平台，形成技术储备，发现新的技术增长点；

（2）建立技术标准和技术规划，形成核心技术主动引导客户，并在技术上领先竞争对手，同步培养优秀的技术人员，提高行业影响力；

（3）以技术研究或承接技术攻关作为资金或利润来源；

（4）为核心产品提前提供成熟可靠的技术。

▌ 集成产品开发的产品有哪三种表现形态

由于集成产品开发模式要求在产品平台上要针对细分客户群推出产品，因此，产品的表现形态和分别对应的责任人是不一样的，包括研发人员理解的产品、公司内部市场理解的产品和销售服务理解的产品的表现形态、内容和对象都是不一样的。

让我们来看看华为公司产品的表现形态：

华为公司将产品都定义为版本，其表现形态为VRM，比如V5.0R1.0M01，其含义如下。

华为公司的版本有三个定义：

（1）产品大版本：V版本（Version），指平台版本；

（2）细分客户群版本：R版本（Release），指最终交付给用户的产品；

（3）客户定制版本：M版本（Modification），指在R版本的基础上针对具体客户的个性化版本。

V版本（Version）：研发理解的产品，总体市场的产品，通常以产品或产品线表示，指产品大版本。

V版本代表公司某一产品或其系列产品，并与唯一的产品配套表对应。

对于一个V版本，市场需求的特性是非常多的，如果将所有功能全部开发出来再推出市场，一方面开发周期会拖得太长而丧失市场机会，另一方面资源也不能得到满足。为了快速地占领市场，一般情况下，一个V版本根据不同的细分客户群分成若干个R版本，分阶段开发，分阶段推出市场，这样一个V版本的总体开发计划就可以包含若干个R版本的计划，就形成了V版本的路标规划，如图1-2-6所示。详细的产品路标规划流程及相关模板见后续章节。

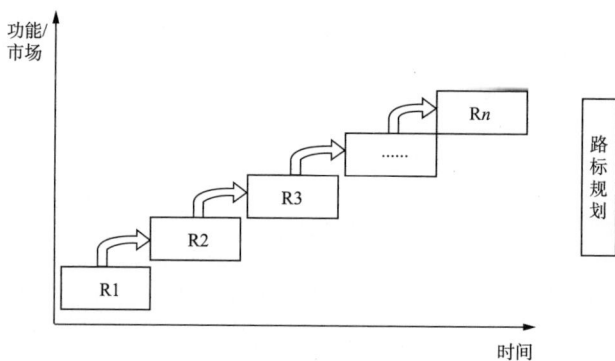

图1-2-6　V版本路标规划图

R版本（Release）：针对某一细分客户群的产品，指最终交付给用户的产品，是市场和产品人员理解的产品（客户或市场理解的产品）。

每个R版本都面向具体的细分客户群，包含若干个特性或功能，可以形成一个具体的产品。什么特性和功能纳入一个R版本，需要综合四个要素：

（1）客户及竞争需要；

（2）功能与技术需求；

（3）时间；

（4）成本。

R版本是面向外部销售的产品，我们讲的产品开发主要是讲R版本的开发，包括产品的定价、促销和发布均是针对R版本说的。

M版本（Modification）：在R版本的基础上针对具体客户的个性化定制版本。

有些客户需要在R版本的基础上增加定制，这种定制的需求又不是某一个细分客户群的群体需求，这样就需要在已经发布的R版本基础上针对某一个个别的客户更改（新增、改变、删除）某个功能和特性，或者对特性下的功能、性能需求进行更改（新增、改变、删除），导致产品的交付发生变动，这种产品就是定制产品，通常叫M版本。

V版本、R版本和M版本的区别如表1-2-1所示。

表1-2-1　融智V版本、R版本和M版本模型

对象	V	R	M
市场范围	总体市场	细分市场	具体客户
开发对象	技术包	产品包	项目包
计划	产品路标计划	产品开发计划	项目实施计划
开发周期	长（年）	短（月）	更短（几周到一两个月）
面向对象	公司内部	外部客户	外部客户
理解程度	研发理解的产品	对外销售的产品	销售与服务团队和客户共同理解的产品
产品层次	产品平台	基于产品平台增加特性形成的产品	基于产品R版本进行特性更改（增、删、改）的产品
开发团队	研发内部固定团队	跨部门、动态组建	以实施服务为主，研发部门协同辅助
职责及考核	对技术和平台成功负责，对整体市场的财务成功负责，按计划和质量考核	对市场成功负责，按财务考核	对客户的交付和满意度负责，同时要有严格的财务考核，特殊战略客户要有补贴

通常V版本产品以产品平台表示，是划分产品线的重要因素，通常V版本是R版本产品的集成平台和标准应用组件仓库，是R版本产品的开发平台，R版本产品和M版本产品增加的个性化组件不允许修改V版本产品。R版本产品和M版本产品个性化的组件

和模块会根据成熟度和共用性分步纳入到V版本产品中。V版本、

R版本和M版本的关系如图1-2-7所示。

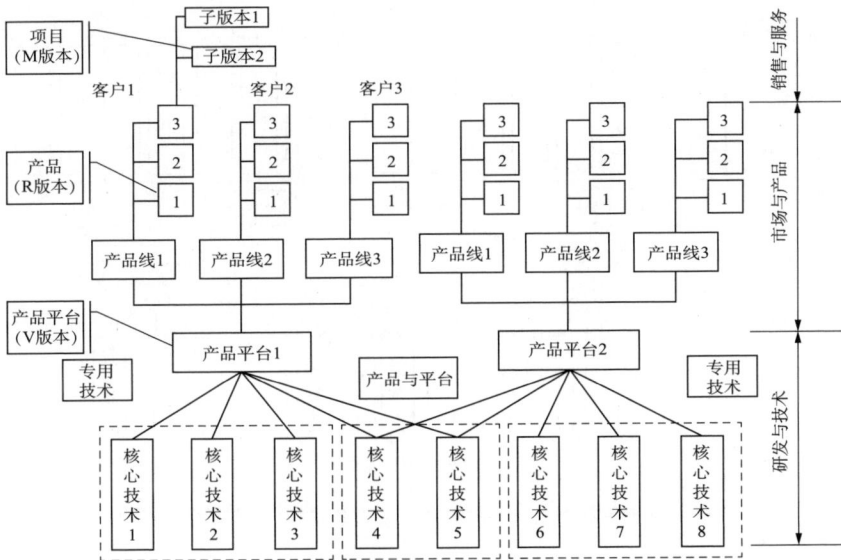

图1-2-7　融智V版本、R版本和M版本关联模型

　　例如东阿阿胶根据产品形态分成固态产品线、液态产品线，因此其产品平台包括固态产品平台、液态产品平台，在固态产品平台上有三种R版本产品，即普通阿胶、高档阿胶、礼品阿胶。普通阿胶又分成两个M版本产品，即500g和1kg的普通阿胶；礼品阿胶又分成两个M版本，即为企业定制的版本和针对重大事件（奥运会等）定制的版本，其产品的结构图如图1-2-8所示。

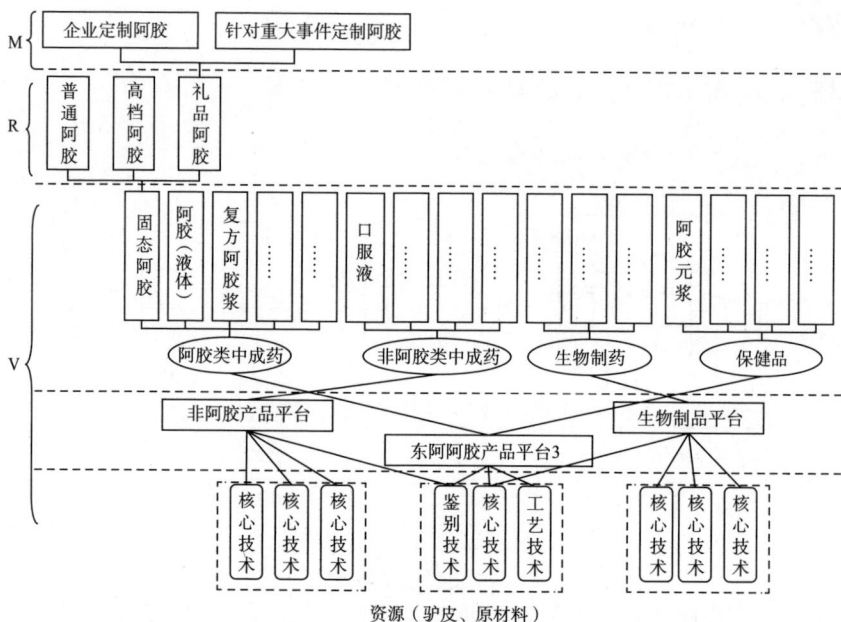

图1-2-8　东阿阿胶已发布的产品结构图

▎产品开发包括哪四个范畴

在集成产品开发模式下，由于基于市场需求和公共共享模块进行产品开发，产品开发结构发生了变化，产品开发团队也发生了变化，产品开发步骤及流程也发生了相应的变化。通常我们把产品开发叫作产品包的开发，产品包开发包括四种开发，如图1-2-9所示。一般企业只重视技术开发，而容易忽视市场开发、生产和服务开发、资料包开发。

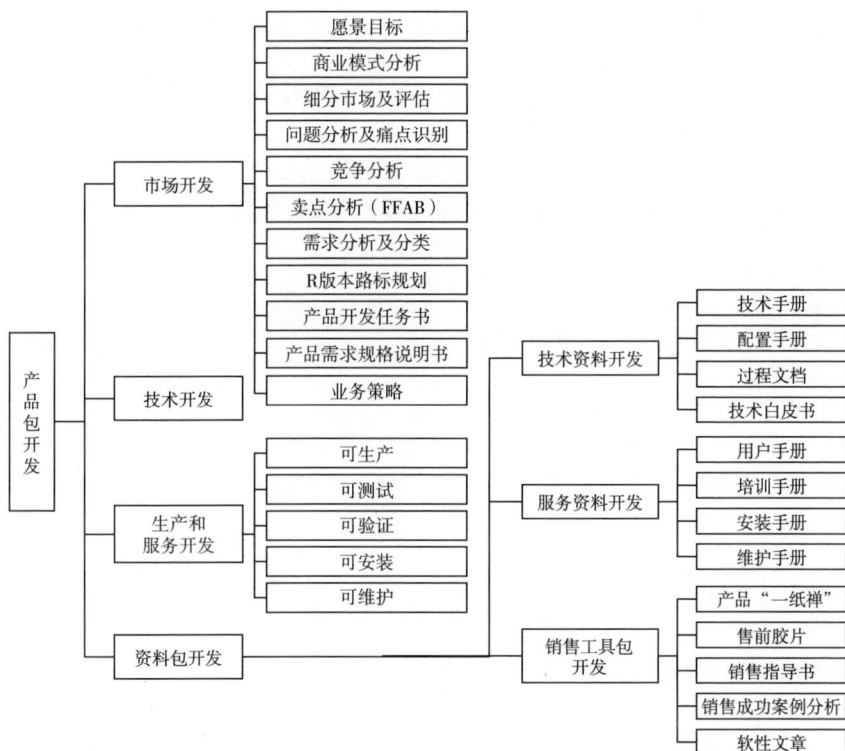

图1-2-9　周辉产品包开发模型

在这种模式下，产品开发的步骤为：

1. 先进行市场开发，细分客户群，进行投资分析，客户问题分析及痛点识别，通过竞争分析构思产品卖点和商业模式，设计市场和财务成功的路径要素和业务策略；

2. 根据产品需求进行需求的分解分配，寻找技术，进行技术开发；

3. 根据技术要求进行产品的可生产性、可安装型、可测试性、可验证性、可服务性开发，即生产和服务开发（RAS）；

4. 根据产品大量进入市场，进行技术资料包、服务资料包和销售工具包的开发。

具体开发的流程和团队介绍构成详见后续章节。

第三节
如何实现集成产品开发管理模式

▋ 问题思考

1. 技术型企业分为哪五个发展阶段？中国的技术型企业在哪个阶段？

2. 为什么集成产品开发管理是技术型企业发展不可跨越的阶段？

3. 技术型企业如何实现集成产品开发管理？需要具备什么条件？完成什么工作？

▋ IBM和华为的研发管理改革案例

1993年前，IBM公司模式面临着收入持续下降、利润比收入下降得更快而研发费用却不断上升、研发周期不断延长、研发的浪费不断增加、产品上市时间远远落后于竞争对手的困境。为了减少不断上升的研发成本和缩短产品上市的周期，IBM进行了集成产品开发（IPD）的改革，建立了基于市场需求和核心技术及平台驱动的产品研发管理体系，梳理了产品结构层次，重整了产品开发流程，以市场需求作为产品开发的驱动力，技术开发和产品开发分离，将产品开发作为一项投资来管理。短短几年，收入与利润同步增加，产品开发周期缩短了一半，研发费用降低了50%，研发浪费几乎为零，蓝色巨人重新崛起。

1997年前，华为的研发管理同样也面临着以下的问题：

- 对技术负责而不是对市场和财务成功负责。
- 不关注市场需求，很难对市场需求做出快速响应。
- 产品开发周期漫长甚至不能收工，不断进行重复开发。
- 研发、中试、生产、销售分段开发，没人对全流程负责。
- 很少关注产品平台或共享技术，大部分项目从头做起，研发浪费严重。
- 只有研发过程绩效考核指标，缺少市场和财务成功的组织绩效指标。
- 只有单项目管理，没有多项目管理体系。
- 销售与研发人员矛盾大，销售抱怨研发反应速度慢，研发抱怨销售不能评审客户的需求。
- 缺人成为所有问题的借口。

……

华为进行了研发创新大讨论，开始进行产品研发管理改革，将技术开发和产品开发分离，改变对研发负责的技术体系为对市场和财务成功负责的产品开发体系，基于核心技术和市场需求双驱动进行产品开发，强调：

- 创新不是全新的创新，不是推倒重来，必须在现有的产品和技术的共享上进行创新，鼓励在共享货架的基础上满足客户的差异化需求。

- 产品开发与技术开发分离，产品开发面向市场需求，技术开发为产品开发服务，技术开发为产品开发提供成熟的货架技术和平台；产品开发中不允许运用没有解决的核心技术和不成熟的器件，以缩短产品开发的周期和降低产品开发的风险；还要确保产品成功以后所需要的核心技术可控。

- 建立跨部门的产出管理团队，强调从技术到样机到产品到商品的全流程演进和包括研发、中试、生产、采购、营销等全要素的管理，市场和财务成功是产品开发成功的组织绩效考核指标。

- 强调产品功能和业务的创新要领先于研发工具和技术路径的创新。

- 强调核心技术和关键技术必须基于自有知识产权进行开发和预研，一般技术和通用技术外包或走平台化道路。

- 强调资源线和产出品线分离，产品线以项目的方式对市场和财务成功负责，资源线对企业能力的提升负责，能力提升包括人员的任职资格提升以及技术产品和平台的共享。

经过几年的改革，华为获得了成功，产品开发周期大大缩短，共享产品货架形成，市场和销售分离，产品开发与技术开发分离，建立了基于市场需求的产品开发体系。同时各部门围绕全流程的产品开发重组资源，实行产品经理制和组建跨部门的开发团队，产品经理对产品开发的全流程（原理样机、工程样机、小批量、批量、转生产）和全要素（进度、质量、成本、采购、生产、营销、研发）负责。同时技术评审与决策评审分离，决策评审以市场和财务成功作为指标来评价产品或项目是否成功。华为产品研发管理改革的成功为今天华为成为世界通信业的巨头奠定了雄厚的基础。

▌ 企业研发管理发展的五个演进阶段

通过IBM和华为的成功案例，我们发现绝大多数企业都经历过或正处于这个阶段，经过大多数企业实践的分析，我们把企业的发展分成五个阶段，如图1-3-1所示。

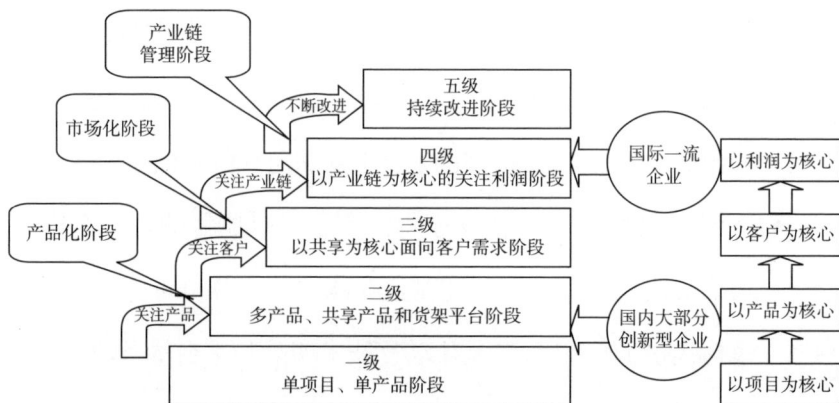

图1-3-1 企业发展的五个阶段

各阶段的特征如下：

一级：单项目、单产品阶段

- 基本没有产品的市场策略，只关注产品或项目何时交付，怎样销售。

- 不关注和分析市场需求，将客户经理或客户的要求当作需求。

- 不关心预研和技术积累。

- 不关注产品平台和技术平台，没有货架和共享的概念。

- 没有流程或流程很简单，串行开发，周期长，过程不受控。

- 只关注单一的技术或项目，个人单兵作战，员工表现为个体行为，没有规范和标准，人员流动困难，项目抢人现象严重。

- 有简单的项目管理，项目经理责任和权利与任务没有挂钩，完全是依赖领导者，所有的计划和考核都在领导者的脑袋中，资源多在大家都想做的项目上，新人做新项目、新产品。

- 人力资源管理和薪酬体系与责任和任务无关。

- 基本没有产品成本的概念。

- 销售人员基本只管"销"，简单的客户关系销售，无"营"的概念。

- 部门之间有相应的规范和标准，部门内部运作基本有序，但跨部门的协调困难，缺乏横向的流程运作体系，部门内部有相应的考核、例会和沟通制度，有部门工作目标，有个别领导可以推动跨部门的工作，但流程不支持。

二级：多产品、共享产品和货架平台阶段

- 有初步的产品策略，市场经理与客户经理分离，"营"的能力开始具备，开始进行客户投资分析、客户问题和痛点识别及需求收集，进行产品路标规划、技术规划和初步的客户规划，有引导需求的能力，但规划需求和拦截需求有差距。

- 产品分版本，基于市场需求完成产品开发，并针对不同的细分客户完成R版本的产品矩阵。

- 建立了产品线和资源线，资源线能围绕产品线有协调和配合，初步完善了跨部门的产品开发组织，全流程的产品经理开始出现；产品经理开始全流程关注产品，核心技术不解决不能进入产品开发，员工能自发的围绕项目工作，开始有横向的信息沟通。

- 有专门的技术管理部门管理共享技术，技术开发与产品开发和平台开发分离，初步完成了技术货架、产品货架的建设。

- 系统设计与系统实现分离，有技术平台和产品平台，在平台上实现多产品、多解决方案。

- 开始进行并行开发，有初步的结构化流程，层次清晰，预研项目与产品项目和集成项目的管理流程分离。

- 项目管理部管理多项目的协同，项目经理管理单项目，项目经理的素质选型要求出现差别，人员开始在各项目中流动，有部分薪酬与项目挂钩，有简单的项目排序，分阶段、

分批地调配资源和开展项目。

- 技术评审和市场评审与决策评审分离。

- 初步的基于产品线和产品的预核算体系开始建立。

三级：以共享为核心面向客户需求阶段

- 在公司的愿景下确定产品开发策略。

- 定期做客户规划，在客户规划的指导下做产品路标规划和技术路标规划，没有进入规划的项目不能直接开发。

- 对客户进行分类和排序，对不同的客户群公司有明确的产品策略与投入比例。

- 完成以客户为中心、面向产出的组织构架和流程体系，各部门围绕产品线进行协调和配合。

- 对一些关键的项目和人员开始要求按比例均衡建设。

- 核算和预算体系成为绩效管理和进人的标准。

- 产品经理给产品开发人员发部分奖金，研发经理成为产品经理下的一个技术项目经理。

- 公司建立了客户群市场部和区域市场部。

- 产品经理对产品的财务成功负责，对预算负责，一切均有内部核算，对产品项目的成本控制很严。

- 需求收集和分发以及需求验证规范化。

四级：以产业链为核心的关注利润阶段

- 公司有明确的预算和策略管理，一切按预算和比例投入。

- 产品经理在奖金发放上权重最大，完全是基于平衡计分卡的角度来考虑公司的战略、流程和组织构架。

- 各部门和环节是围绕产出的配合整体，有良好和价值导向和与责权利挂钩的分配体系。

- 高层领导基本是管例外事件和创新管理。

五级：持续改进阶段

- 以财务为中心进行单独核算，企业进入闭环管理，这时提升的是核心竞争力，围绕产出，资源能够自动动态流向。

- IT系统的正常运行支撑高效率的运作。

我们发现有的企业在某一单项上走向了更高级阶段，但总体上大部分要素都处在一个低级阶段。我们还发现，中国很多企业的客户和行业的竞争要求已经达到了三级，这些企业也天天喊着以客户为中心，结果企业的规模上去了，管理却越来越累，企业越来越失控，根本原因是内部管理实际上处在二级以下，没有完成产品化阶段的建设。因此，以客户为中心，必须内部以产品为中心，建立面向市场以产品为中心的管理体系，产品化阶段是企业发展不可跨越的阶段。

如何实现集成产品开发管理

集成产品开发管理模式的建立，是一个系统工程，不仅是改革研发管理，还应该是全公司的一个战略转型。目的是以客户为导向，以市场需求和核心技术驱动作为产品开发的原动力，将产品开发当成一项投资来管理，以货架技术和平台为共享基础，实现产品开发的市场和财务成功，改变对研发负责的技术体系为对市场和财务成功负责的产品管理体系，以实现产品开发"准确、快速、低成本、高质量"的目标。

要实现集成产品开发管理，首先要全公司统一以下这些核心思想：

1. 产品开发是一项投资；

2. 必须强调基于市场的创新；

3. 技术开发与产品开发相分离；

4. 强调对技术进行分类管理，强调核心技术、关键技术的自主开发，一般技术、通用技术合作开发或外包；

5. 强调跨部门的协同开发，实现全流程、全要素（市场、研发、生产、采购、财务等的协同）的管理；

6. 强调CBB和平台建设，强调共享；

7. 执行异步开发；

8. 根据产品的不同层次，技术开发执行不同的结构化开发流程；

9. 强调市场和财务成功，以及核心竞争能力的提升是研发绩效考核的重要指标。

集成产品开发的总体方案包括四大产出体系建设、四大产出团队建设、四大支撑体系建设，简称为周辉产品管理"四四四"模型，如图1-3-2所示。

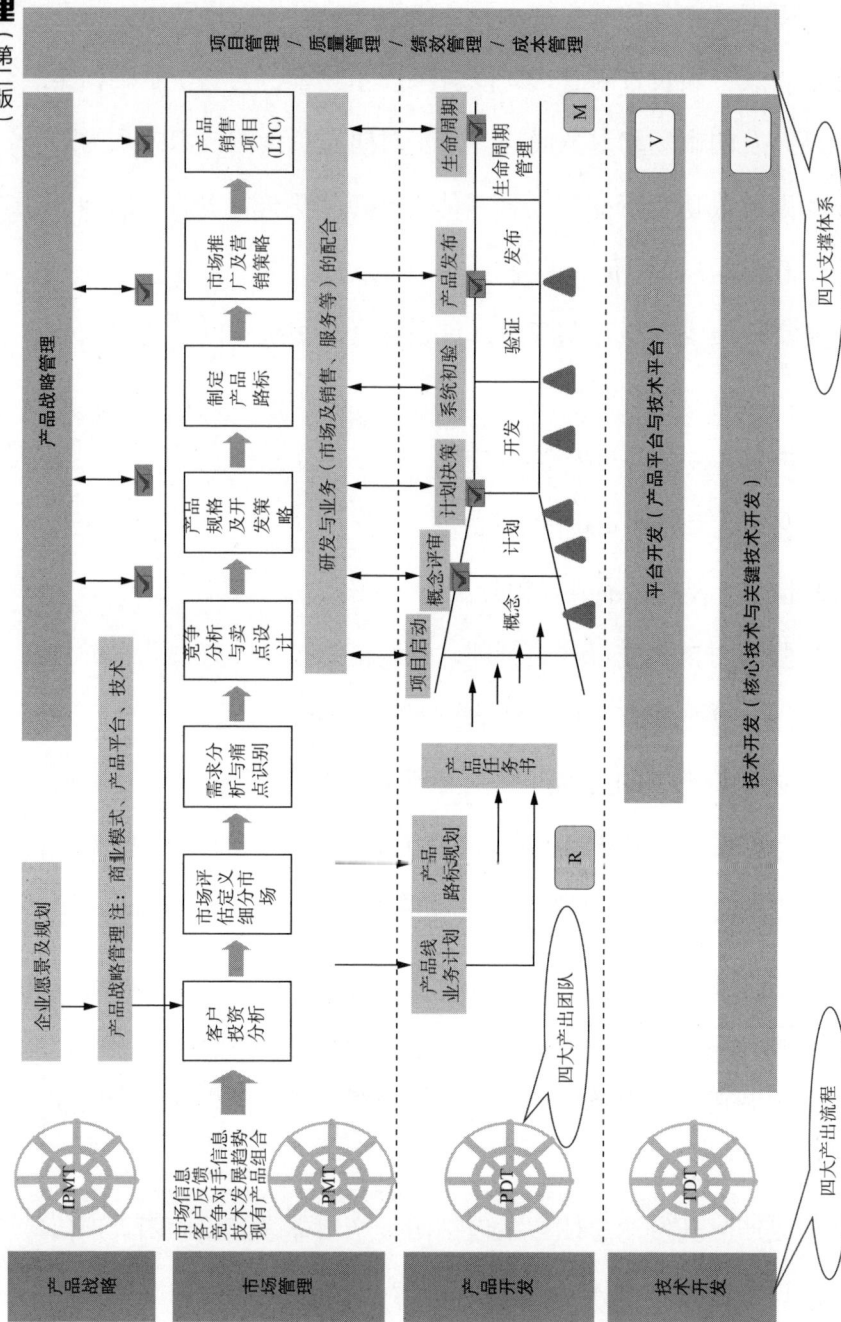

图1-3-2 周辉产品管理"四四四"模型

要实现"四四四"模型必须以产品线（产品）为核心进行四大重组，四大重组的执行主体由产品线业务领导统一管理，而不是由各职能部门分段执行。四大重组的具体内容为：

1. 财务重组

（1）建立面向产品线和产品以及项目的核算体系；

（2）基于财务核算进行项目的排序和资源配置；

（3）所有的项目开发都是一项投资，投入产出比是衡量结果的最终要素；

（4）成本分析、定价分析和经营分析成为产品管理的重要部分。

2. 市场重组

（1）细分客户群，开发产品（R）；

（2）市场经理与客户经理分离；

（3）详细进行市场需求分析；

（4）产品规划和客户规划与技术规划联动；

（5）基于市场需求重新设计商业模式和组织。

3. 产品重组

（1）产品分为内部产品和外部产品；

（2）产品根据产业链分层分级设计架构，执行并行开发（也叫异步开发）；

（3）平台也是一种重要的产品，要进行内部定价和核算。

4. 组织与流程重组

（1）项目管理变为多项目管理，进行项目的资源配置和排序；

（2）产出流程包括市场流程和产品开发流程以及技术和平台开发流程，项目管理模式也有区别；

（3）组织上执行矩阵管理，产品线与资源线相对分离。

这本书的整体构想即按照"四四四"模型的框架，以活动层次为基础，围绕着几大分离分别阐述和说明，虽然各章节的层次是独立的，但希望读者在阅读本书时，始终考虑以下几个关联如何打通：

- 如何将客户的规划和我们自己的战略规划、产品线业务计划和产品路标规划的关联打通。

- 如何将客户的需求到产品开发的需求到技术的需求的关联打通。

- 如何将客户的投资、客户的问题及痛点、竞争对手的优势和我方产品的卖点及产品商业模式和定价策略打通。

- 如何将技术开发、平台开发和产品开发的关联打通。

- 如何将项目管理、质量管理、成本管理、绩效管理与产品开发过程的关联打通。

- 如何将以市场和财务为中心的项目组织与以人的能力提升为中心的资源性组织的关联打通。

- 如何将产出流程和支撑流程的关联打通。

第 **2** 章

Chapter 2

产品战略管理

产品战略要结合公司战略综合考虑市场、核心技术、平台、人员能力提升和资源配置策略，尤其是寻找增量市场和客户，设计增量策略，制订产品规划，其责任主体是公司总经理（CEO）而不是研发负责人。

本章精华

1. 企业做研发的首要目的是降低老产品的成本，而不是新产品、新技术的开发，老产品有利润，新产品当年可能只有规模，没有利润。

2. 产品战略的责任主体是公司的总经理（CEO），而不是研发部门的负责人。其制定是一个"W"形的流程，首先要将公司的经营目标按商业模式分解到产品线，并通过产品确定平台需求和技术突破的需求，最后落实到资源配置。

3. 产品策略必须围绕增量市场进行利润区扩张，扩张原则是：老产品卖给新客户，在老客户需求的基础上开发新产品，对新技术、新产品卖给新客户，一定要慎重，最好走合作或资本运作的道路。

4. 产品战略的内容包括商业模式设计、产品线业务计划书、新产品发展的路标规划、产品平台和技术发展规划，以及与规划相匹配的资源配置和预核算原则。

5. 技术型企业的战略不仅要关注财务指标，还要关注核心竞争能力的提升指标。

6. 产品战略的核心是产品线业务计划。产品线业务计划的核心是：要形成客户群规划与产品规划、平台规划和技术规划的联动，以达到技术支撑平台，在平台上做产品，通过核心产品带动系统集成，以集成推动新的技术的自闭合循环模式。

7. 产品线业务计划书要包含增量市场规划、增量产品规划，两者分别进行，同步建立"拧麻花"的啮合机制，以实现企业的增量战略。

8. 资源配置包括聚焦投入、技术突破和布局，通常为"七二一"原则，即70%的资源聚焦投入，20%的资源做技术突破，10%的资源进行布局。

产品研发管理（第二版）

第一节
产品战略制定是一个"W"形的流程

▍问题思考

1. 产品战略的流程是什么?

2. 产品战略包括的内容是什么?

3. 技术型企业的总体战略目标是什么?

4. 战略制定如何落实到产品规划、平台规划、技术规划和资源规划中去?

5. 如何通过产品规划与客户群规划寻找增量机会，匹配产品策略?

▍产品战略规划分为哪三个层次

企业战略规划是一个从公司愿景到经营计划到各产品线的愿景和业务计划，再到产品平台和核心技术的需求，并落实到资源规划以及各种激励机制的配套保证的总体流程，其总体架构如图2-1-1所示。

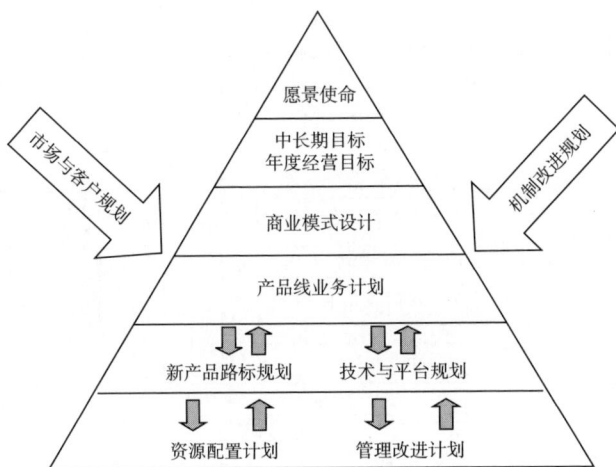

图2-1-1　产品战略规划的总体架构

通常企业经常犯的错误是不能有效地将产品战略与公司战略衔接在一起。产品战略由研发部门的负责人制定，如果研发部门的负责人不能站在公司的角度考虑问题或调动公司的资源，共同做规划，往往形成公司战略规划与产品线战略规划和资源配置规划脱节，导致规划无法落地，因此本书建议产品战略规划的责任主体是公司的总经理（CEO），而不是研发负责人。

公司的战略规划分成三个层次：战略研究层（顶层）、产品线战略规划层（业务层）以及资源配置和管理改进层（支撑层），三个层次相互嵌套、互为输入，共同构成完整的战略，如图2-1-2所示。

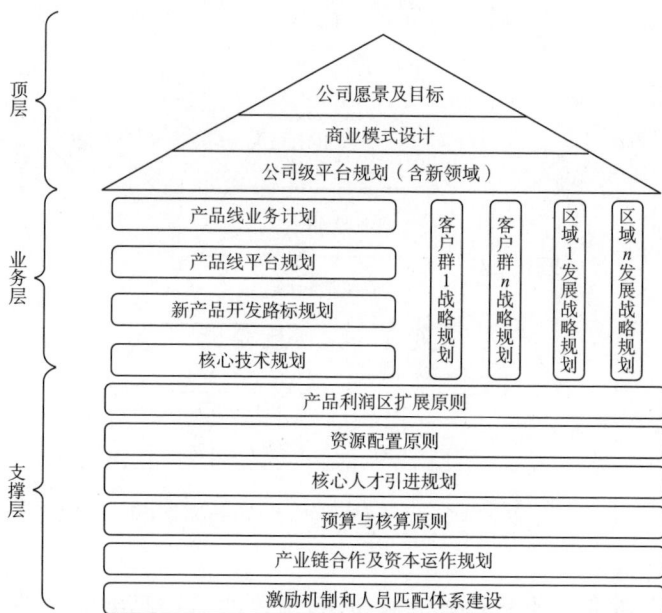

图2-1-2　融智战略规划层次产出模型

1. 顶层设计：战略研究层

战略研究层主要包括公司的使命愿景和实现公司的使命愿景匹配的战略目标、完成战略目标的商业模式以及公司级平台发展战略和新领域发展计划，在公司级平台下各产品线的总体战略定位，解决公司分成多少条产品线，靠什么模式获得收益，愿景使命和目标如何匹配的问题。其核心产出为：

（1）公司的愿景使命和战略目标；

（2）公司的商业模式；

（3）公司级平台规划及产品线分类原则；

（4）新领域发展计划。

2008年以前华为公司的愿景使命和战略目标如图2-1-3所示。

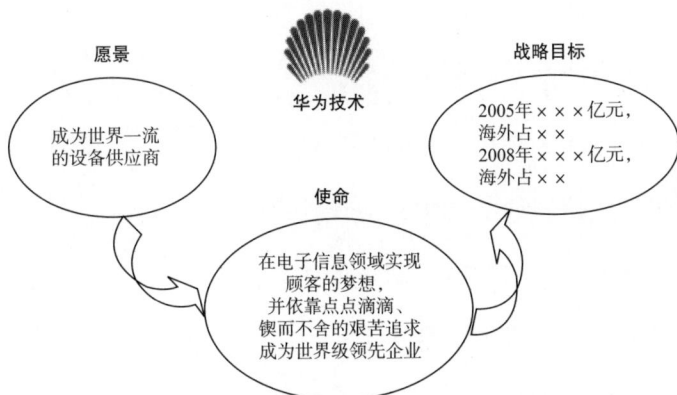

图2-1-3　2008年以前华为公司的愿景使命和战略目标

2. 业务层：产品线战略规划层

产品线战略规划层主要包括产品线的业务计划、支撑产品线业务计划的客户群规划和区域规划、产品线的产品平台规划、新产品路标规划和技术发展规划，以及产品线的资源配置计划（人员结构计划、预核算原则和条件保证），解决产品线业务发展所需要的客户、产品、技术、平台和资源的整体匹配策略。其核心产出为：

（1）产品线业务计划；

（2）客户群规划；

（3）区域发展规划；

（4）产品路标规划；

（5）平台发展规划；

（6）技术发展规划；

（7）产品线的人力资源计划；

（8）产品线的资源保证计划；

（9）产品线的预核算及激励计划。

在产品战略规划结构中，应该注意以下几点：

（1）重视基于产业链的商业模式分析；

（2）重视公司级的平台建设；

（3）产品线的业务计划是所有规划工作的枢纽；

（4）产品路标规划中产品平台和技术要相互衔接。

关于商业模式上节已经有所描述，在后续章节中将详细描述路标规划和产品线业务计划。以华为公司为例，产品线业务计划书包括的内容如表2-1-1所示。

表2-1-1 产品线业务计划书

一、市场分析
1. 环境分析
（1）市场现状及发展趋势分析
（2）应用领域发展趋势分析
（3）技术发展分析
（4）产业链分析（波特模型，价值链分析模型）
2. 竞争对手分析
（1）产品线的主要竞争对手
（2）核心产品的竞争对手
3. 行业客户分析

4. 产品线商业模式分析

二、产品线策略

  1. 产品线的愿景、使命、目标

  2. 三年规划

  3. 项目分析

  4. 产品、客户群"七二一"原则

  5. 产品线主要问题分析

三、产品包

  1. 产品路标规划

  2. 各产品的交付时间、功能特性、好处、买点、交付（培训、支持）等

四、客户群及区域发展规划

  1. 客户拓展规划

  2. 渠道拓展规划

  3. 区域发展规划

五、组织与流程建设

  1. 产出线组织

  2. 产品线组织

  3. 区域管理原则

  4. 需求到产品到服务的流程保

六、人力资源需求

核心人员的需求（产品线管理人员、研发人员、市场人员、销售及相关人员
等全产品线人员）

七、产品线预算及资源保障

  1. 产品线预算

  2. 资源保障

八、风险评估

  1. 整体风险评估

    （1）市场风险

    （2）技术风险

    （3）资源风险

    （4）财务风险

  2. 关键成功要素

在产品线业务计划中，本书建议最好是产品规划和客户群规划分别进行，然后进行匹配，两者重合的部分应该聚焦投入，视为存量。公司还应该将精力放在不重叠的部分，产品规划新增的部分，可以通过建立新渠道或被集成增加增量，而客户群规划新增的部分，可以通过新产品的开发或OEM形成增量，实现产品规划与客户群规划相互啮合、相互补充，即所谓的"拧麻花"，以寻找未来的战略增长点，形成增量的产品策略，如图2-1-4所示。

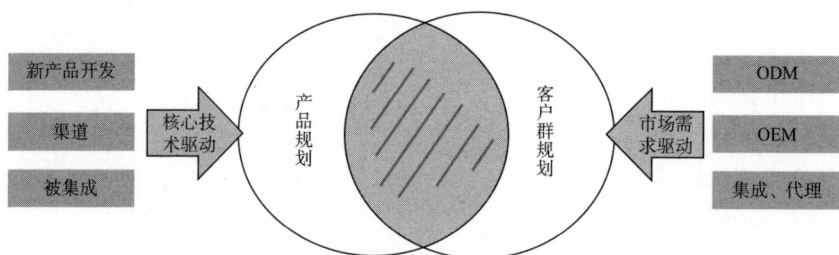

图2-1-4　融智产品规划和客户群规划相互匹配、相互啮合、相互补充图

3. 支撑层：资源配置管理改进层

资源配置管理改进层主要解决资源冲突情况下各产品线的资源配置，公司新领域、新客户的战略补贴方向，公司总体对外合作原则和资本运作，核心人才的引进计划和总体管理改进计划。其核心产出为：

（1）产品利润区扩展原则；

（2）资源配置原则；

（3）核心人才引进规划；

（4）预算与核算原则；

（5）产业链合作与资本运作规划；

（6）激励机制和人员匹配体系建设。

很多公司的战略为什么落不了地，其主要原因是过多地在公司的顶层设计上花费了大量的精力，而没有将重心放在业务层上，同时其支撑保证体系不能够有效地推进战略的闭环管理。大公司通常将业务计划、预算、绩效管理和经营分析衔接作为一个完整的战略体系，如图2-1-5所示，以实现战略、目标、预算、绩效和经营分析的联动。

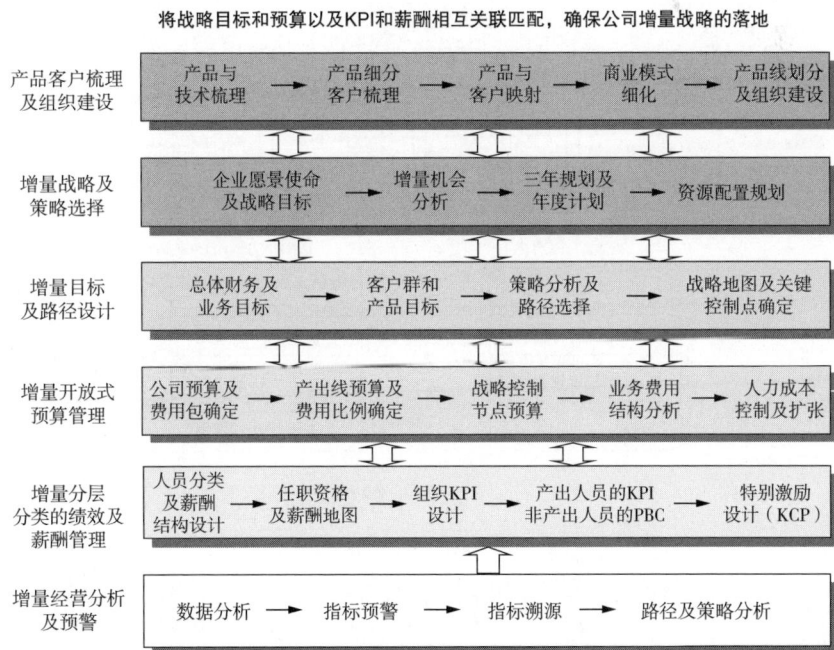

图2-1-5 周辉增量绩效管理模型六个子体系

▊ 产品战略规划有哪八个步骤

战略规划的步骤形成是一个"W"形的过程，通常在公司的愿景使命和目标下，先完成产品线业务计划。通过产品线业务计划指导新产品发展路标规划、产品线平台计划、产品线的技术规划和资源与管理改进计划，通常这个"W"形的过程从每年的9月开始到次年的2月结束，但在12月31日之前必须走完第一个"V"形。

产品战略规划的八个步骤如图2-1-6所示。

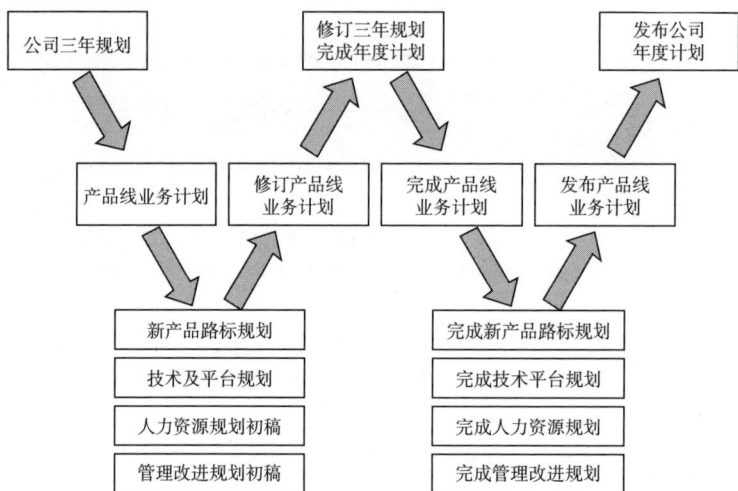

图2-1-6　融智战略规划模型

第一步：　确定公司的愿景、使命、三年规划和初步的年度计划；

第二步：　明确公司的商业模式和公司级的产品平台；

第三步：定义公司的产品线，完成产品线的业务计划；

第四步：完成新产品开发的路标规划；

第五步：完成核心技术规划和产品平台规划；

第六步：完成人力资源配置计划和管理改进规划；

第七步：以上几个步骤通过多次迭代并最终发布；

第八步：培训相应的人员并将组织规划落实到个人绩效中。

第二节
技术型企业和产品线的组织绩效指标

▌ 问题思考

1. 技术型企业的财务指标和核心竞争力指标是什么？

2. 企业每年的KPI与企业绩效指标的关系是什么？

3. 产品线的绩效考核指标是什么？

4. 企业绩效指标与产品线绩效指标的关系是什么？

▌ 企业组织绩效考核有哪三类指标

正如序言所说，技术型企业与其他企业不同，既要保证企业生存能力的提升，又要确保可持续发展和核心竞争能力的提升，其具体指标分为三类七项。

第一类：生存类能力指标。

1.财务指标，财务指标主要包括：

（1）销售收入及增长率：评价公司的规模，可以分解到各个产品线和产品；

（2）回款计划完成率：评价发货和实施能力以及产品质量；

（3）人均利润空间：评价企业的效益。

2. 交付指标，主要评价企业的管理，交付指标包括：

（1）计划完成率；

（2）客户满意度；

（3）项目开发周期；

（4）交付周期。

第二类：可持续发展能力指标。

3. 新业务占收入的比重，新业务包括新产品，也包括老产品卖给新客户，具体指标为：

（1）新产品收入占收入的比重；

（2）新客户收入占收入的比重；

（3）需求和规划的准确率。

4. 核心技术和平台带来的收入占比，评价公司业务的聚焦能力和基于产品平台与核心技术的市场规划能力，具体指标包括：

（1）核心技术带来的收入占比（核心技术本身的收益及支撑产品带来的收益）；

（2）产品平台支撑的产品带来的收入占比；

（3）收入结构的合理性：评价企业有没有核心产品和核心客户群。·

第三类：核心竞争能力指标。

5. 公共基础模块（CBB）共享率，评价企业的公共模块建设，具体指标包括：

（1）产品开发的共享率；

（2）优选供应商的器件占比。

6. 人员结构合理性及任职资格提升率，评价人员结构及人员能力的提升，具体指标包括：

（1）任职资格提升率；

（2）核心产出职位占比（系统级工程师、市场经理、产品经理、客户经理）；

（3）人员结构的合理性（如测试人员占比、业务相关的跨部门人员流动比率）。

7. 引导客户需求与规划的能力，评估企业在行业中的影响力，具体指标包括：

（1）论坛和标准的影响力；

（2）高级别的技术专家和业务专家在行业中的影响力；

（3）企业规划与行业规划的匹配度。

企业将总体的绩效指标细分成一系列的指标，每年会根据企业的战略选择相应的指标进行能力的提升，这就是企业的KPI（关键绩效考核指标）。这些指标要按照产品线进行层级的分解，最终分解到实现路径并将关键的实现路径分解到月、团队和个人，就构成了PBC（个人绩效承诺）。

▌ 产品线组织绩效考核的财务与非财务指标是什么

企业是由产品线构成的，当企业、规模小的时候，有可能只有一条产品线，企业的考核指标就是产品线的考核指标。当企业发展到多条产品线的时候，需要将企业的总体指标分解到产品线，并对各产品线指标进行单独核算、单独评审，通常产品线的考核指标除了财务指标，还包括以下非财务指标：

1. 产品市场份额；

2. 核心产品的客户群覆盖率；

3. 产品共享使用度；

4. 核心技术和关键技术占技术投入的比重；

5. 产品线平均开发周期及计划完成率；

6. 客户问题及时解决率；

7. 产品成熟度及售后服务成熟度；

8. 产品销售工具包的完善及培训覆盖率；

9. 客户满意度和产品质量（直通率、缺陷问题解决率、评审准确率）；

10. 产品线核心团队任职资格提升率。

虽然有非常多的非财务指标，但是很多企业经常将研发人员对技术追求的个人绩效指标和组织绩效指标混为一谈。产品线的核心考核指标是组织绩效指标，要求对市场成功和财务成功负责，最终的考核指标是利润，而不是技术的先进性等一系列与研发人员个人相关的指标。只有产品线有利润，组织绩效成功（市场和财务成功），才能谈个人绩效，因此产品线核心人员的首要目的是在市场成功的基础上获取利润。

第三节
企业获取利润的路径分析

▌ 问题思考

1. 企业做研发的首要目的一定是为了开发新技术吗?

2. 企业获取利润的路径有哪些?

3. 基于利润区的产品扩张原则是什么?

4. 为什么新技术卖给新客户风险巨大?

▌ 企业做研发的首要目的是什么

企业的首要目的是追求利润的最大化,其组织绩效要求以最小的投入,寻求最大的收益。但研发人员甚至研发主管往往首要考虑的是技术能力的提高,追求个人在技术掌握能力提高上的绩效,而将组织的绩效即利润放置一边,不去考虑企业老产品的改进和研发老客户需要的基本功能,却把大量的时间和精力投入新产品和新技术开发中。

是做透一个产品,还是不断研究新技术,是企业领导和研发

产品研发管理（第二版）

领导经常研讨甚至发生争论的问题，这种争论经常导致企业的研发战略围绕一些技术开展，而不是围绕客户和围绕产品展开。对一个产品线的负责人来说，必须将组织绩效放在第一位。

对一个企业来说，如果不是新企业，研发的首要目的是提高老产品的利润，因为老产品的改进投入产出比最高，而且风险最低，在财力上当年可以看到收益；其次才是为了公司的持续发展，开发新产品和新技术。

因此，技术型企业在制定战略时，首先要明确企业的首要目的是增加利润，增加利润有多种路径，做新产品、新技术并不是唯一的路径。

企业增加利润的路径如图2-3-1所示：

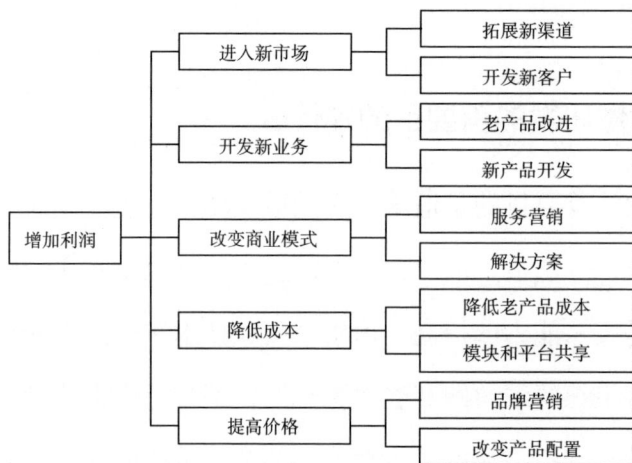

图2-3-1 融智增加利润途径模型

　　上述五种路径一般可以同时使用，但必须明确到具体的产品线策略中，明确到各部门的绩效指标中。通常，几种策略在一个产品线同时使用才能做到利润最高，这种产品组合策略是考核产品线负责人的一个核心内容。

第四节
基于利润区域的企业产品扩张原则

▍问题思考

1. 为什么营销与研发矛盾重重？

2. 为什么新产品开发经常失败？

3. 如何实现低风险、高利润的产品扩张策略？

4. 在产品开发过程中如何把握资本运作和对外合作的原则？

▍如何选择产品开发的扩张路径

对于很多没有建立产品线的企业来讲，研发与市场分别属于两个相对独立的部门，研发过多地关注新技术，而营销则喜欢围绕老客户和老产品开展工作。这样通常导致的结果是：对老客户的需求关注不够，新技术、新产品推出进度不尽如人意。

如何在新老产品和新老客户上配置资源以使企业的扩张风险最低、投入产出最高和速度最快，也就是通常说的产品开发的扩张路径是什么？我们通常将产品扩张路径分为五类，如图2-4-1所示。

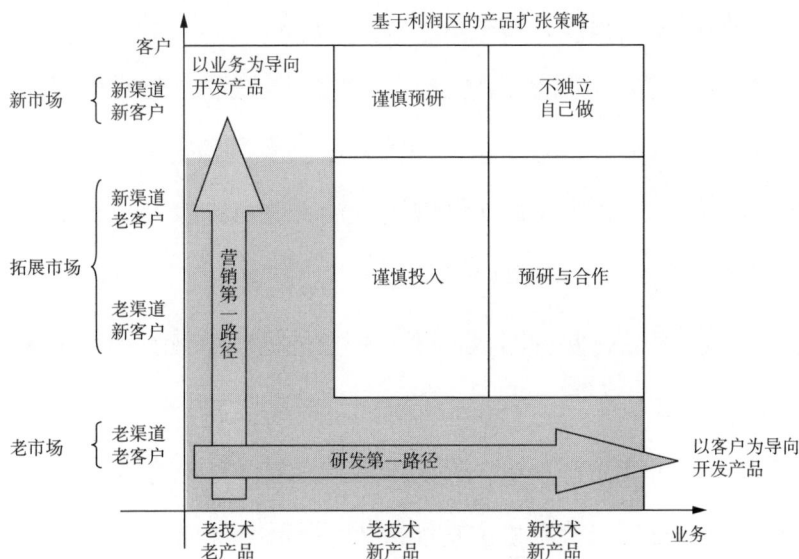

图2-4-1　产品扩张路径

1. 营销第一路径：老产品卖给新客户

由于老产品比较成熟，质量可靠，不需要进行新的研发投入，因此将老产品卖给新客户是获取利润的最佳办法之一。老产品有些小的功能的改动，主要是指产品的可维护、可安装和产品界面，甚至是包装等要进行一些小的开发，这种开发周期很短，见效快，容易获得客户的信任，是企业利润区扩张的最佳路径。比如，华为将中国版本的交换机卖给国际用户，主要是界面更改和不同国家的通信信令转换；东阿阿胶将产品卖到日本和韩国，主要是改动包装和口感的调整，还有一些电器产品，卖到国外可能只是做了一些电源接口和电压的适配性工作。

2. 研发第一路径：为老客户开发新产品

老客户主要指与公司建立了战略合作关系，长期用公司产品，客户关系较好，甚至与公司的各层次人员私交都较好，客户需求清晰，有一定的影响力和品牌。因此，针对这些客户开发一些新产品，风险小，很容易获利。

开发新产品有两种路径，一种路径是将成熟技术组合带来的新产品。比如，苹果公司推出的iPad，其实是将各类应用技术组合成为一个新产品；手机公司将数码摄像技术引入手机，形成摄像手机；手表公司将手机的功能放入手表中，形成手表手机一体化的产品；启明星辰公司将防病毒、入侵检测等产品合成一体推出一款UTM产品；汽车行业不断将电子领域的成熟技术引入新款产品中，推出一系列的新款汽车。

另一种路径是采用新技术开发做成新产品卖给老客户。通信行业一般新产品试验局的开通或样板点的建立必须找老客户。通信行业在需求不清晰时，通常采用联合开发方法。联合开发方法指客户与供应商共同成立项目组，共同规划产品概念，共同形成产品，这种方法正逐步被一些先进的公司使用。

3. 谨慎投入路径（第三路径）：老技术开发的新产品进入拓展市场

什么是拓展市场？拓展市场要么渠道是新的，要么客户是新的，客户关系不一定是战略合作伙伴，但可能与公司有一定的关联关系，产品有一定的品牌，这时，通过一些老技术开发的新产品进入拓展市场虽然有一定的风险，但企业一定要保持此市场领域的投入。比如，东阿阿胶开发阿胶口服液，就是采用阿胶的老技术开发的新产品，从药店渠道拓展到商超渠道，产品开发获得了巨大成功。爱国者通过存储的老技术做成各种U盘进入个人电子消费市场也是此方面的典范。

4. 谨慎预研路径（第四路径）：新产品、新技术进入拓展市场

新产品、新技术进入拓展市场，由于产品和技术存在难题，知名度不高，质量不稳定，进入拓展市场存在风险，可以尝试进入，允许失败，企业最好先采用预研的方式，控制投入，分阶段地进行评审。比如，东阿阿胶开发阿胶枣进入保健品市场；云南白药学习化学技术开发的止血牙膏进入日化市场；华为公司为了进军欧洲市场进行了WCDMA的大量预研，分阶段投入、分阶段评审，最终取得了产品的成功。

5. 自己不独立开发，合作进行开发路径（第五路径）：新技术、新产品进入新客户群

由于新产品、新技术没有突破，客户群对公司的感知度不高，容易出现质量问题，遭到客户投诉，使得以后的产品很难进入客户群。关于新技术卖给新客户，最好自己不做，可以通过以下两种方式进入：

（1）资本运作方式收购别人的技术，成为成熟技术后可以变成老技术卖给新客户，回到营销第一路径，这种风险可以相对降低。

产品研发管理（第二版）

（2）市场合作：与有客户的渠道或公司合作，这样客户成为老客户或拓展客户，回到了研发的第一路径。

如果上述两条途径无法实现，自己公司冒风险也一定要做，则建议：

第一，单独成立公司；

第二，在行业内引进技术和市场高手；

第三，严格进行阶段评审。

其实产品扩张策略还有更简单的办法，就是在老客户基础上开发新产品，将其变成老产品，再将老产品卖给新客户，将其变成老客户，再在老客户基础上开发新产品，再将其变成老产品，如此循环便是利润区扩张的最好办法。融智利润区扩张优先路径模型如图2-4-2所示。

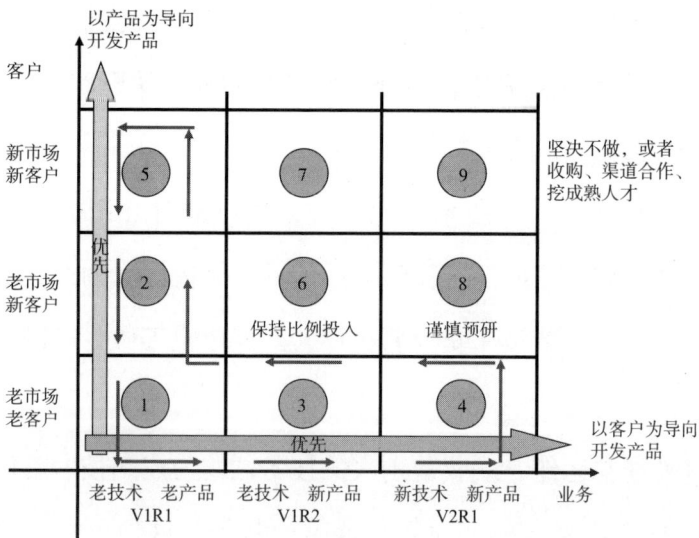

图2-4-2　融智利润区扩张优先路径模型

如何对产品开发的资源进行配置

企业发展到一定程度，必须保持新业务占有一定的比例才能持续增长，如何保证新业务占有一定的比例，可以将业务分为三类。

（1）聚焦发展：应该重点投入，是公司收入和利润的主要来源；

（2）必须突破的业务：公司在今年内必须突破的业务，在第二年必须带来利润和收入的产品或客户群；

（3）布局式的业务：公司暂时布局，至少在一年内不会产生利润的产品或客户群，但未来发展潜力巨大。

通常的资源配置比例为："七二一"原则，即70%的资源投入聚焦发展业务，20%的资源投入突破业务，10%的资源投入在布局式业务，如图2-4-3所示。

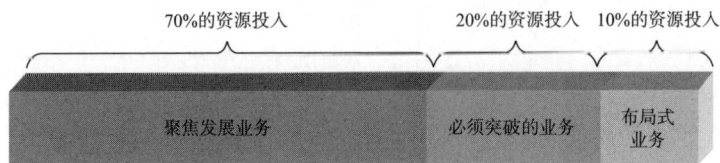

图2-4-3　资源配置的"七二一"原则

图2-4-4是Y公司某一年根据"七二一"原则在网管产品线业务的投入原则。

产品研发管理（第二版）

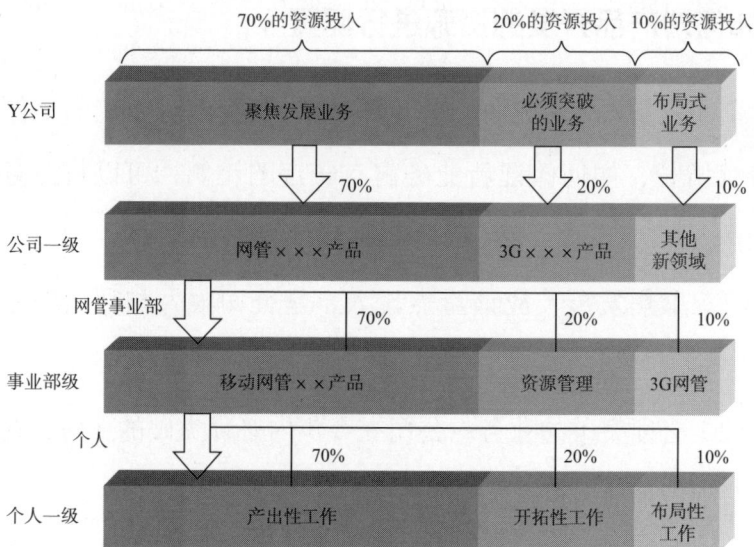

图2-4-4　Y公司的"七二一"原则

企业进行资源配置时应注意的几个问题：

（1）研发的"七"和"二"与营销的"七"和"二"资源配置是倒过来的；

（2）高层领导尤其是一号人物通常管"二"的业务；

（3）当一个企业没有聚焦投入的时候应该快速形成一个核心产品或新客户群；

（4）对公司、产品线、客户群都可以进行"七二一"的配置。

第 **3** 章

Chapter 3

建立以产品为中心、面向客户的组织体系

　　并不是所有企业都可以实施矩阵管理，实施矩阵管理必须进行产品线和资源线建设并实施六大分离。产品线建设立足于产出，完成面向市场成功和财务成功的商业交付；资源线建设立足于核心技术的提升和专业人员的培养，完成面向CBB和产品平台的货架知识交付和面向人员任职资格提升的能力交付。

产品研发管理（第二版）

本章精华

1. 企业的产出包括三个交付：

（1）面向市场成功和财务成功的商业交付；

（2）面向CBB及产品平台的货架知识交付；

（3）面向研发人员任职资格提升的能力交付。

2. 企业组织建设应该建立产品线和资源线，产品线对产品和服务负责，完成市场成功和财务成功的商业交付；资源线对人的成长和能力提高以及知识沉淀和货架建设负责，完成货架知识交付和人员能力提升交付。

3. 不是所有的企业都要实施矩阵管理，实施矩阵管理必须要完成一些基础建设。

4. 企业组织建设按活动分为三个层次：规划层、产出层、支撑层，产出层又分为预研、产品开发以及系统集成和解决方案。

5. 研究部经理和项目经理是有区别的，研究部经理对人的成长和任职资格能力提高以及专业货架建设负责，项目经理对项目的产出负责。

6. 根据企业的商业模式，技术型企业的项目类型包括产品开发项目、预研项目、平台项目和定制项目，有的企业将管理改进也作为项目进行管理。

7. 组织建设不一定一步到位，但活动必须到位，关键人才必须培养。

8. 建立以产品为中心，面向客户的组织体系要进行六大分离。

9. 矩阵管理分为三种模式，强矩阵、弱矩阵和混合矩阵。

10. 财务成本、人力资源和项目管理三大职能体系不是替业务部门执行管理，必须将责任落实到各部门领导，在各部门下设立三个子部门，行政上归部门领导负责，业务上归属公司三大职能部门。

11. 组织设计的原则必须保证产品经理、市场经理、客户经理和项目经理在一线，能调动公司所有资源，对产品能够快速响应客户负责。

12. 技术型企业设立系统部或解决方案部的目的是使设计与实现分离，高手必须参与设计和规划，低水平的研发人员不能参与设计和规划，避免出现低手做设计，高手救火的质量隐患。

产品研发管理（第二版）

第一节
技术型企业的组织建设

▋ 问题思考

1. 技术型企业组织建设的难题是什么？

2. 技术型企业的三个交付是什么？

3. 技术型企业组织建设的原则是什么？

4. 技术型企业组织活动的层次如何划分？

5. 建立面向产出以客户为中心的组织建设需要进行哪些分离？

▋ 技术型企业组织建设的原则是什么

技术型企业与一般企业有差别，既要关注财务指标和市场指标，即通常说的产出，也要关注货架建设，即技术积累，同时还要关注员工能力的提升和任职资格，即通常我们说的三个交付：

（1）面向市场成功和财务成功的商业交付；

（2）面向CBB和产品平台的货架知识交付；

（3）面向研发人员任职资格提升的能力交付。

技术型企业如何在确保产出的同时实现技术积累和员工任职资格能力的提升，完成三个交付，是企业必须解决的难题，因此技术型企业的组织建设必须遵循以下原则。

1. 有利于按产品线和专业分工。

（1）基于产出的核算原则，将每一个项目当成一个投资，分阶段评审，明确产出的绩效管理；

（2）以产品树为横向，以产出定产品线；以技术树为纵向，以专业定资源线，突出产品线的产出，突出资源线的专业；

（3）在专业技术领域不增加的情况下，增加项目不增加部门，产品规模的扩展不带来组织规模的扩张。

2. 有利于企业人员按专业设计职业生涯，建立每个人的专业方向、归属感。

3. 有利于对产出按项目方式进行管理和控制。

4. 有利于按产出建立跨部门的团队，全流程、全要素的进行项目和产品开发。

5. 有利于设立委员会对项目进行评审。

基于以上原则，技术型企业通常实行矩阵管理，产品线对产出负责，资源线对技术积累和人员的任职资格培养负责，大的技术型企业设立委员会对规划和决策负责，至于如何有效实施矩阵管理，如何解决产品线和资源线的关系详见第五节。

▋ 技术型企业组织活动如何划分层次

通常技术型企业的组织活动分为三类：规划类活动、产出开发类活动（主要以项目方式进行）和资源线的管理活动。

规划类的主要活动不仅包括产品规划和技术规划，还包括市场规划，有的甚至包括客户群规划，更重要的还要包括对产业链管理的规划、对外合作及资本运作的规划、高端人才引进的人力资源规划、风险管理及决策评审机制。这种规划类活动一般由公司的高层领导进行，大的技术型企业通常会设立公司级的市场部和系统解决方案部来组织进行规划，公司级的市场部要完成市场规划，系统解决方案部要完成产品规划和技术规划，同时人力资源规划、资本运作规划会统筹考虑，规划的层次详见第一章。

产出开发类活动一般分为预研、产品开发、定制项目开发和解决方案，分别按照项目进行管理，其中技术开发支撑产品开发，产品开发支撑解决方案的开发。

资源线的管理活动不仅包括支撑管理的支撑活动，如财务管理、项目管理、质量管理、人力资源管理等，还包括支撑产出的资源部门的活动，如营销部的营销活动、产品线管理部的产品管理活动、市场部的市场管理活动。技术型企业的活动层次如图3-1-1所示。

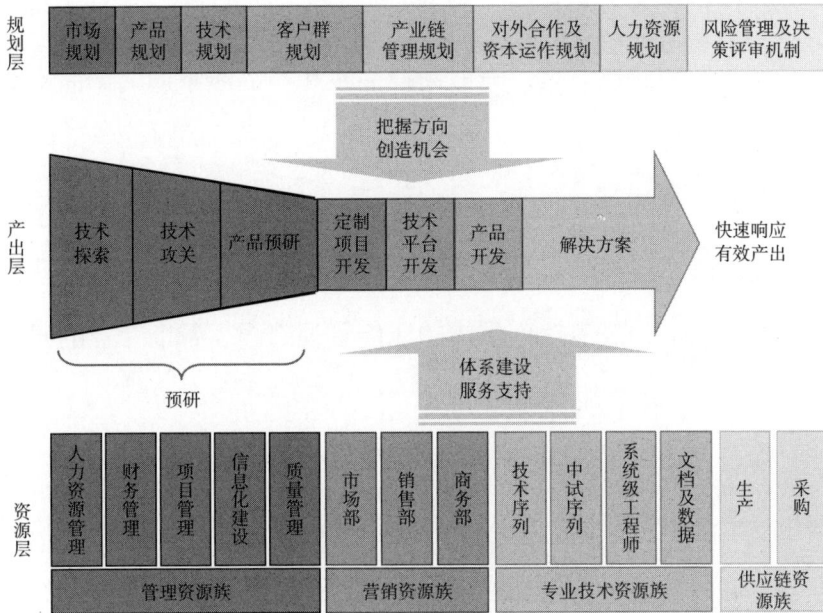

图3-1-1　融智技术型企业活动层次模型

　　规划层主要把握方向，创造更多的机会，对决策负责，对评审负责，一般由委员会和支撑委员会运作的相关职能部门构成。

　　产出层根据商业模式分为技术开发产出层、产品开发产出层和解决方案产出层。

　　技术开发产出层，包括技术探索、技术攻关、产品预研、定制项目开发和技术平台开发。技术开发产出层的产出包括直接产出和间接产出，直接产出主要是指项目本身带来的收入（攻关项目、预研项目、政府扶助等），间接产出主要是指预研项目转换成为产品所带来的收入。技术开发一般由预研部和研究部完成。

产品开发产出层和解决方案产出层主要指直接对外带来收入的产品开发和解决方案，一般由产品线和产品线下属的产品部和系统解决方案部完成。

资源支撑层主要为产出层提供合格的资源并对资源进行管理，包括体系建设、人员培养、本体系的专业任职资格和专业流程制度建设，一般包括产品线的职能管理部门、各个专业的研究部和其他方面的职能管理部门。

资源支撑层主要包括管理资源族、营销资源族、供应链资源族和专业技术资源族。管理资源族主要包括人力资源管理、财务管理、项目管理、信息化建设、质量管理；营销资源族主要包括市场部、销售部、商务部；专业技术资源族主要包括技术序列、中试序列、系统级工程师、文档及数据；供应链资源族主要包括生产和采购。

▍典型技术型企业的组织结构及六大分离

根据技术型企业的活动层次划分，其对应的组织形态有以下三种。

（1）委员会：对规划、评审、决策负责；

（2）产品线：对产出负责，按照项目方式运作；

（3）资源线：对人员的培养、成长、知识积累和职业通道负责。

典型的技术型企业的组织架构应该包括以上三种形态，典型结构如图3-1-2所示。

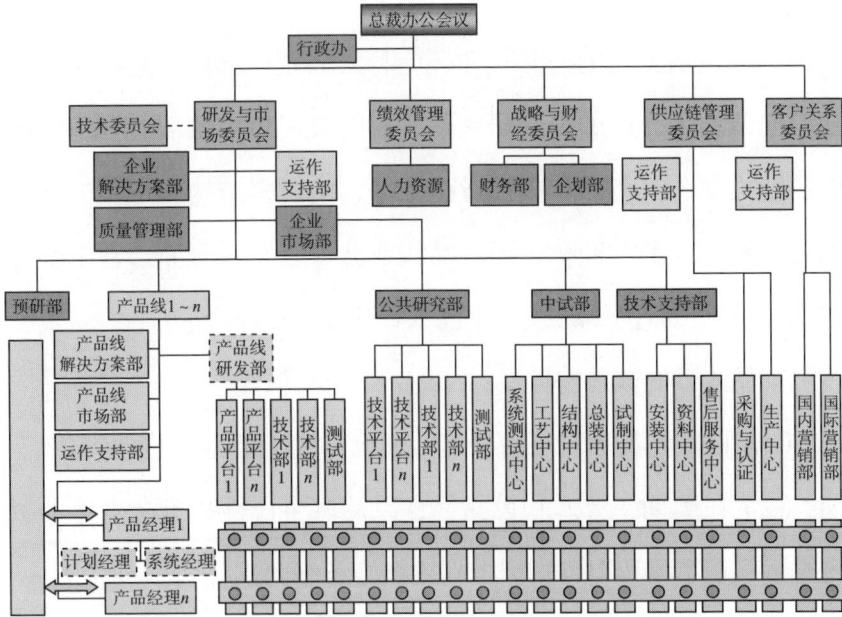

图3-1-2　融智技术型企业的组织架构模型

这种架构实现了以下分离。

1. 技术开发与产品开发和预研分离。

技术体系的核心业务是：

（1）构建技术平台，形成技术储备和技术货架，发现新的技术增长点；

（2）建立技术标准和技术规划，形成核心技术主动引导客户，并在技术上领先竞争对手，同步培养优秀的技术人员，提高行业影响力。

技术体系研究部分为公司级公共共享技术开发部（即公共技术研究部）和产品线或分、子公司的研究部。公司级公共技术研究部一般包括公司的公共软件部门和公共硬件部门，结构和工艺部门通常作为公司的公共研究部。有的公司将中试部拆分为测试部、结构部、工艺部和小批量试制部，同时将结构和工艺的设计纳入研发体系的一部分，而产品线或分、子公司研究部则主要针对本产品线独有的领域或专业技术做开发，支撑产品。

产品体系的核心业务是：

（1）以成熟技术和平台快速、低成本地满足客户的要求；

（2）在周期、成本和可靠性，以及可生产性和可保障性上领先对手，在市场和财务指标上构建核心竞争力。

产品体系一般包括产品线、事业部和分、子公司，产品线下可以设立产品线管理部，以及产品线市场部和产品线的运作管理部。产品线管理部管理老产品的改进、销售支持和新产品项目的开发；产品线市场部管理整个产品线的市场；产品线的运作管理部管理项目管理、财务成本、人力资源和部门行政工作。

预研体系的核心业务是：

（1）对未来的技术和产品进行探索和研究，形成企业的技术储备；

（2）提高企业技术领域的影响力。

预研部门是对有风险的产品或技术的开发进行管理的一个部门，其管理部门是固定的，但其项目人员是流动的，人员要根据项目的状态从技术开发转到产品开发，因此预研部门和项目人员是"铁打的营盘，流水的兵"。

2. 市场体系与销售体系分离。

公司的营销活动通常分为市场需求、产品规划、产品策划和产品销售。技术型企业的市场需求、产品规划和产品策划需要更高级的熟悉技术和业务的人员来担任，因此通常情况下市场部和销售部是不同的两个部门。

市场部主要由熟悉技术和业务的人员构成，通常情况下要求研发的高手和高水平的客户经理转入市场部以便进行市场需求和产品规划，客户经理更多的是在各个区域或客户所在地进行客户关系管理、客户维护和销售过程的控制。

市场体系的业务是营造好的市场环境，做好路标规划和产品规划，主动引导客户，并做好产品的市场需求分析，拉动研发开发新产品，制定营销策略；

销售体系的业务包括客户关系管理、销售过程管理、服务管理和市场管理。

3. 产品线与资源线分离。

明确不同类型的产出模式和产出流程。

（1）产品线：对产出负责、按照项目方式运作。

（2）资源线：对人员的培养、成长、知识积累和职业通道负责。

由于产品线有项目、有预算，资源线有人，产品线通过项目方式与资源线签订资源承接或任务外包合同，资源线必须在年底进行核算其从产品线获取的内部收入以实现内部虚拟盈亏平衡。

产品线与资源线的详细描述见后续章节。

4. 决策与职能体系管理及职能体系执行分离。

（1）委员会：进行决策的机构。

（2）职能部门：进行体系建设、决策支持、组织监控和绩效管理的部门。

需要注意的是职能部门的职能要下沉到业务部门中去，即业界通常说的HRBP等。比如，华为公司各部门分别建立了运作管理部和干部部，直接管理本部门的项目管理、成本管理和人力资源管理，行政上对本部门领导负责，业务上归口相应的职能部门。

（3）业务部门：不仅要完成本部门的工作，还要完成本部门的管理工作，即执行人力资源、财务管理、质量管理等相关部门在本部门的直接管理工作。

通常职能部门将目标和决策交给委员会负责，支撑委员会的日常工作，在委员会休会期间，职能部门具体执行决策。职能部门的主要工作不是替业务部门进行某项事情的管理，而是制定规则、制度和流程，进行监控，职能体系具体的项目管理、质量管理和人力资源管理统统交给业务部门自己管理，在这个过程中通常有几个体系：

（1）项目管理体系由项目管理部和各项目经理共同完成；

（2）质量管理体系由质量管理部和各项目的系统级工程师和质量管理部派出的PQA共同完成；

（3）人力资源管理体系由人力资源部和各个序列负责人共同完成；

（4）财务管理体系通常由财务管理部和各部门的成本分析经理共同完成。

在此基础上委员会负责决策，职能部门进行体系建设和规划管理，业务部门执行。

5.系统设计与实现相对分离。

体系设计在公司解决方案部设计，系统设计在产品线解决方案部设计，项目或产品设计由PDT系统设计师设计，系统实现由各项目成员完成。

设立解决方案部或系统部的目的是鼓励公司高手参与规划和设计，保证研发质量，同时低水平的研发人员从实现经验积累开始，逐步上升到系统级工程师，进行系统设计。如华为公司，在公司和各产品线设立解决方案部，在PDT中设立系统级工程师，以实现系统设计与实现相对分离。

产品研发管理（第二版）

6. 开发与测试和验证分离。

产品、技术、项目开发由跨部门的PDT团队负责完成，是否能够进入下一阶段，则由质量、测试部门负责，因此设立独立的测试部门和验证部门可以有效地保证产品的质量，在设计的过程中解决产品的问题。

第二节
产出层的组织建设

▌ 问题思考

1.产出层包括哪些全流程的要素?

2.产出层包括哪些组织?

3.产出层的组织层次如何划分?

4.产出层有哪几种项目表现形态?

5.跨部门的PDT如何构建?

▌ 产出层的定义及五种项目表现形态

产出层主要管理产品开发和解决方案的实施,一个完整的产出层应该包括以下几个要素:

(1)面向客户的有外部收入或内部转换收入的项目或产品;

(2)从需求到交付统一全流程管理;

(3)有一个项目总的责任人全程负责,同时有一个总的技术负责人和一个总的参与到过程中的质量管理角色;

（4）涉及产出的所有元素，包括研发、销售、市场和采购，生产及中试测试等以强矩阵或弱矩阵方式参与并为产出统一服务，由产出层进行统一绩效管理

完整产出层的要素如图3-2-1所示：

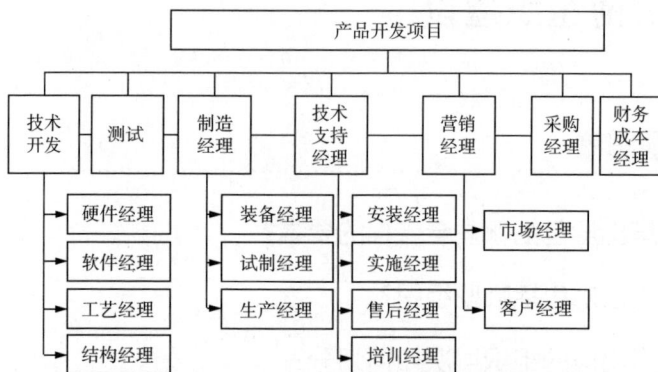

图3-2-1　产出层的要素

产出层通常有五种表现形态。

（1）产品开发项目：指产品线的产品或项目；

（2）预研项目：指产品预研或技术预研项目；

（3）技术或技术平台开发项目：指资源线的技术开发项目或技术平台项目；

（4）定制项目：按照客户的要求进行定制的项目；

（5）管理项目：管理体系建设也可以立项，用管理项目解决职能部门的产出，尤其是跨职能部门的体系建设用项目管理的方式更容易出效果。比如，华为公司的职能部门经常立项，包括任

职资格、IPD、市场体系等大型管理体系的改进，均用管理项目立项，通过项目管理的方式来推进和完成。

产品管理下产出层的组织如何划分层次

通常产出层的组织层次分为四层。

决策层：公司级的投资评审委员会，简称IRB，主要对公司产品项目的投资策略负责。

管理层：集成产品管理团队，简称IPMT，主要对产品的市场成功和财务成功负责，同时管理项目的交付和产出，通常的表现形式为产品线管理部或产品经理管理部，其职位通常为产品线总经理或产品经理，有的公司也叫事业部总经理。

执行层：执行项目开发管理团队，简称PDT，主要对项目从立项到发布负责。

维护服务层：产品生命周期管理团队，简称LMT，主要对项目发布以后的生命周期管理和产品更改负责。

各层次的关系如图3-2-2所示。

1. IRB的职责。

（1）对公司的市场和财务负责；

（2）任命IPMT的成员；

（3）审核IPMT的财务指标；

（4）对IPMT的经营情况进行分析评价。

产品研发管理（第二版）

图3-2-2 产出层组织层次

决策层：公司层面，决定项目投资策略

外围组
核心组
CHAIRMEN

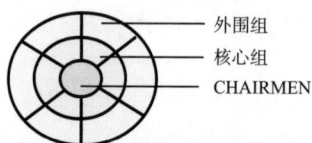

IRB　投资评审委员会

管理层：管理项目交付

外围组
核心组
LEADER

IPMT　集成产品管理团队

执行层：执行项目开发管理和产品生命周期管理

外围组
核心组
产品经理/项目经理

PDT　项目开发管理团队

维护服务层：对项目发布以后的生命周期管理及产品更改负责

外围组
核心组

LMT　产品生命周期管理团队

2. IPMT的职责。

IPMT是产出层的最高决策机构，对全产出层的财务与市场成功以及战略发展方向和人员任命负责。IPMT也是一个委员会，其执行由产出层管理办或产品线总经理负责，其主要职责如下。

（1）规划、商业模式和组织设计。

① 提出产品线的发展规划和战略，完成产品线业务计划；

② 对新机会进行调研和分析，提出新产品、新领域的发展规划；

③ 组织进行产品路标规划及评审；

④ 负责产品平台规划和参与核心技术规划；

⑤ 对战略产品、战略市场和战略客户统一管控；

⑥ 设计产品线的商业模式，根据商业模式进行本产品线的组织设计。

（2）高层资源及客户关系管理。

① 参与客户关系规划；

② 参与客户关系的突破和拓展。

（3）重大项目的全流程、全要素的管理。

① 负责本产品线的新业务开发（包括新产品开发和老产品卖给新客户）；

② 负责本产品线的新市场突破；

③ 参与公司级重大营销项目；

④ 负责本产品线的产品交付、维护和生命周期管理。

3. PDT的职责。

（1）管理产品目标。

① 负责产品从概念设计到市场接受；

② 保证实现设计、收益、市场份额和利润目标；

③ 解决冲突。

（2）管理项目内部协调。

① 制订项目计划及预算；

② 确定参与项目的人员，管理参与项目的资源（与职能部门

经理协调）；

③跟踪项目基线的进展；

④确保项目产品与销售和市场的直通。

（3）与管理层沟通。

①提供项目进展状况；

②准备并确定决策评审点；

③作为产品负责人；

④提供对项目组成员工作绩效评审的输入。

（4）管理好团队和自己。

①管理好项目团队；

②PDT负责人一定要管理好自己，不要将自己降级为某一具体要素负责人，一定要去管理全流程。

4. LMT的职责。

（1）对产品B、C类更改负责；

（2）对产品经营分析负责；

（3）对产品定价策略负责；

（4）对产品巡检负责；

（5）对产品下一个版本的开发提供支持；

（6）对产品的开发提供输入；

（7）提供技术支持；

（8）进行售后服务。

通常在IRB或 IPMT会设立如市场部、项目管理部、系统部等参谋机构或职能管理秘书机构。参见某公司案例，如图3-2-3所示。

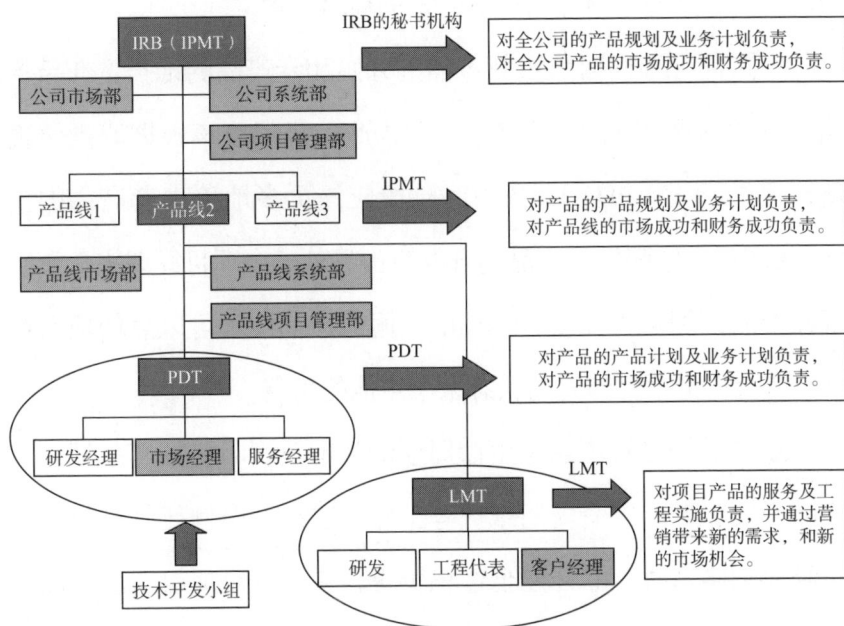

图3-2-3　项目组织架构

产品经理与项目经理的区别

通常大家分不清产品经理和项目经理的区别，产品经理是一个固定的职位，项目经理是一个临时性的职位，产品经理下可以设立项目经理，产品经理可以兼任项目经理，但其角色和职责是不同的，在某个产品经理下通常有几个开发项目同时开展，又有老产品在维护，产品经理管理所有产品的V版本、R版本和M版本，项目经理管理目前R版本的开发，其具体区别如下。

1. 在某一个产品开发时，尤其是新产品开发，没有老产品销售时，产品经理同时是新产品开发的项目经理。

2. 产品经理同时负责新产品的开发和老产品的维护，在新产品开发的前两年或者是第5年以后，产品经理应该根据职责负责新产品的开发（PDT），在中间阶段应该更多地负责老产品的销售（LMT），中间的新产品的开发交由另外一个项目经理来负责，因此产品经理是管理项目经理的，同时产品经理可以兼任项目经理，完全根据项目当时的状态来决定他的角色。

3. 产品经理对产品全生命周期的管理负责，包括产品规划、产品开发、产品生命周期维护等工作，它是一个例行的职位；项目经理主要是对产品开发全过程负责，它是一个项目职位，项目启动时任命项目经理，项目结束时项目经理职位随之撤销。

4. 一般产品线规模小的时候，或者一个全新产品开发时，由产品经理兼任项目经理的角色；当产品线规模比较大时，同时有老产品在销售，又有新产品在开发时，产品经理的主要精力可能放在老产品的销售上，可以任命其他人员为新产品开发项目的项目经理，负责新产品开发项目全过程的管理，此时项目经理要向产品经理汇报。

5. 一般没有承担过项目经理职责的人员不能升任产品经理。

▌技术型企业的资源线组织建设

资源线是为产出层服务，为产出层提供优秀的资源。

资源线通常分为：技术资源部门、营销资源部门、专业管理资源部门、生产及供应链资源部门。

通常情况下，一个资源类型会与某一个部门对应，当某一资源类型与几个部门对应时，通常把这类资源叫作资源池。比如，华为公司的项目管理资源池包括产品开发项目管理部门和技术开发项目管理部门。

华为公司各类资源线包括的具体管理部门如下：

（1）产出层的资源部门包括：管理产品线的部门（产品线经理和产品经理）和系统部。

（2）专业技术资源部门包括：技术、中试、测试、各专业系统部。很多公司将中试拆分为工艺、结构、小批量试制等部门。

（3）营销部门包括：市场经理资源池（产品线）和客户经理资源池。

（4）职能部门包括：项目管理、财务、人力资源、技术管理。

资源部门的主要职责是负责本专业的发展规划、任职资格体系的培养、流程建设等。以某企业研究部经理为例，其职责主要包括以下六条：

（1）本专业技术规划和技术发展战略。

制订本部门技术规划和技术发展战略。

（2）本专业技术开发和技术平台开发以及产品化过程。

① 负责技术开发和技术的产品化过程；

② 技术成果产品化。

（3）产品和项目开发支持。

① 负责向其负责项目提供充足、合格的资源，确保资源的及时到位；

② 及时完成项目委托的相关任务，确保产品二级计划的完成率。

（4）资源管理和专业任职资格建设。

① 加强资源的建设和管理，提高资源的配置效率；

② 建立任职资格标准，将标准与薪酬和激励结合，定期进行评估。

（5）技术领先、技术动态和技术应用跟踪，提高行业技术影响力。

① 紧密跟踪技术发展动态，进行基础技术研究和技术标准研究，保证企业可持续性发展；

② 积极研究技术的应用，确保技术对产品负责；

③ 参加行业标准、技术交流和研讨会，提高核心技术能力和行业影响力。

（6）制定本专业开发的作业标准和专业操作指导标准，推动技术开发规范化。

▌ 资源部门经理与项目经理的区别

需要注意的是资源部门经理和项目经理也有很多区别，很多公司研究部门的经理通常也担任项目经理，但往往只承担项目经理的职责，不履行资源部门经理的职责，只关心项目的产出，不关心人员能力的提升和标准规范的制定，资源部门经理和项目经理的具体区别如下。

1. 项目经理对产出负责；资源部门经理对资源负责，对人员的任职资格通道负责。

2. 项目经理是临时机构负责人，负责项目的开发，主要对交付负责；资源部门经理是固定机构负责人，负责人员的培养和专业发展等。

3. 从产品全生命周期来看，产品经理是个资源池，项目经理通过项目找资源部门经理，委托资源部门经理开发，或从资源部门经理那里承接资源。

4. 资源部门经理管理人员的固定绩效，项目经理管理人员的变动绩效。

关于资源部门经理与项目经理更多区别的详细描述具体见下一节。

第三节
矩阵管理下产出层与资源线的关系

▌ 问题思考

1. 怎样保证矩阵管理下某个人在一个时间段内的项目中只有一个上级？

2. 怎样保证资源部门经理主动为项目经理服务？

3. 何种情况下实行强矩阵或弱矩阵？

4. 什么条件下企业可以实行矩阵管理？

▌ 怎样避免矩阵管理的多头管理问题

技术型企业通常实行矩阵管理，实行矩阵管理最大的好处在于资源共享和保证人员的专业化，除此以外，还有以下优点：

（1）有利于强化产出责任，实现以客户为中心；

（2）有利于充分利用共享资源；

（3）资源部门按专业进行分工，有利于员工提高专业能力；

（4）有利于扩展员工的知识面与眼界；

（5）有利于优秀人员脱颖而出；

（6）有利于队伍的稳定和任职资格的管理。

矩阵管理由于一个人有多个上级，多头的管理会带来矛盾和混乱，导致管理成本增加。因此很多企业实施矩阵管理并不成功，并不是所有的企业都适合矩阵管理，实施矩阵管理必须具备以下条件：

（1）企业要具备"承诺文化"；

（2）横向的产品线和纵向的按专业划分的资源线划分合理；

（3）单项目管理与多项目管理分离，项目经理管理单项目的能力比较高，项目管理部通过项目的预算、核算、项目排序、项目绩效管理，进行多项目的管理和协同；

（4）三级计划体系结构清晰、层次合理（三级计划的定义详见项目管理章节）；

（5）结构化的流程清晰，大项目能够按照结构化流程划分成一个个小项目，实现资源的分阶段投入和评审；

（6）需求管理流程初步实现，能保证一段时间内项目需求规划的准确性。

通常为了避免一个人在某个时间段内有多个上级，建议我们采取改进的矩阵管理：

（1）职能制与直线制相结合的改进矩阵管理；

（2）动态式矩阵管理，静态式职能管理；

产品研发管理（第二版）

（3）任何时候只对一个上级负责，任务完成后有新任务时对新上级负责。

改进的矩阵管理包括三种模式：

（1）强矩阵；

（2）弱矩阵；

（3）混合矩阵。

▌ 如何实施强矩阵

强矩阵是指参加项目的人员直接由项目经理管理，而且只参加一个项目，相当于资源部门将人外包给项目部门，项目经理与资源部门经理签订资源承接与释放合同，其关系如图3-3-1所示。

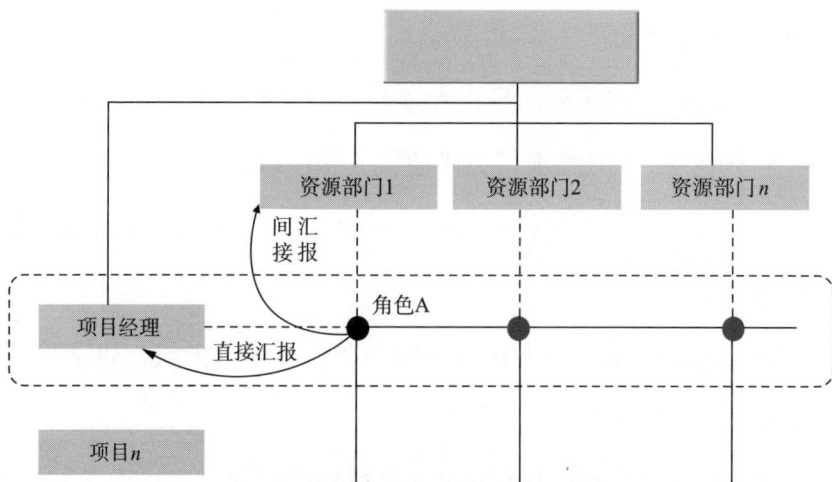

图3-3-1 强矩阵

角色A在某段时间内由项目经理直接领导，其任务由项目经理直接下发，与原有部门暂时脱离关系，但是其任职资格等级由原资源部门经理评定。角色A每个月参加资源部门的例行活动，但其工作内容的汇报方式为工作周报主要发送给项目经理，抄送资源部门经理；项目期间角色A的绩效由项目经理负责考核，项目完成后，角色A回到资源部门。

笔者在华为担任计划管理部总监时，经常进行资源协调，当时发布了达到以下条件就可以实施强矩阵的三条原则：

（1）项目成员在某一个项目投入的工作量超过80%，且持续时间超过一个月以上；

（2）项目成员位于项目的关键路径，并且该项目成员在此项目投入的工作量超过60%；

（3）企业每年进行战略排序，排序最重要的前三个项目关键路径上的所有成员。

对项目经理而言，一般都愿意采用强矩阵的方式。为了避免所有的项目组都采用强矩阵，同时为了配合企业资源的动态分配和企业CBB建设，一般为项目经理定义如下指标进行考核：

（1）产品项目成本中人员费用占整个开发费用（除原料成本之外）的比重，一般人员费用的比例不得高于50%，鼓励使用CBB和任务外包；

（2）为了让产品线及时释放资源，一般使用预算的计划完成率和资源的及时释放率进行考核；

（3）为了避免项目经理都要求高水平的人员参与到项目中，对项目人力资源费用核算时按照任职资格等级分级核算的方式进行核算。例如，青牛软件公司规定一级人员免费，二级人员2万元/月，五级以上人员4万元/月。

▌ 如何实施弱矩阵

弱矩阵通常指一个人同时参加两个以上的项目。这时，如果几个项目经理同时管理，有可能会出现同时管理或同时不管理的情况。在这种情况下，项目经理与资源部门经理分别签订任务外包合同，将任务外包给各个资源部门经理，由资源部门经理直接给开发管理人员下任务，其关系如图3-3-2所示。

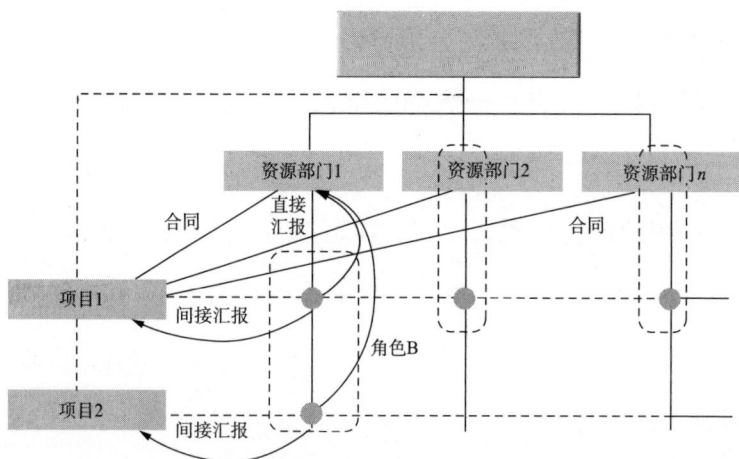

图3-3-2 弱矩阵

角色B同时在项目1和项目2工作，分别受项目1和项目2的经理领导，同时受资源部门经理的领导，这种情况下。在建议角色B一段时间内只对资源部门经理负责，资源部门经理分别与项目经理1和项目经理2签订任务合同，角色B的工作和任务由资源部门经理负责分配和下达；角色B绩效奖金的发放可以由资源部门按照项目1和项目2的比例进行切分，由资源部门经理根据与项目经理任务外包合同完成情况的结果对角色B进行绩效考核。角色B的例行工作汇报方式：主送资源部门经理，抄送项目经理；当计划拖延时，项目经理与资源部门经理协调，由资源部门经理负责管理角色B的相关项目工作。

在以下条件下企业应该实施弱矩阵：

（1）产品/项目由企业成熟模块构成；

（2）项目的周期超过项目平均周期2倍，并且每一时间段内成员投入的工作量都不超过20%；

（3）企业每三个月进行产品/项目排序，该阶段排序靠后的项目。

为了避免资源部门经理过度将人员外包（不利于CBB建设）或者过度进行任务承接（不利于项目进展），因此对资源部门经理的考核指标如下：

（1）资源部门CBB收入占资源部门总收入的比重；

（2）外包人员数量占资源部门总人数的比重；

（3）人员闲置率；

（4）合格人员的及时到位率；

（5）承接任务的计划完成率。

▎如何实施混合矩阵

混合矩阵指的是一部分人员采取资源承接的强矩阵管理方式，一部分人员采取任务外包的弱矩阵方式相结合的矩阵管理方式。一般企业大部分项目都采用混合矩阵的管理方式，在混合矩阵管理中，一般对项目核心组成员、项目关键路径的关键资源等采用强矩阵管理方式。

关于项目经理如何管理项目见项目管理的章节。

项目与资源线的管理可以总结为以下两种方式：

（1）对项目来说，主要包括资源承接和任务外包；

（2）对资源线来说，主要包括任务承接和资源外包。

需要注意的是这两种方式都要在产品开发流程中标明，同时交由项目管理部备案存档。

第 **4** 章

Chapter 4

建立从客户需求到产品
路标规划的市场体系

企业落后时，不要花太多精力做规划，主要是瞄准竞争对手，在技术和客户关系上进行突破和超越；企业领先时，要进行市场和营销分离，要将懂业务和需求的研发人员放到市场部，以牵引和规划客户需求，快速形成产品，同时加强核心技术创新和基础研究以确保技术可控，确保持续领先。

产品研发管理（第二版）

本章精华

1. 营销与销售的不同在于：营销是解决客户的需求，而销售是卖出自己的产品。

2. 市场管理和销售管理共同构成"营销"，市场偏重于"营"，目的是使产品"好卖"，销售偏重于"销"，目的是"卖好"产品。

3. 要想使产品"好卖"，必须进行市场需求分析和产品规划，包括进入什么样的客户群，如何解决客户的问题和痛点，如何针对竞争对手设计卖点和开发卖点，进而确定功能卖点和技术卖点。

4. 建立市场体系的目的是从需求出发，寻找一个财务与市场成功的细分客户群，从竞争和资源的角度确定新产品的功能规格、技术规格、卖点和开发的路标规划，下发任务书进行当前产品版本（R）的开发，同时在新产品发布前进行营销策划。

5. 需求管理体系建立的目的是让每个人在日常活动中，将需求进行收集并通过分析和分发，确保研发人员面向市场进行开发。

6. 选择进入一个客户群的三要素：不仅要具有市场吸引力和

竞争地位，还要考虑财务赢利能力。

7. 市场需求管理要进行客户投资分析、客户问题分析、客户痛点识别、竞争对手分析、产品卖点设计和需求分解分配六个关键活动。

8. 确定需求的工具$APPEALS，包括价格、可获得性、包装、功能性能、易用性、保证、生命周期和社会接受程度。

9. 确定产品卖点的工具FFAB：实现功能模块的技术特性（Feature）、功能模块的卖点（Function）、产品优点（Advantage）、对客户的好处（Benefits）。

10. 建立市场体系的原则：落后了，找对手；平行了，建市场；领先了，做标准。

11. 原则上所有的项目开发都要通过项目规划，不允许任何高层领导临时开发项目，为了保证快速地反映市场，规划必须每三个月更新一次。

12. 要想建立适合企业的市场体系，必须建立鼓励研发人员进入营销体系的机制。

13. 需求管理包括四个角色和六个分层递进的活动：

（1）客户经理进行客户问题描述；

（2）市场经理进行客户问题分析和痛点识别；

（3）市场经理进行功能性能设计；

（4）市场经理完成规格设计，形成市场需求说明书；

（5）产品经理进行可制造、可采购、可测试、可验证等六性设计，完成产品包需求说明书；

（6）技术经理完成技术需求说明书。

14. 需求分发有七条路径。

（1）A类：新产品开发需求；

（2）B类：老产品设计规格更改需求；

（3）C类：老产品详细设计路径更改需求；

（4）D类：生产订单需求；

（5）E类：CBB和平台开发需求；

（6）F类：技术开发需求；

（7）G类：市场调研。

第一节
如何区分营销、销售和市场

▌ 问题思考

1. 营销与传统的销售有何区别?

2. 为什么企业发展到一定程度,研发与销售矛盾重重?

3. 市场管理与营销和销售的关系是什么?

4. 企业什么时候需要构建市场体系?

5. 市场体系的职责是什么?

6. 研发与市场的关系是什么?

▌ 市场、销售与营销的区别

　　企业发展到一定程度,研发与销售人员经常会产生一些矛盾。销售人员常常抱怨研发人员的进度慢,开发的产品不能满足客户的需求,而研发人员却经常不认可销售人员甚至看不起销售人员,认为其不懂技术和业务,不能提出和分析客户的需求,导致销售与研发矛盾重重。

其实，这时，企业要开始考虑将销售与市场分离，建立市场体系了。

市场体系的作用是什么？

市场体系着重分析客户的需求，进行产品的规划，培训渠道和客户经理，立足于通过核心产品的设计解决客户的问题，其目的首先要使产品"好卖"。

而销售体系的作用是立足于将产品"卖好"。

只有产品"好卖"，才能使产品"卖好"，"好卖"为"营"，"卖好"为"销"。

"好卖"与"卖好"合称为营销。

因此，市场体系和销售体系合称为营销。

营销的目标则由简单立足于产品的销售变成立足于客户需求并通过核心产品、解决方案和服务满足客户的需求，解决客户的问题。

因此营销和销售是有区别的，营销和销售的区别如图4-1-1所示。

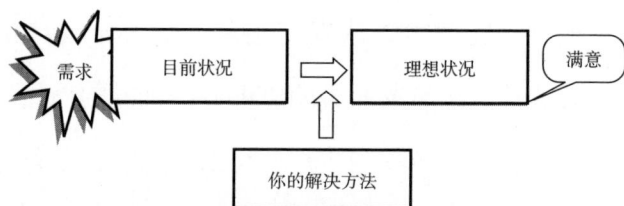

营销立足于客户，着重于"好卖"和"卖好"！解决客户的问题！
销售立足于自己的产品！

图4-1-1　营销和销售的区别

如何理解营销？营销与市场和销售的关系是怎样的？

回答以上问题，主要理解以下三点：

（1）营销立足于客户的需求，帮助客户改善目前的状况；

（2）营销不仅要将产品"卖好"，还要使产品"好卖"，要求先"营"后"销"；

（3）营销体系建设包括"营"和"销"，"营"的工作通常称为市场工作，一般由市场经理完成；"销"的工作通常称为销售，一般由客户经理完成。

营销体系的构成和职责如图4-1-2所示。

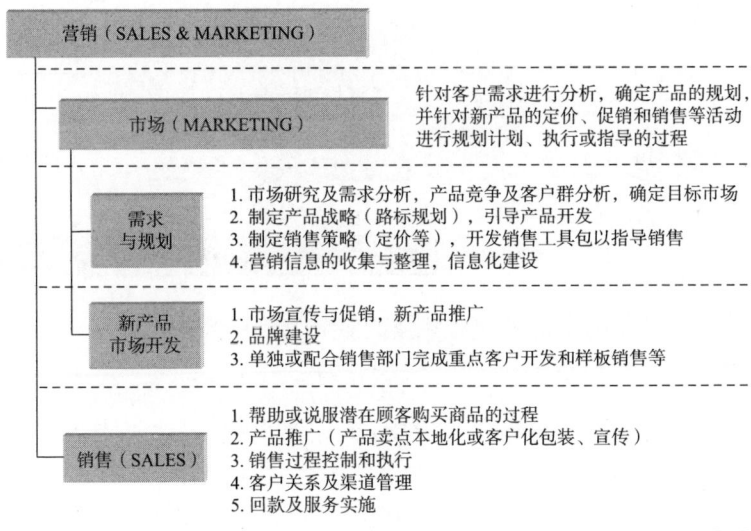

图4-1-2　营销体系的构成和职责

▌市场体系是衔接研发和销售的中场

营销与销售最大的区别是营销立足于需求，建立起市场体系。

市场体系既要分析客户的需求，完成产品规划，同时又要完成产品策略，还要培训销售人员和监控销售的过程。因此，市场体系是衔接研发和销售的中场。

营销中"营"的定位是中场

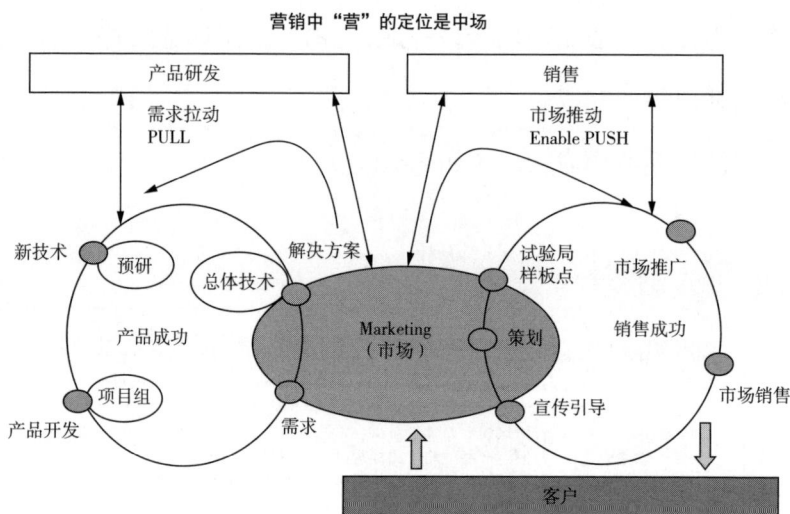

图4-1-3　市场体系和研发及销售的关系

市场体系和研发及销售的关系如图4-1-3所示，其定位、目的和主要工作如下。

1. 定位。

市场体系是中场，是沟通研发和销售的桥梁。

2. 目的。

（1）通过市场需求牵引研发开展工作，完成"PULL"的职能，做需求拉动；

（2）通过市场策划和样板点的建设推动销售人员卖公司的新产品，做产品推广，完成"PUSH"的职能；

（3）营造一个新产品大量进入市场的环境。

3. 主要工作。

（1）通过需求分析和路标规划，拉动研发按市场需求开发新产品，完成"PULL"工作；

① 需求收集与分析；

② 产品路标规划；

③ 合作体系的建设。

（2）通过市场策划和产品策略，推动销售人员开展工作，完成"PUSH"功能。企业做市场推动，主要包括四项工作：

① 新产品的市场策划及发布；

② 销售项目支持；

③ 销售客户关系管理；

④ 销售渠道管理。

市场体系的具体业务活动模型如图4-1-4所示。

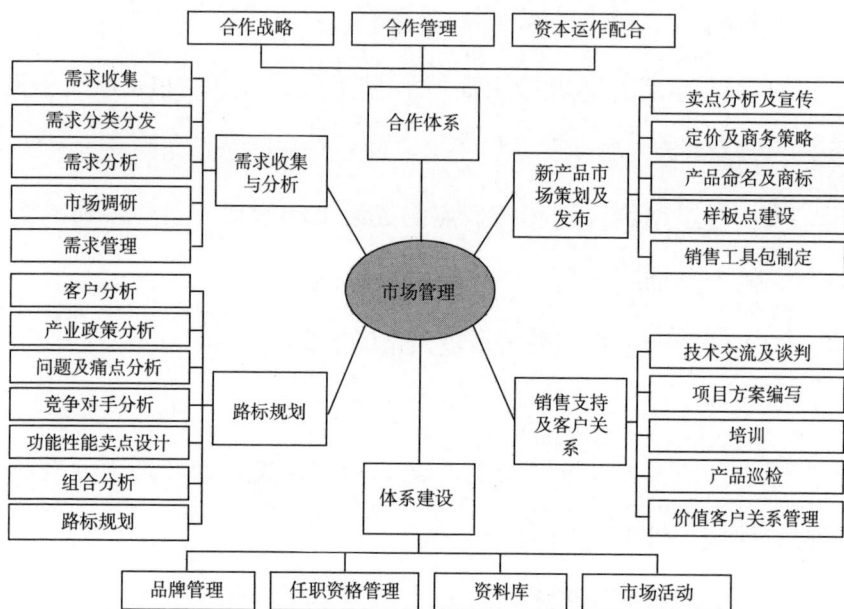

图4-1-4 周辉市场业务活动模型

市场体系与产品管理和销售管理的关系

由于市场体系承担着销售体系和研发体系的中场的职能，既要参加产品开发活动，又要参加产品销售活动，因此产品活动、市场活动和销售活动与产品经理、技术经理、市场经理、客户经理的关系如图4-1-5所示。

通常产品的推广工作指业界常说的"售前工作"一般由市场经理、客户经理和技术经理共同完成，产品的宣传和推介一般由市场经理培训客户经理，由客户经理完成，重要的区域可以设立区域市场经理完成此项工作，而产品的规划、重大项目的售前交流及策划则由市场经理亲自完成，如需要深层次的技术交流，则由技术经理参与。在全流程的产品开发团队中市场经理的地位与产品经理同样重要，业界通常将市场体系与产品管理体系在组织上合在一起，分层建立市场部，如华为公司市场体系的组织架构（见图4-1-6）。

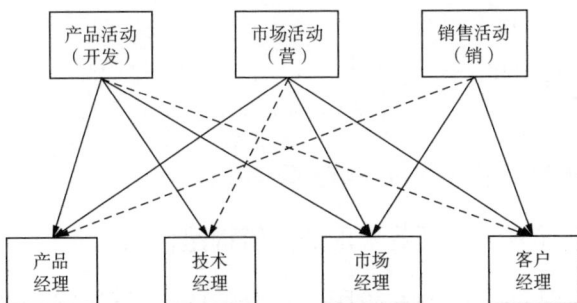

图4-1-5　关系图

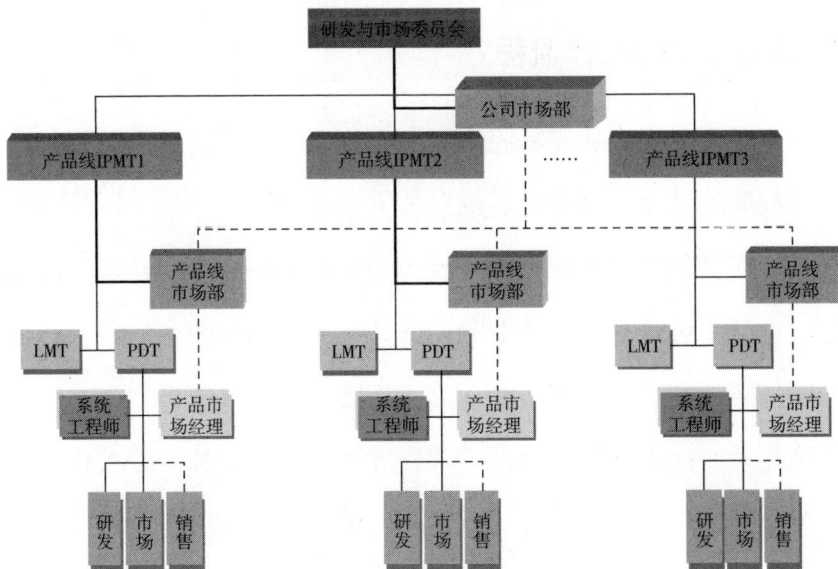

图4-1-6　华为公司市场体系组织架构图

产品研发管理
（第二版）

第二节
市场管理的流程及具体活动

▌ 问题思考

1. 完整的市场管理包括哪些功能？

2. 新产品开发的任务书形成的流程是什么？

3. 市场管理包括哪些阶段，每个阶段的活动有哪些？

▌ 市场管理的总体流程

市场管理完成从需求收集到需求分析，然后根据竞争和公司总体战略的需要，明确产品的总体策略是开发新产品，还是增加渠道，或者是加大服务和营销能力；当明确确定需要开发新产品时，这时要进行客户群的细分，选择进入什么样的客户群，确定开发什么样的功能、规格和卖点；当确定功能、规格和卖点后，再确定总的技术特性，根据需求分成基本需求、竞争需求和可有可无的需求，完成大产品（V版本）开发的路标规划，并完成细分客户群的产品（R）开发的任务书。因此市场管理流程通常分为

两个子流程，六个阶段，两个子流程分别为市场需求管理流程和

产品路标规划流程。

融智市场管理流程模型如图4-2-1所示。

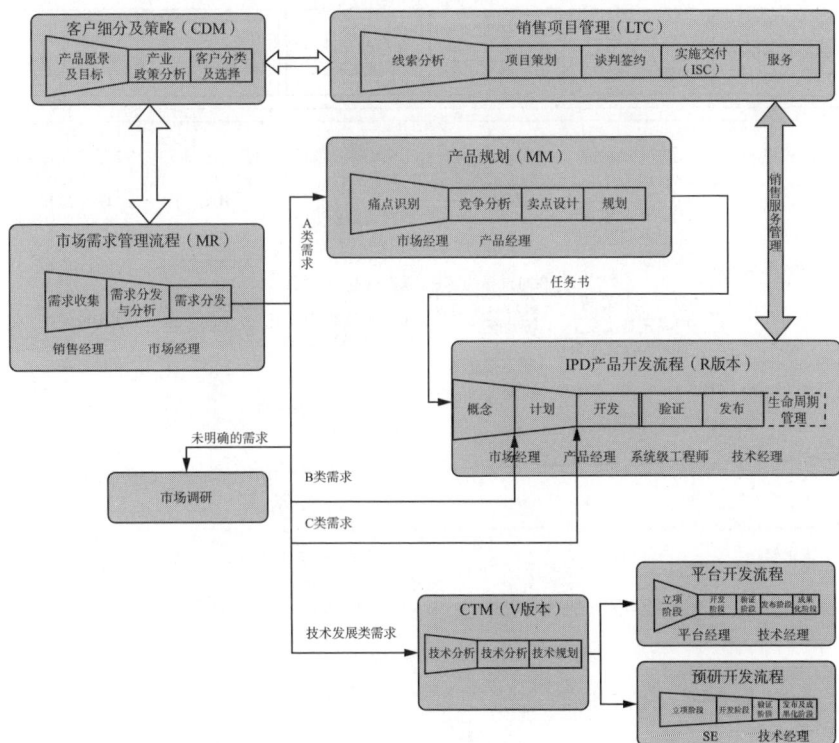

图4-2-1　融智市场管理流程模型

▎市场管理的具体步骤和活动

在市场管理的总体流程中，分成需求管理和路标规划两个子

流程，其中产品路标规划流程分为五个阶段，包括产品策略确定

阶段、新产品客户群确定阶段、新产品功能需求确定阶段、新产品技术需求确定阶段、产品路标规划和任务书形成阶段。具体活动如图4-2-2所示。

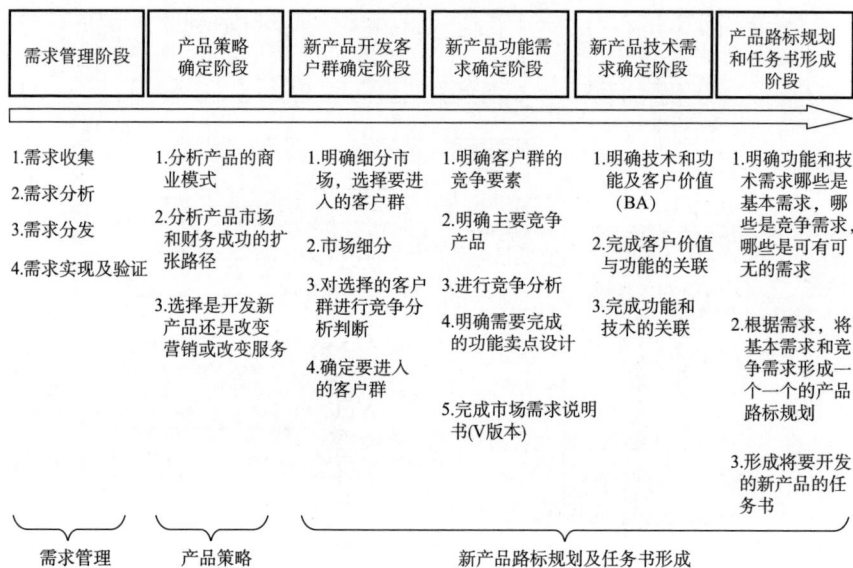

需求管理阶段	产品策略确定阶段	新产品开发客户群确定阶段	新产品功能需求确定阶段	新产品技术需求确定阶段	产品路标规划和任务书形成阶段
1.需求收集 2.需求分析 3.需求分发 4.需求实现及验证	1.分析产品的商业模式 2.分析产品市场和财务成功的扩张路径 3.选择是开发新产品还是改变营销或改变服务	1.明确细分市场，选择要进入的客户群 2.市场细分 3.对选择的客户群进行竞争分析判断 4.确定要进入的客户群	1.明确客户群的竞争要素 2.明确主要竞争产品 3.进行竞争分析 4.明确需要完成的功能卖点设计 5.完成市场需求说明书(V版本)	1.明确技术和功能及客户价值（BA） 2.完成客户价值与功能的关联 3.完成功能和技术的关联	1.明确功能和技术需求哪些是基本需求，哪些是竞争需求，哪些是可有可无的需求 2.根据需求，将基本需求和竞争需求形成一个一个的产品路标规划 3.形成将要开发的新产品的任务书
需求管理	产品策略	新产品路标规划及任务书形成			

图4-2-2　周辉需求管理及路标规划具体活动模型

如果将需求管理独立流程视为一个阶段，则市场管理流程合计为六个阶段，每个阶段又可细分为以下具体步骤。

1.需求管理阶段。

（1）需求收集；

（2）需求分析；

（3）需求分发；

（4）需求实现及验证。

2. 产品策略确定阶段。

（1）分析产品的商业模式；

（2）分析产品市场和财务成功的扩张路径；

（3）选择是开发新产品还是改变营销或改变服务等策略；

3. 新产品开发客户群确定阶段。

（1）明确细分市场，选择要进入的客户群市场；

（2）对选择的客户群进行市场吸引力判断；

（3）对选择的客户群时进行竞争分析判断；

（4）确定要进入的客户群财务评估要素。

4. 新产品功能需求确定阶段。

（1）用$APPEALS模型明确客户群的竞争要素；

（2）明确主要竞争产品；

（3）进行竞争分析；

（4）明确需要完成的功能卖点设计；

（5）完成市场需求说明书。

5. 新产品技术需求确定阶段。

（1）明确技术和功能优点及客户价值（BA）；

（2）完成客户价值与功能的关联；

（3）完成功能与技术的关联。

6. 产品路标规划和任务书形成阶段。

（1）明确功能和技术需求哪些是基本需求，哪些是竞争需求，哪些是可有可无的需求；

（2）根据需求，将基本需求和竞争需求形成一个一个产品的路标规划；

（3）形成即将要开发的新产品的任务书。

市场管理的六个阶段中，需求管理是一个例行的流程，时时刻刻都在进行，而产品策略一般与公司的产品战略同步进行，路标规划与任务书形成则是定期进行，具体周期视行业而定，通信行业一般为3～6个月，快速电子消费品一般为3个月，生物制药行业一般为一年，由于产品策略在第二章已经详细描述，下面各章节将对需求管理和路标规划进行详细描述。

第三节
需求管理

▌问题思考

1. 需求管理流程包括哪四个步骤?

2. 如何进行需求收集?

3. 如何进行需求分析?

4. 如何进行需求分发?

5. 如何进行需求验证?

▌需求管理包括哪四个步骤

需求管理流程的目的是保证内、外部需求有序、及时通过规范的渠道传递到产品开发流程。通过高级别的市场经理、产品经理和技术经理对需求的理解、客户的分析、市场潜力、竞争和产品组合策略分析的综合判断,确定相应的应对策略,以保证需求得到正确理解和及时响应,达到以客户需求为导向,开发符合产品战略、有竞争优势的产品,以及提前布局核心技术或进行新市

产品研发管理（第二版）

场的进一步调研。

需求管理包括四个关键步骤：需求收集、需求分析与分类、需求分发、需求实现及验证，其中前三个步骤是连续的，需求实现及验证通过产品开发及更改和技术开发实现（详见图4-2-1），因此需求管理的四个关键步骤如图4-3-1所示。

图4-3-1　需求流程的四个步骤

▌需求收集有哪些方法与手段

需求收集是全员的活动，不仅包括研发人员、客户经理、市场人员，还包括技术支持人员和公司高管。如华为公司需求收集的渠道主要包括以下几个方面。

1. 外部信息需求收集的渠道。

（1）客户交流；

（2）技术交流；

（3）高层拜访；

（4）市场调研；

（5）参观展览；

（6）技术支持；

（7）招投标；

（8）媒体信息。

2.内部信息交流渠道。

（1）出差报告；

（2）周月报（研发人员、产品经理、市场经理、客户经理等）；

（3）测试及内部验收报告；

（4）沟通例会；

（5）高层指示。

通常以上收集方式，像华为、中兴等公司会定义详细的模板和表单，建立需求收集的IT工具。

在信息泛滥的今天，需要注意的是在最初进行信息收集的时候，不要进行全员的信息收集，以免无效信息太多影响决策。通常的做法是规定高级别的研发人员、市场经理和客户经理，以及公司高管进行信息收集，同时为了强化信息的有效性，会对核心产品、核心技术和核心客户群的需求主动规划、主动要求，以提高决策的效率。

▌ 如何进行需求分析

当各种需求收集进来后，一般公司的市场管理人员首先会对信息进行初步分析和筛选，进行简单分析，判断的要素如下。

（1）需求是否属实？

（2）需求是否与公司主营业务和发展战略相符？

（3）需求信息是否具备较大价值？

（4）提出需求的是否是企业重要客户？

（5）对产品改进的意义有多大？

（6）如果是新市场，新市场容量有多大？市场潜力怎么样？市场竞争程度如何？

经过初步筛选后的需求信息会进入一个信息池，公司高级专家一般每月会对这些信息进行分析和处理，然后进行需求的分发。

对于重要的需求信息，一般公司每年或半年会定义公司的核心产品、核心技术和价值客户群，对于这些信息，可以通过绿色通道，立即组织相关专家进行分析和研讨，一般符合以下条件的需求信息可以定义为重要的需求信息。

（1）公司价值客户的需求信息；

（2）公司主管业务行业领导提出的需求信息；

（3）公司定义的战略产品和核心技术相关的需求信息。

▌ 如何进行需求分发及验证和实现

按照需求信息的不同性质和流程切换阶段的不同，可以对需求信息进行分类以实现需求验证，不同的需求类型可以走不同的流程，一般的需求信息按图4-2-1所示的市场管理流程可以分为以下七类：

A类：新产品开发需求；

B类：老产品设计规格更改需求；

C类：老产品详细设计路径更改需求；

D类：生产订单需求；

E类：CBB和平台开发需求；

F类：技术开发需求；

G类：市场调研。

1. A类需求。

A类需求定义为产品包需求发生变化，必须制定或更新产品路标规划的需求。适用于新的V版本和R版本，主要用于新的R版本。

产品包需求发生变化并不一定是技术设计发生变化，也有可能是配置或接口以及部分功能、性能发生变化，需要以一个新的产品形态出现，从而能以最好的市场和财务成功满足客户群的要求或不影响主流产品，同时又与对手形成竞争优势。

2. B类需求。

B类需求定义为产品包需求未发生变化，设计规格发生变化的需求。主要用于开发老的R版本，在老R版本上做修改。

3. C类需求。

C类需求定义为产品包需求和设计规格未发生变化，详细设计路径发生变化的需求。主要用于在老的R版本上做不影响规格的修改，一般指模块内的软件修改或元器件替代，不影响上层的更改。

4. D类需求。

D类需求定义为成熟产品的生产订单需求。

5. E类需求。

E类需求定义为CBB（公共基础模块）和平台开发项目需求。

6. F类需求。

F类技术开发需求定义为技术开发项目需求。

7. G类需求。

G类需求指需要重新进行市场调研或认证的需求或新概念。

需求分发以后进入到各自的流程，进行需求的实现和验证，需求管理部门应加强需求实现和验证的监控以实现需求的闭环管理。

第四节
新产品开发路标规划及任务书形成

▋ 问题思考

1. 新产品开发如何选择要进入的客户群?

2. 如何确定客户群的功能需求?

3. 如何确定客户群的技术性能需求?

4. 如何根据需求确定先开发哪个版本?

5. 路标规划包括哪些内容?

6. 任务书包括哪些内容?

▋ 产品开发如何选择要进入的客户群

当明确要进入某一客户群的时候,我们要综合考虑以下几个问题。

(1)该客户群的市场是增长的吗?

(2)该客户群的市场潜力如何?

(3)该客户群的竞争情况如何?

（4）我们的宣传渠道和交付能力能否触及该客户群？

（5）我们进入该客户群能够赢利吗？

（6）该客户群的赢利能满足公司对产品线的考核要求吗？

（7）我们怎样防止竞争对手马上仿效或者很容易进入该市场？

（8）我们进入该客户群是否与公司的战略吻合？

（9）进入该客户群，我们有客户关系或渠道以及技术和产品的积累吗？

因此，判断能否进入一个客户群通常分为三个要素：市场吸引力、竞争地位和财务回报，如图4-4-1所示。

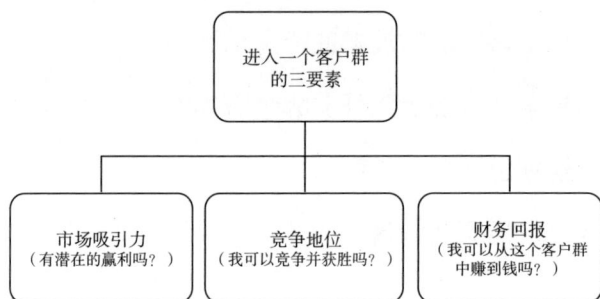

图4-4-1　判断能否进入一个客户群的三个要素

（1）市场吸引力。

市场吸引力主要判断市场是否有潜在的利润，可以进一步细分为市场规模、市场成长性、战略价值等子要素。

（2）竞争地位。

竞争地位主要判断是否有竞争能力，可以细分为市场份额、产品优势、成本优势和渠道能力等子要素；

（3）财务回报。

财务回报主要判断是否会带来大于机会投资的投入产出比，可以细分为收入增长率、现金流贡献和研发投入产出比等子要素。

公司判断是否要进入一个客户群，可以将这些要素按权重分别对客户群进行打分，经过公司评审后，决定是否进入该客户群。决定进入此客户群后，再用产品扩张路径进行检验，产品扩张路径详见第2章第四节基于利润区域的产品扩张原则，图4-4-2为判断是否进入一个新的客户群的SPAN策略定位模型案例。

要素及权重	子要素		权重	打分标准(10分制)			
				10-9	8-6	5-3	2-1
				10	7	4	1
市场吸引力(××%)	现有市场空间(××%)	现有市场前五名列出来，市场前五名的市场总额	××%	>××亿元	××~××亿元	××~××亿元	<××亿元
	市场成长性(××%)		××%	>50%	30~50%	20~30%	<20%
竞争地位(××%)	市场份额		××%	≥××%	[××%, ××%)	[××%, ××%)	<××%
	产品优势(××%)	功能优势	××%	明显优于同类产品	主要功能具有差异化领先	非主要功能有差异化领先	无功能差异
		成本优势	××%	与竞争对手同等品质的成本优势明显	品质占优，成本相当	品质有一定竞争力，但成本较高	品质相同，成本过高
			××%	顾客第一选择	顾客乐意接受	顾客不抵制	顾客不了解
	渠道能力		××%	渠道无须改变	补充很少的陌生渠道	补充大量的陌生渠道	需要重新开发新渠道
财务回报(××%)	销售收入增长率		××%	>××%	××~××%	××~××%	<××%

图4-4-2　融智公司SPAN策略定位模型案例

▌ 如何确定新产品的需求

当用三要素确定要进入的客户群以后，这时的研发策略一般采取两种办法。

（1）重新进行新产品开发；

（2）对老产品进行改进。

当需要进行新产品开发时，首先要明确新产品开发的需求。如何确定新产品开发的需求？有什么工具？

我们通常采取竞争分析的方法，竞争环境下确定需求是分层递进的，需求包括外部需求和内部需求。外部需求包括客户的要求、功能需求、规格需求和可靠性需求；内部需求包括产品化需求（可生产、可安装、可维护、可测试、可验证）和技术需求。产品需求的完成包括四类人员、六个层次和四份文档，需求四类人员和六层活动如表4-4-1所示。

四类人员包括客户经理、市场经理、产品经理和技术经理。

需求的六个层次包括：

（1）客户经理反馈客户的描述和要求；

（2）市场经理分析客户的问题，判断潜在需求，避免不分析问题，将客户的要求当需求；

（3）市场经理对客户需求进行访谈、调研、明确功能需求并验证；

（4）在验证完功能或在验证功能的同时，进一步明确规格需求，综合问题、功能、规格，形成客户需求规格说明书；

（5）产品经理根据功能、规格，完成内部可生产、可测试、可验证、可安装、可维护的产品需求，形成产品包需求说明书；

（6）产品经理、技术经理对产品包需求进行分解分配，明确详细的技术需求，形成技术规格说明书。

四份文档包括：

（1）客户需求规格说明书；

（2）产品包需求说明书；

（3）需求的分解分配；

（4）技术规格说明书。

表4-4-1　周辉需求四角色六层活动推进模型

需求层次 角色及活动		客户描述	客户问题	产品功能需求	产品规格需求	可生产、可安装、可维护、可测试、可验证	技术需求
客户经理	客户调研	√					
市场经理	问题分析、痛点分析		√				
	用户功能需求及验证			√			
	市场规格需求及验证				√		

（续表）

需求层次　　　　　角色及活动		客户描述	客户问题	产品功能需求	产品规格需求	可生产、可安装、可维护、可测试、可验证	技术需求
产品经理团队	产品包需求及验证					√	
	需求的分解分配						√
技术经理	详细技术需求						√

▍如何将客户的需求转换为产品功能的需求

当客户的问题分析清楚以后，我们就会形成一个初步的产品概念，对该产品概念我们通常会问以下几个问题：

（1）功能领先吗？

（2）性能领先吗？

（3）交付能力领先吗？

（4）可靠性及质量领先吗？

（5）可安装、可维护、可服务领先吗？

（6）易用性领先吗？

（7）成本领先吗？

通常以上问题是针对研发人员来问的，重点是要解决我们到底帮助客户解决了哪些业务问题，以下问题是针对营销体系来问的：

（1）价格有竞争力吗？

（2）品牌和客户关系如何？

（3）保证能力及服务响应能力如何？

重点是要解决我们在商务、品牌和服务方面的竞争能力，如何分析和回答以上问题，业界常用$APPEALS模型来描述，将客户的需求转换成产品的功能需求，如图4-4-3所示。

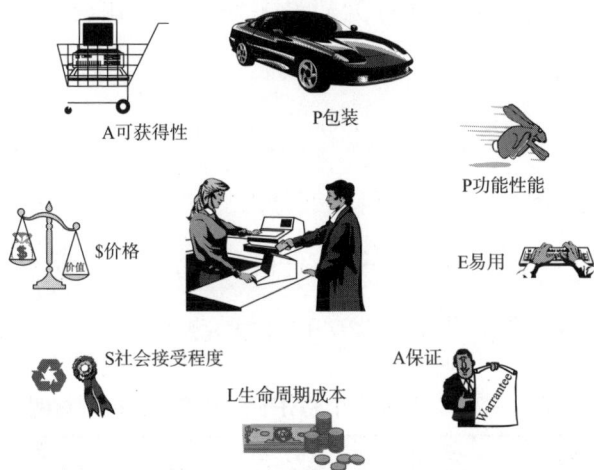

图4-4-3 $APPEALS模型

八个要素可以分解为更细的要素。

（1）$价格：可以细分为购买价格、付款方式、服务费用、运输费用等。

（2）A可获得性：可以细分为购买体验、交货期、安装时间、样板客户、代理商和当地销售点等。

产品研发管理（第二版）

（3）P包装：可以细分为外表、外包装、内包装、UI设计、界面等。

（4）P功能性能：可以细分为主要功能、附加功能、增值功能等。

（5）E易用性：可以细分为易维护、易使用、易操作、界面清晰、用户手册等。

（6）A保证：可以细分为质量、安全性、可靠性、易耗零部件快速更换等。

（7）L生命周期：可以细分为培训、升级、维护费用等。

（8）S社会接受程度：可以细分为品牌、政策、资质等。

表4-4-2为某公司的一个$APPEALS分析模型案例，通过$APPEALS分析得到优势、劣势和开发策略。

表4-4-2　公司的一个$APPEALS分析模型案例

竞争要素	权重	A公司	B公司	C公司	我公司
价格	30	6	7	8	6
可获得性（交付速度）	10	6	8	6	8
包装（界面）	3	8	8	9	8
功能/性能	30	9	8	7	9
易用性（帮助系统）	10	7	6	7	9
保证（服务）	2	6	6	6	7
生命周期成本（维护成本）	5	7	7	7	8
社会品牌	10	9	7	8	7

因此，产品需求规格的确定步骤为：

（1）针对要开发的产品概念确定竞争要素（修改$APPEALS）；

（2）寻找竞争对手（至少两个以上）；

（3）就要开发的产品概念与竞争对手的产品进行比较（主要是访谈或需求整理）；

（4）按客户的要求针对$APPEALS要素划分权重；

（5）确定竞争优势和差距；

（6）明确哪些优势要强化，哪些劣势要补上；

（7）明确开发策略和卖点；

（8）明确产品开发所需要的功能和规格；

（9）形成产品开发市场规格说明书（产品开发客户需求规格说明书的模板见表4-4-3）；

表4-4-3　产品开发客户需求规格说明书

要开发产品概述
主要用户
用户面临的问题
解决这些问题需要什么样的功能
主要竞争对手的功能分析
主要竞争对手提供这些功能的产品分析
我们将要提出的功能

（续表）

这些功能预计需要哪些关键技术
预计多少时间内客户的功能需求不会改变
对这些功能需求进行时间上的分类
我们现在有哪些与之关联的产品或功能模块
对开发工作的建议

▌ 如何将功能和规格需求转变为技术需求

当产品的功能和规格确定以后，我们要针对每一个功能进行分解和分配，确定所需要的技术，一般要站在用户的角度进行几次映射，首先明确我们的产品给客户带来什么好处，然后明确这些好处有什么优点，这些优点由什么功能构成，这些功能由哪些技术构成，业界将此工具称为"BAFF"（见图4-4-4）。

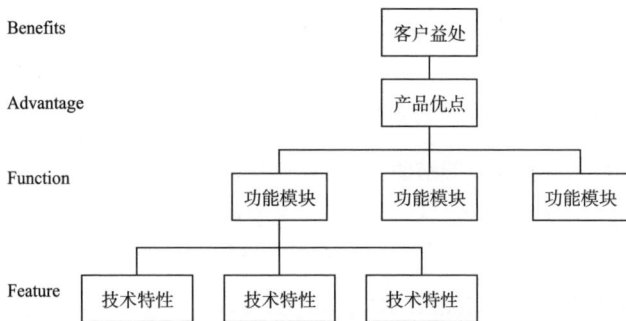

图4-4-4　BAFF

- Benefits：对客户的好处。

- Advantage：产品优点。

- Function：功能模块的卖点。

- Feature：实现功能模块的技术特性。

通过FFAB让研发人员知道自己开发的某项技术实现了什么功能，给客户带来了什么好处。如果某项技术不能给客户带来好处，即使该技术再先进也不能采用，但研发人员往往不能接受这点，通过FFAB矩阵就可以明确说服研发人员。

图4-4-5为融智公司BAFF案例。

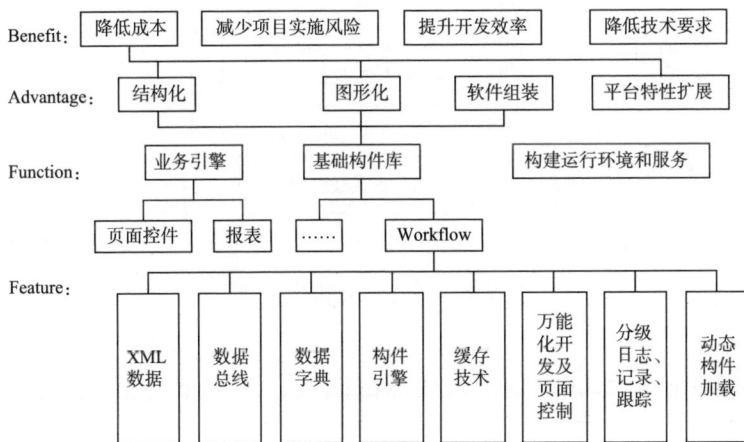

图4-4-5　融智公司BAFF案例

▌如何确定新产品的路标规划及任务书

当产品功能需求和技术需求确定后，我们要根据外部竞争的判断和内部的资源以及机会窗的判断，确定哪些是基本需求（Basic），哪些是更满意的竞争需求（Satisfier），哪些是在本产品开发时间内可有可无，但是未来更加具有吸引力的需求（Attractor）。

我们将基本需求和竞争需求合并成马上要开发的R版本，下发任务书，每隔一段时间将可有可无的需求纳入竞争需求，形成下一个版本，这样就形成了产品路标规划（见图4-4-6）。

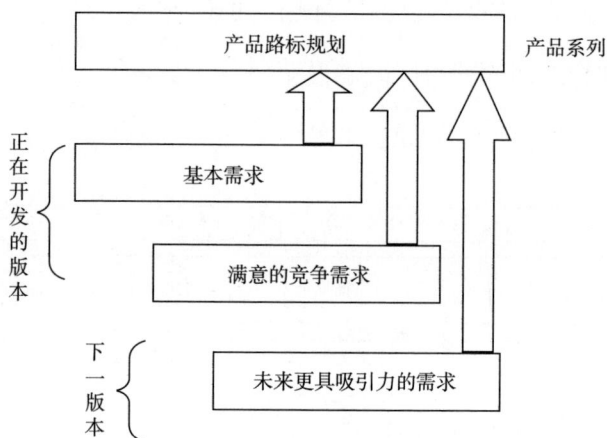

图4-4-6　产品路标规划

当我们将路标规划例行实施的时候，我们就会不断快速地按细分市场一个一个的推出产品，实现基于市场需求保持持续领先。路标规划的模板见表4-4-4，任务书的模板见表4-4-5，当任务书下发以后就可以按照新产品开发流程进行产品开发。

表4-4-4　路标规划模板

一、总体市场分析
1. 市场现状及发展趋势分析
2. 应用领域发展趋势分析
3. 技术发展趋势分析
4. 产业链分析（波特模型，价值链分析模型）
5. 商业模式分析
6. 国家产业政策分析

二、现状分析
1. 我公司产品树分析及现有产品组合分析
2. 销售与服务分析（按产品/领域、区域、行业）
3. 问题及建议

三、总体竞争分析
1. 主要对手现状及趋势分析
2. 公司级竞争对手分析（产品树对比、财务对比、产品功能、市场策略对比分析）

四、细分市场分析及目标市场确定
1. 细分市场分类（按产品/领域、区域、行业）
2. 各细分市场容量、市场份额、销售利润率分析（数据来源：报告/调研）
3. 各细分市场主流产品的SWOT分析
4. 主流产品竞争对手分析及建议（$APPEALS）
5. 用户需求分析及建议（$APPEALS）
6. 细分市场策略

五、总体策略及建议
1. 价值市场分析（SPAN）
2. 价值产品分析（SPAN）
3. 产品组合策略

表4-4-5　任务书模板

一、产品描述

1. 什么产品

2. 什么功能

3. 卖给谁

4. 通过什么方式销售

5. 通过什么方式生产

6. 何时上市

二、市场

1. 主要客户

2. 主要功能特性

3. 市场历史

4. 主要竞争对手的产品和份额

5. 预计市场容量，我司占有份额

三、目标

1. 财务目标（产品价格、年销售、销售毛利、销售利润）

2. 战略目标（投入成本、何时当年赢利、何时总体赢利、团队培养、市场目标、销售目标）

四、路标规划

1. 各主要版本的推出时间（启动、上市、试量和量产）

2. 平台的时间

第 **5** 章

Chapter 5

产品开发流程

　　企业流程不能为流程而流程，必须将产品开发作为主流程，同时将研发生产、市场、采购、营销、财务管理、项目管理、质量管理和绩效管理等活动融入产品开发的主流程中，以实现全流程、全要素的统一管理。

本章精华

1. 很多企业将技术开发流程和产品开发流程混在一起，导致开发风险巨大的同时产品开发周期巨长，很多企业甚至没有CBB和平台开发流程，有的以项目为主的企业甚至只有定制项目流程，导致所有项目都从头做起。为了使研发管理有序，企业研发流程从开发形态上应分为技术开发流程、产品开发流程、CBB和平台开发流程，以及项目定制流程，四类流程可以相互转换。

2. 项目定制流程最好在平台和产品的基础上进行定制，如果是单纯的定制，则要求定制结束后转到CBB和平台开发流程上，以确保能有公共模块的共享。

3. 为了有效管理研发的活动，一般将研发流程分为阶段、任务、步骤、活动四个层次和三级流程，一级流程覆盖阶段到任务，二级流程覆盖任务到步骤，三级流程覆盖步骤到活动。

4. 为了使整个产品开发流程实现分阶段评审和分阶段投入，一般将产品开发分成六个阶段、四大决策评审点和六大技术评审

点；决策评审主要评审产品投入的市场、财务、资源和计划，而
技术评审主要是评审技术，两种评审的责任主体不同。

5. 财务在产品的概念阶段就要进行产品的定价分析和成本分
析，以作为总体方案的输入，在计划阶段要核算综合成本（物料
成本、开发成本和维护成本），在开发阶段要监控成本，在发布阶
段要明确价格策略，在生命周期阶段要进行价格的核准和调整价
格策略。

6. 生产、维护和服务人员在产品的方案设计阶段就应该参与
进来，提出产品的可维护、可安装、可验证、可测试和可生产的
需求，以使方案的设计一步到位。

7. 新模块、新器件、新工艺在进入到产品开发前必须要提前
进行验证，可以作为一个独立的子项目单独提前进行。

8. 采购在产品的概念阶段应该参与供应商认证，计划阶段应
该完成器件认证，并明确提前采购的风险，在产品生命周期阶段
应该时刻关注关键器件的产能情况，并提前预警。

9. 很多企业将产品开发的概念阶段和计划阶段合并，而且在
这个阶段投入的时间少，省略很多活动，而开发阶段和验证阶段
时间特别长，不断优化产品，使得产品的开发总体周期更长。其
实概念阶段更重要的是验证市场需求，确立产品是否可以立项，
计划阶段是确立总体方案和资源投入，这两个阶段由产品经理、
市场经理和高级系统级工程师负责完成，是不可缺省的。

10. 为什么计划阶段不叫总体方案设计阶段而叫计划阶段，最主要的原因是这一阶段不仅要完成总体方案的设计，还要考虑资源是否与方案匹配，同时确保工艺、结构方案与设计方案同步，以避免重复开发。

11. 很多企业将产品开发和验证阶段混在一起，重视开发，轻视测试和验证，甚至测试和验证部门都没有建立，其实验证阶段强调产品在设计中要将问题解决，而不是在产品发布以后还存在很多问题。

12. 产品发布阶段主要目的是在寻找样板客户的同时，将商标、命名、市场指导书、产品实验局、初步定价策略等进行准备完善，同时完成销售工具包，包括售前胶片、销售指导书、产品的配置及商业模式设计、产品的成功案例分析等，进行销售人员培训，发布计划，以确保完成产品进入市场的前期准备。

13. 新产品销售前三单的责任主体是产品开发部门，产品开发应该确定早期客户经理，早期客户经理一般由公司的高层领导和任职资格较高的客户经理担任。

14. 在产品生命周期阶段成立LMT，专门解决产品的质量问题和客户维护问题，让其他成员安心做下一个版本的开发，这样有利于总体效率的提高。

第一节
研发分为哪四类流程

▌ 问题思考

1. 产品开发、技术开发、平台开发和定制开发的流程如何区分？

2. 在产品开发过程中遇到没有解决的技术问题和新的器件认证怎么办？

3. 没有基于任何平台和产品上的定制项目完成交付以后怎么办？

4. 如何由定制项目转向产品开发项目？

▌ 研发体系的四类流程

研发通常包括预研、应用技术开发、平台开发、产品开发和定制项目。这几类开发项目的管理流程和绩效考核都不一样。很多企业将技术开发流程和产品开发流程混在一起，导致开发风险巨大的同时产品开发周期巨长，很多企业甚至没有平台开发流程，有的以项目为主的企业甚至只有定制项目流程，导致所有项目都从头做起，为了使研发管理有序，研发通常分成以下四类流程。

（1）技术开发流程：面向技术预研和应用技术的开发（V版本）；

（2）平台开发流程：面向每一产品的共享的模块的开发（V版本）；

（3）产品开发流程：面向每一细分市场的产品开发（R版本）；

（4）定制项目开发流程：面向在产品和平台的基础上针对某一客户的定制开发（M版本）。

针对产品的七层货架，每一层的产品对应的流程是不同的，通常包括：

（1）系统和子系统一般走定制流程；

（2）单机和整机一般走产品开发流程；

（3）共享部件和组件走平台开发流程或技术开发流程；

（4）器件及技术的开发走技术开发流程。

其关系如图5-1-1所示。

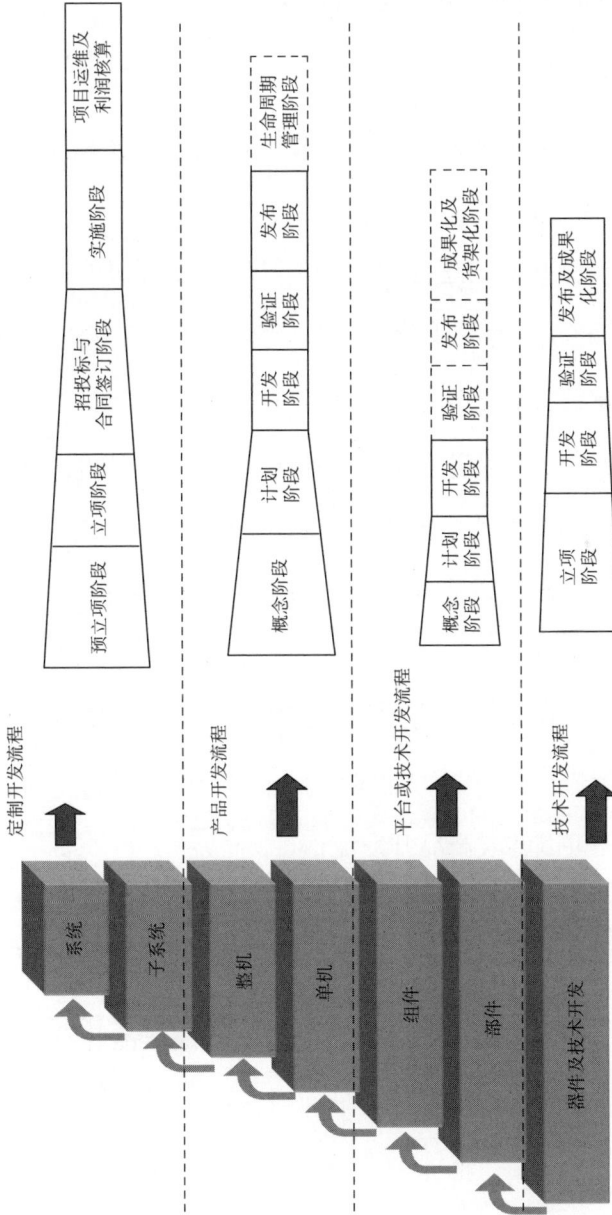

图5-1-1 研发流程与产出的对应关系

▌ 企业研发的四类流程如何转化

研发体系根据产出形态分成四类流程，各流程之间不是独立的，不同的研发流程之间有联系，在特定的事件触发下可以相互转化，其转化途径如下。

1. 在新产品开发的过程中，如果发现没有解决的技术问题或者有没有论证的新器件或新材料，一般原则上转到技术开发流程，产品开发流程暂停；如果产品开发和技术开发要一起进行，就必须要规避因技术攻关可能导致其他项目团队等待的风险。

2. 在新产品开发的过程中，如果产品开发时间紧迫，可以先做产品开发，产品开发完成以后，如果可以形成共享，则可以转化为平台开发流程。

3. 当公司有明确的平台规划时，应该先完成基本的平台，在平台的基础上做产品开发，通过产品开发验证和完善平台，这时平台开发流程可以转入产品开发流程。

4. 当客户明确提出某个定制项目的需求，而且只有一个客户需要，不能形成产品平台，也不能形成产品时，走定制开发流程，否则先走产品开发流程，将定制开发当成产品开发的早期客户。各类流程之间的转化关系如图5-1-2所示。

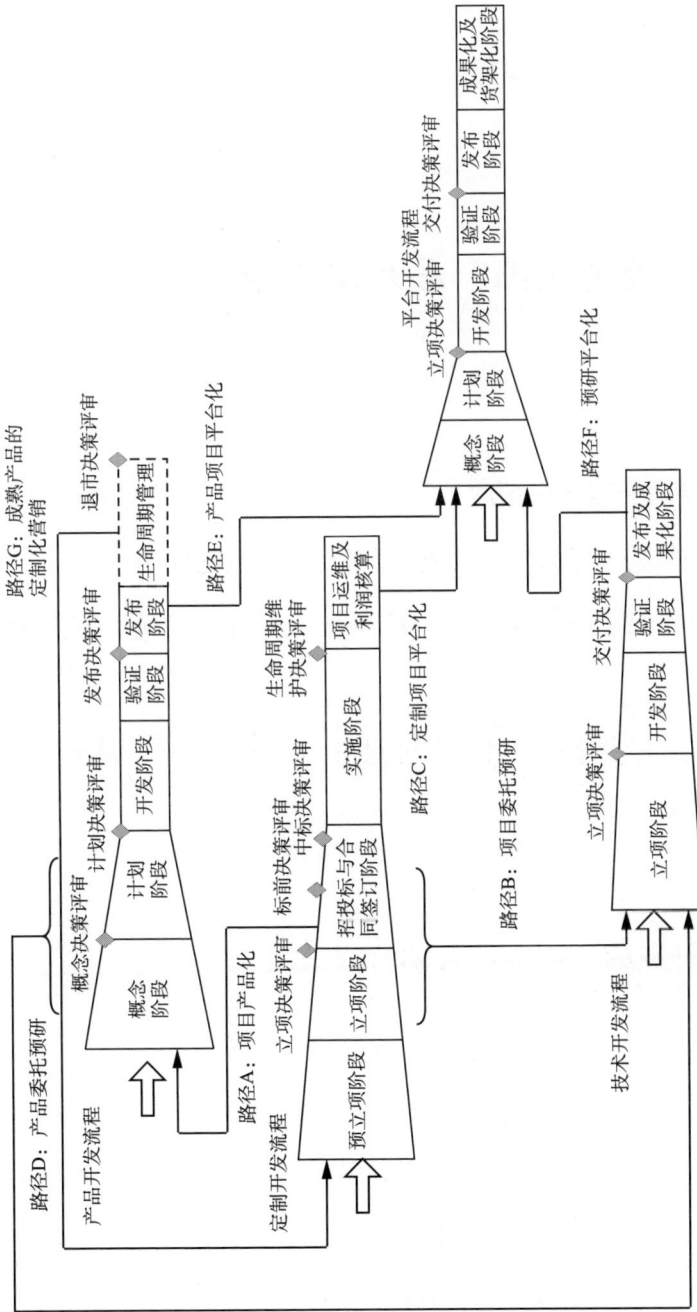

图5-1-2　研发流程转化关系图

第二节
全流程、全要素的产品开发流程

▍问题思考

1. 流程如何划分层级？

2. 怎样通过流程的分层或分级确保各部门的协同？

3. 如何保证在协同和统一的基础上开展各角色、各要素的活动？

4. 产品开发过程中怎样保证财务、研发、生产、服务和营销的总体配合？

▍产品开发的流程为什么划分成三级

由于产品开发比较复杂，从客户需求到多方案选择到产品方案设计，再到产品开发、发布和验证，整个过程中涉及市场、销售、财务和项目管理等各种要素的相互配合，因此，产品开发流程的活动分为阶段、步骤、任务和活动四个层级。从阶段到步骤定义为一级流程、从步骤到任务定义为二级流程、从任务到活动定义为三级流程，多流程分别对应多级项目计划，如图5-2-1所示。

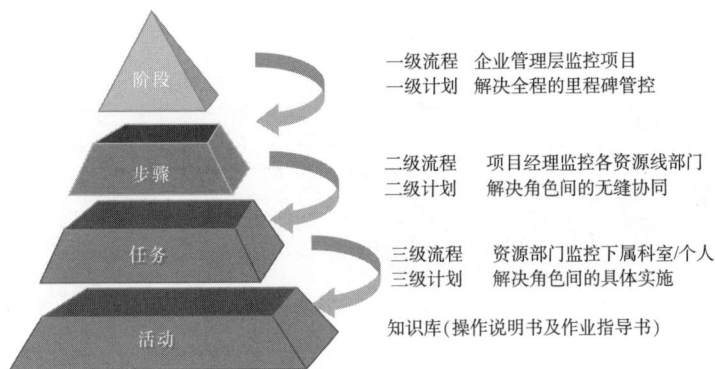

图5-2-1　三级流程体系

一级流程主要涵盖阶段到步骤，包括研发、市场、生产、采购、营销、财务等各角色在各阶段需要完成的步骤，主要解决全流程的配合关系，其对应的计划为一级计划，其对应的主体为PDT-Leader，监控责任主体为产品线经理或产品线总经理。一级流程主要解决跨体系和跨部门的协同。

二级流程主要涵盖步骤到任务，主要解决在一级流程下各体系如何开展活动，如概念阶段和计划阶段的流程、开发和验证阶段的软件开发流程和硬件开发流程等，其责任主体为PDT的核心组成员，监控主体为PDT-Leader。二级体系主要解决本体系内的协同。

三级流程主要涵盖从任务到活动，该活动必须到个人，是开展研发的最基本的单元，比如多方案选择活动流程、开发阶段的集成测试流程，因此三级流程主要解决研发的具体实施。三级流程的关系如图5-2-2所示。

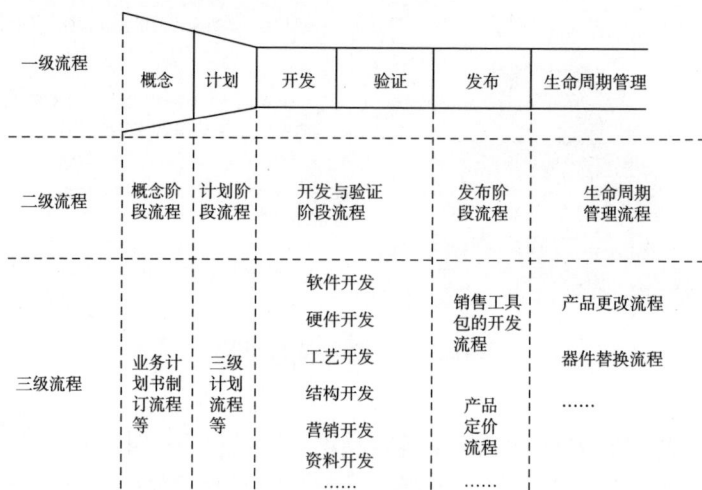

一级流程	概念	计划	开发	验证	发布	生命周期管理
二级流程	概念阶段流程	计划阶段流程	开发与验证阶段流程		发布阶段流程	生命周期管理流程
三级流程	业务计划书制订流程等	三级计划流程等	软件开发 硬件开发 工艺开发 结构开发 营销开发 资料开发 ……		销售工具包的开发流程 产品定价流程	产品更改流程 器件替换流程 ……

图5-2-2　产品开发层级划分关系图

流程分层级需要注意以下三点：

（1）步骤、任务和活动其实都是活动，但承担的责任主体和精细度不同；

（2）之所以划分为阶段、步骤、任务和活动是为了更好地分层级管理、监控和协同，避免高层领导有时直接管到最底层的活动；

（3）当产品开发任务较少且简单或企业刚刚开始建立流程时，没有必要分成三个层级，简化成一个层级也可以，主要是对关键活动进行细分和涵盖。

产品开发流程的阶段划分

产品开发流程分为六个阶段、四个决策评审点和六个技术评审点。

1. 六个阶段分别为：概念阶段、计划阶段、开发阶段、验证阶段、发布阶段、生命周期管理阶段。

2. 四个决策评审点分别为：概念决策、计划决策、发布决策、生命周期决策。

3. 六个技术评审点分别为：产品包需求评审、系统规格评审、概要设计评审、详细设计评审、样机评审、小批量评审。

产品开发的六个阶段、四个决策评审点和六个技术评审点，如图5-2-3所示。

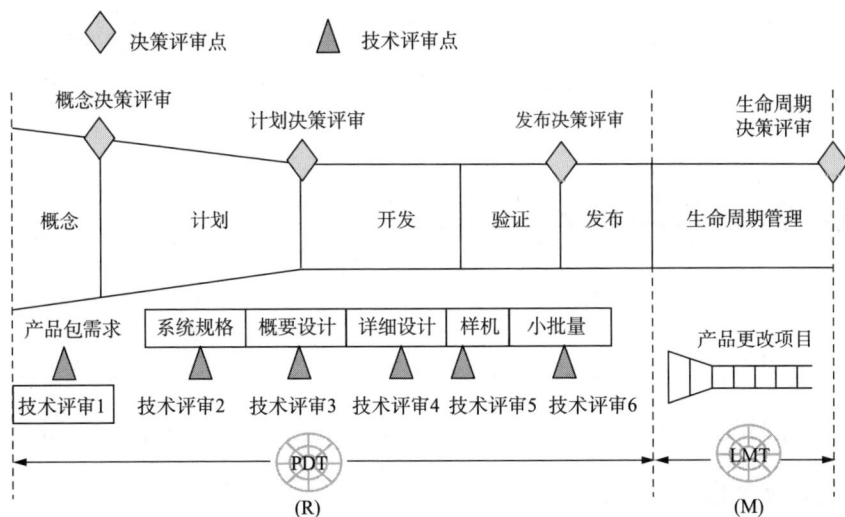

图5-2-3 产品开发的六个阶段、四个决策评审点和六个技术评审点

产品研发管理（第二版）

各阶段的输入和输出以某设备公司为例，如图5-2-4所示。

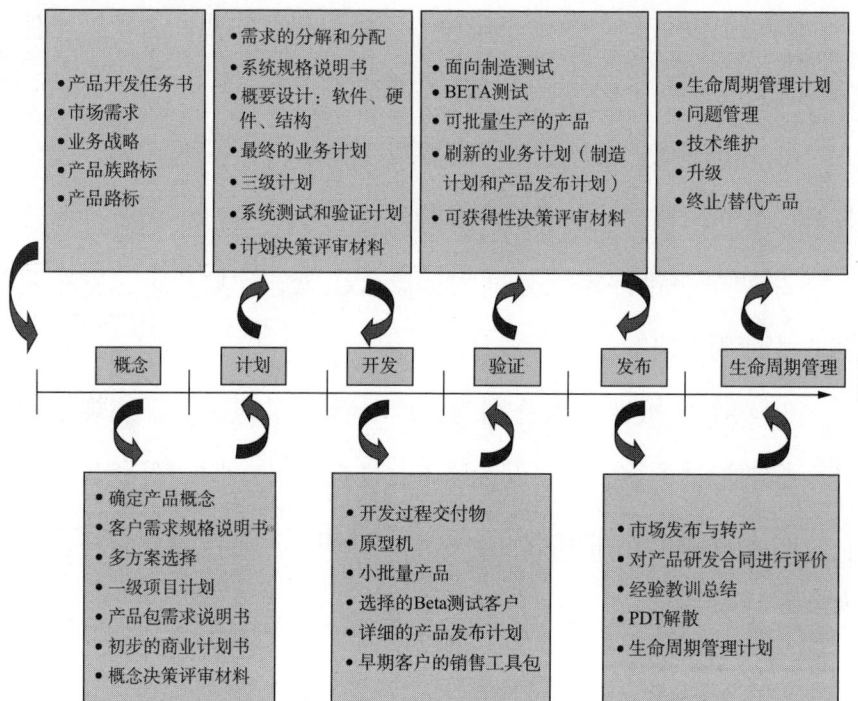

图5-2-4　某设备公司产品开发各阶段的输入和输出

产品开发流程的一级流程框架

产品开发的一级流程通常需要用一张图勾勒出开发过程的各个阶段，定义开发过程中的主要步骤，说明不同步骤的并列关系、优先顺序和重叠情况。为了让公司的每个人都能了解产品开发的每个步骤、相互配合和协调关系，一张产品开发概览图是非常必要的，图5-2-5是某公司的一级流程概览图示例。

阶段	概念	计划	开发	验证	发布	生命周期管理
IPMT PDT	△组建PDT；制定业务计划；制定项目计划（WBS1/2级）	提前采购决策；优化业务计划；制定项目计划（WBS3/4级）	监控和管理项目	评估发布准备就绪情况	△发布	△组建LMT；管理生命周期活动
财务	设定目标成本；初步财务评估	定价建议；优化财务评估	跟踪目标成本	优化财务评估		成本管理及价格核准
PQA	制定产品质量目标和计划	优化产品质量目标和计划	监控产品质量目标和计划			问题缺陷归零
研发	CBB分析；提供技术备选方案和寻求替代概念；多方案选择；确定可测试性需求；确定产品包需求	系统设计和规划制定；需求分解分配；硬件概要设计；软件概要设计；结构概要设计；工艺；确定系统测试&认证计划	监控和管理需求、规格和配置；进行设计检查；硬件详细设计、开发测试；软件详细设计、开发测试；结构详细设计、开发测试；系统验证测试；集成测试；BETA测试；开发"开发"测试装备；开发和验证资料	支持ESP客户；打印、装运、存储资料		问题管理；产品工程支持（维护和改进）
技术支持	明确可服务性需求；明确客户服务支持策略	制订客户服务支持计划	准备客户服务&支持；进行安装和可服务性测试	支持BETA测试；支持ESP客户支持；准备ESP客户支持		停止服务△；提供持续的客户支持
制造	明确可制造性需求；制定制造策略	制订制造计划；装备总体方案和工艺总体方案设计	准备生产初始产品；制造工艺开发；开发"制造"测试装备	生产初始产品；制造系统验证	产量逐步提升；监控生产管理供应需求	停止生产△
采购	启动供应商认证流程；确定初始供应商&物料选择计划	更新初始供应商&物料选择计划	选择供应商；采购原型机、初始产品物料	采购生产器件	监控供应商表现	
市场	制订初始的市场计划；制定订单履行策略	更新市场计划；制订订单履行计划	优化市场计划；确定BETA和ESP客户；确定发布计划；准备发布/局部公开/培训；订单履行活动	设置订单处理环境；执行ESP活动	发布价格；发布产品包；执行客户迁移活动	采取价格调整活动；监控销售&客户；月底预测；产品包促销；发布EOM
销售	支持销量预测	销量承诺	接受培训和准备销售力量		△开始销售	△停止销售

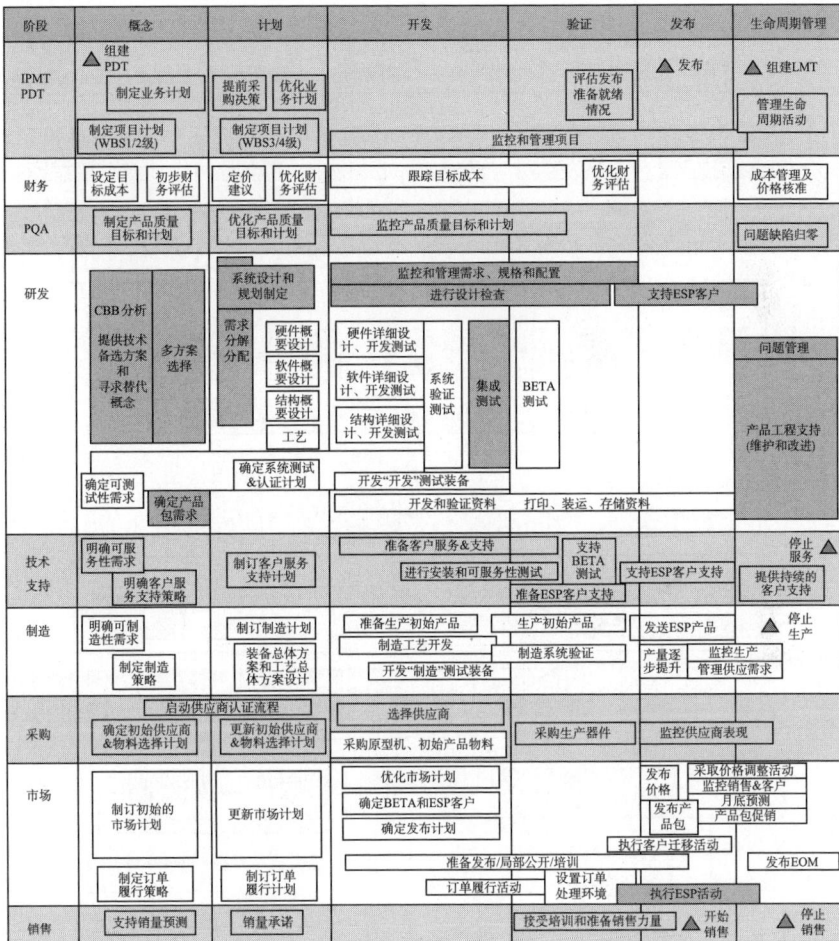

图5-2-5　某公司产品开发一级流程概览图

　　图5-2-6是产品开发的概要活动示例。很多流程刚起步的公司没有必要做很复杂的关系图和流程的层级划分，完全可以以此图为例，进行活动的裁剪，形成一个初步的流程后再细化。

项目任务书

概念阶段

接受新产品要求 → 组建概念阶段项目开发团队 → 客户需求说明书 → 多方案选择评估 → 产品包需求说明书 → 技术评审1 → 业务计划书概念决策评审

计划阶段

扩编团队，开展计划阶段工作 → 计划阶段计划制订 → 需求的分解分配 → 规格说明书 → 技术评审2 → 概要设计(软件单板工艺结构)

技术评审3 → 确定CBB和新开发流程形式 → 资源协议书和内部合同书 → 计划决策评审

各合同书

开发阶段

开工会议 → 各模块详细设计 → 系统设计与验证 → 构造初始产品 → 技术评审4

同步开展早期客户开发、市场验证、前三单及样板点建设

验证阶段

系统集成测试 → 系统验证测试 → BETA测试 → 技术评审5

发布阶段

产品卖点设计 → 产品的宣传策略 → 产品的命名和商标 → 产品定价策略 → 早期客户成功案例 → 完成销售工具包

发布决策评审 → 启动小批量到批量的生产 → 确定销售渠道 → 执行版本及客户升级 → 确认发货支持 → 发布

生命周期管理阶段

服务计划 → 价格核准 → 成立LMT → 成立CBB项目组 → 启动CBB开发流程

管理产品运行情况 → 转移到服务

生命终止决策评估 → 生命终止决策评审

产品生命终止

结束

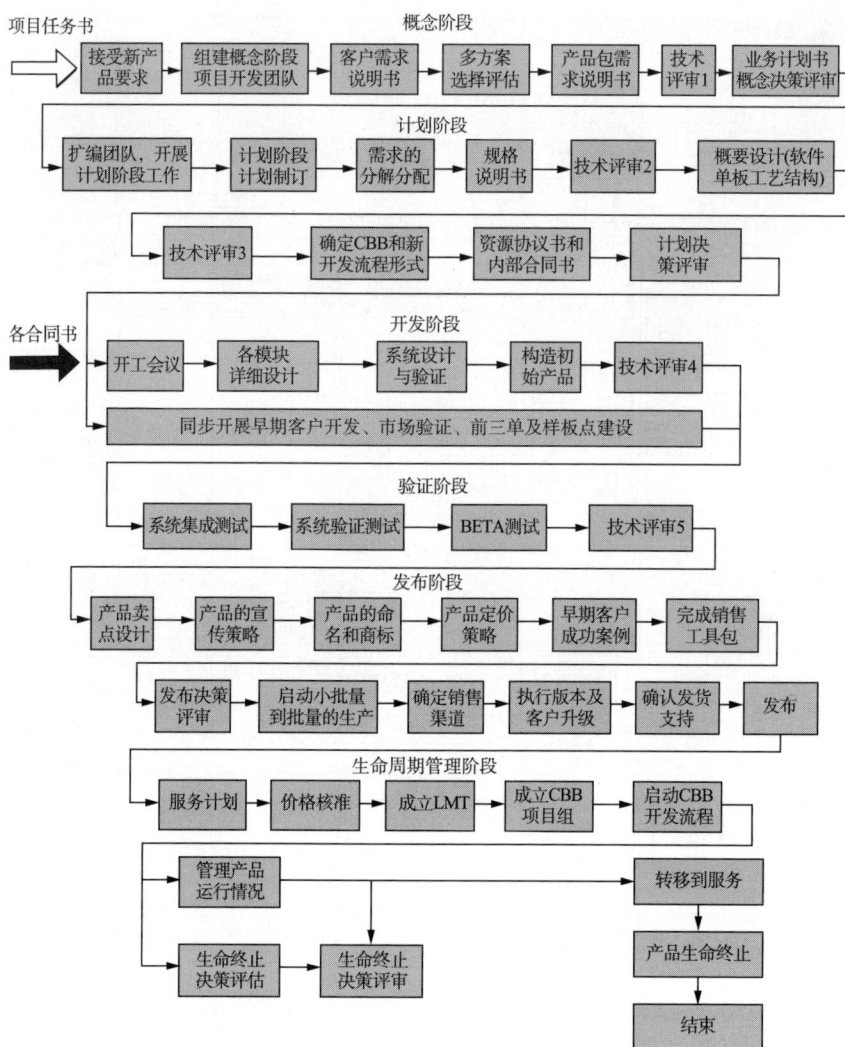

图5-2-6 融智产品开发的概要活动示例

产品开发的二、三级流程

通常产品开发二、三级流程有两种分类方法：二级流程一般

按阶段划分，在各阶段里面细化活动，三级流程按对象划分。

图5-2-7所示为融智公司产品开发的二、三级流程模型。

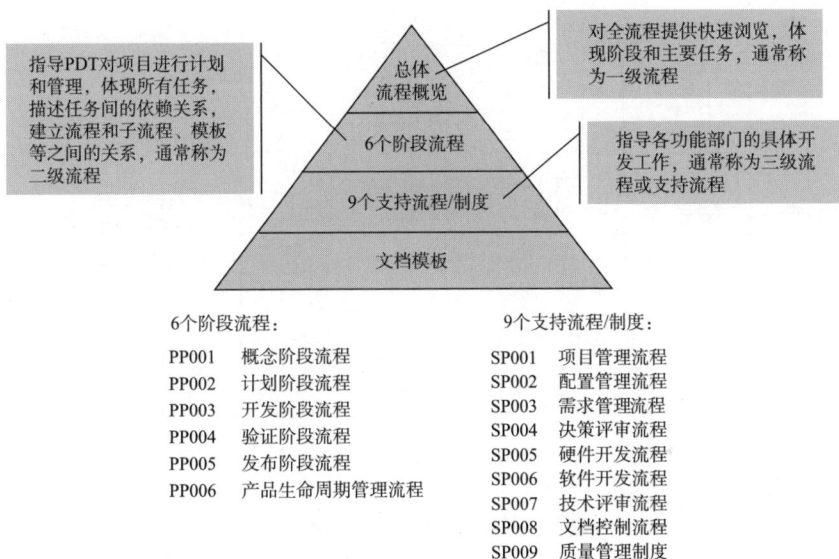

指导PDT对项目进行计划和管理，体现所有任务，描述任务间的依赖关系，建立流程和子流程、模板等之间的关系，通常称为二级流程

总体流程概览

对全流程提供快速浏览，体现阶段和主要任务，通常称为一级流程

6个阶段流程

9个支持流程/制度

指导各功能部门的具体开发工作，通常称为三级流程或支持流程

文档模板

6个阶段流程：		9个支持流程/制度：	
PP001	概念阶段流程	SP001	项目管理流程
PP002	计划阶段流程	SP002	配置管理流程
PP003	开发阶段流程	SP003	需求管理流程
PP004	验证阶段流程	SP004	决策评审流程
PP005	发布阶段流程	SP005	硬件开发流程
PP006	产品生命周期管理流程	SP006	软件开发流程
		SP007	技术评审流程
		SP008	文档控制流程
		SP009	质量管理制度

图5-2-7　融智公司产品开发的二、三级流程分类模型

产品开发流程中各阶段流程示例详见后续章节，图5-2-8和图5-2-9是某公司软件开发和硬件开发的三级流程图示例。

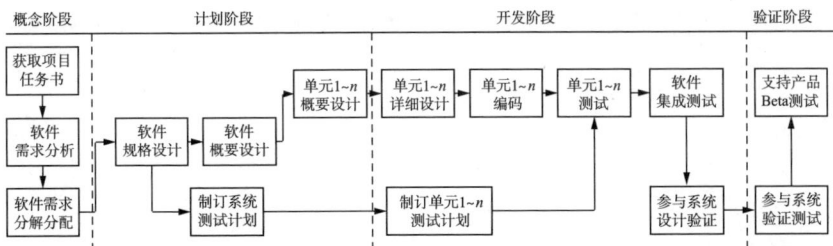

图5-2-8　软件开发流程图

产品研发管理（第二版）

| 概念阶段 | 计划阶段 | 开发阶段 | 验证阶段 | 发布阶段 |

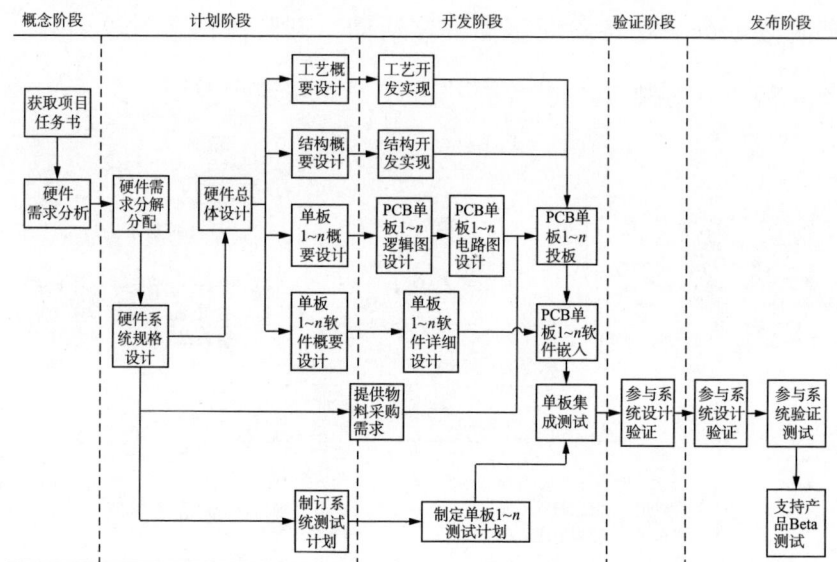

图5-2-9　硬件开发流程图

第三节
概念阶段流程

▌ 问题思考

1. 为什么说客户需求规格说明书是产品开发的第一份文档？

2. 为什么要进行多方案选择？

3. 为什么要进行产品包的需求分析？

4. 概念阶段主要参与的角色有哪些？

▌ 为什么要有概念阶段

　　通常企业做产品开发的时候，要么是高层领导提出什么样的产品，要么是研发部根据自己的技术直接开发产品，要么是公司高级人员根据自己的直觉确定开发什么样的产品。实际上他们提出的都是产品的概念，有的并不具备直接指导开发的具体条件，怎样将这些提出的产品概念变成可以开发的假想产品？客户的具体需求到底是什么？竞争情况如何？我们做产品赢利吗？这都是概念阶段要解决的问题。

在概念阶段，一般要通过市场验证和需求调研，先设计产品的卖点（R版本），寻找一个最接近的竞争对手产品或自己的产品作为标杆，再根据卖点来改造标杆产品，通过业务计划书来证明此卖点的产品能带来市场成功。

在概念阶段最重要的活动是市场验证、需求调研和多方案选择。要形成客户需求规格说明书，该说明书要明确如何满足客户的需求，如何解决客户的问题，明确产品的功能、性能、规格，尤其是外部的功能、性能、成本和内部的可生产、可测试、可验证、可安装、可服务的需求。多方案选择是结合公司的技术货架和正在预研的技术，选择一个最佳的方案，通过业务分析决定具体要开发的产品形态，为产品包需求说明书的形成提供最基础的输入。

▌ 概念阶段的目标、关注点和交付物

概念阶段的目标、关注点和交付物如下。

1. 概念阶段的主要目标。

（1）验证客户需求，形成客户需求规格说明书；

（2）进行多方案选择确认可实现技术路径；

（3）除了分析客户需求，还要综合分析可生产、可测试、可验证、可安装、可服务的需求，形成产品包需求规格说明书；

（4）对产品机会的总体吸引力和是否符合公司的总体策略做出快速评估并形成业务计划书。

2. 概念阶段的主要关注点。

（1）主要关注于分析市场机会，包括估计的财务结果、成功的理由及风险，主要策略是基于有效的假设，而不是详细的数据；

（2）若概念得到批准，则在计划阶段对假设进行证实；

（3）若概念没有得到批准，则不浪费资源。

3. 概念阶段的主要交付物。

（1）客户需求规格说明书；

（2）多方案选择说明书；

（3）产品包需求说明书；

（4）初步的业务计划书；

（5）产品开发的一级计划（初稿）。

4. 概念阶段主要包括一个技术评审和一个决策评审。

（1）一个决策评审为概念阶段决策评审；

（2）一个技术评审为产品包需求说明书评审。

概念阶段主要活动

概念阶段的主要活动如图5-3-1所示。

图5-3-1　概念阶段的主要活动

1. 接受任务书，组建项目团队。

项目经理（由产品经理或产品经理助理担任）接受产品开发项目任务书，正式组建并任命概念阶段项目团队，与个人PBC关联（明确工作量所占比重和绩效考核），召开项目启动会，进行必要的培训，包括流程和专业技能培训。

2. 进行标杆设计、竞争分析和卖点设计。

项目团队选择标杆或竞争对手，分析与标杆和竞争对手的差距，进行卖点设计。卖点通常依据$APPEALS进行设计，包括功能、性能、质量、交付、速度、成本等要素。

3. 进行市场需求验证。

项目团队依据初步的市场需求，通过与多个客户的沟通和访谈，开展市场需求验证工作，进一步完善和确认客户的真实需求。

4. 形成客户需求规格说明书。

项目团队通过整理、分析和归纳客户需求，形成客户需求规格说明书，此说明书是产品开发的第一份规范的需求文档。

5. 进行多方案论证和选择。

项目团队根据产品的重要程度寻找最优方案，尤其是新领域产品通常安排两个以上系统工程师团队进行多种技术途径的论证和优选，对于一般产品也可安排一个系统工程师团队，但需要提出两种以上技术路径。除了专注成本和功能，还要重点关注技术的可实现性和可行性，必要时安排关键技术预研工作并启动技术开发流程。

6. 形成产品包需求说明书。

在客户需求、竞争需求和技术需求的基础上，综合考虑可测试、可验证、可安装、可制造、可维护等开发约束条件的内部需求，形成产品包需求说明书。

7. 进行产品包需求和产品概念技术评审TRI。

在进行产品包需求说明书的评审时，要确保需求完备、产品优选概念具有竞争力和市场赢利能力，根据评审意见进行相应更新，并对产品包需求基线化。同时，创建早期物料清单，向制造和采购部门发送清单以提前了解市场动态。

8. 确定早期客户和销量预测评审。

再次进行市场调查，分析竞争对手的情况，估计可能的销量及搭配，进行早期客户确定和销售预测工作。

9. 其他要素的策略论证。

同步开展市场、采购、制造、财务、订单履行等内部要素的策略论证工作，必要时启动新供应商认证流程。

10. 各分项业务策略论证。

编制业务计划书（商业计划书/综合论证报告），制订项目端到端二级计划，包括预算、资源利用情况和风险评估等内容。

11. 概念阶段决策评审。

进行概念阶段决策评审，确保产品的目标和策略是明确的，具有进一步开展计划阶段工作的必要。

12. 概念阶段总结。

进行概念阶段总结，项目部分成员退出，比如未入选的系统工程师等人。

▌ 概念阶段注意的问题

1. 市场经理要把精力和时间重点投入该阶段的工作。

2. 不要只关注技术，而要从产品的成本、价格、可交付、外观、界面、功能、性能、可靠性、可维护和可安装方面对技术提出需求。

3. 要从公司现有产品或竞争对手的产品中选择标杆，几个系统级工程师共同分析，从产品的卖点角度考虑方案的选择。

4. 除了关注外部需求，还要提前考虑内部的需求（生产、测试、验证、安装、服务）。

第四节
计划阶段流程

▍ 问题思考

1. 为什么不叫方案设计阶段而叫计划阶段?

2. 总体方案设计分成哪几个步骤?

3. 怎样保证设计与实现分离?

4. 怎样确认资源的投入?

▍ 为什么叫计划阶段而不是叫总体方案设计阶段

一般企业内部开发流程都有一个总体方案设计阶段,但在这个阶段,企业通常存在以下几个问题。

1. 只考虑方案设计不考虑资源投入。

2. 将方案分成总体方案和分模块方案,导致总体方案设计完成后,还要做各个模块的方案设计,方案设计不能够一次到位,还要不断重复和更改。

3. 没有通过需求的分解和分配评估哪些关键技术没有解决,

哪些关键器件没有论证，导致开发的风险巨大。

4. 分层级的方案和计划不能够有效衔接，导致方案和计划脱节。

5. 没有将此阶段的计划与人员的绩效衔接起来，导致绩效管理和方案设计不相关联。

在集成产品开发流程中，将产品开发的方案设计阶段全部整合在一起，包括需求的分解和分配、产品规格说明书，以及各方案的概要设计（软件、硬件、工艺、结构等），以达到设计和实现分离的目的，同时明确各阶段、各模块需要的资源和时间，完成三级计划的设计，明确各参与成员的绩效，以签订PBC。因此，这个阶段叫计划阶段，不仅包括方案设计，还包括各级计划的制订和各层级人员的绩效管理。

▎计划阶段的目标、关注点和交付物

计划阶段的目标、关注点和交付物如下。

1. 计划阶段的主要目标。

（1）完成客户需求到功能需求到技术需求的映射；

（2）从逻辑上完成系统到子系统到整机和单机到各模块需求的分解和分配；

（3）形成整个系统的规格定义；

（4）根据规格定义完成硬件到单板，软件到模块及工艺结构的概要设计；

（5）完成各个模块需要的资源配置；

（6）完成公司的一级计划到各模块的二级计划到更详细的个人三级计划并签订绩效承诺；

（7）若有较长交货期的物料及核心元器件的采购需要制订早期采购计划并控制风险；

（8）详细分析商业计划，决定公司是否投入大量的资源进行开发，当公司计划阶段通过以后，后续的工作不允许失败，否则是决策的巨大失误。

2. 计划阶段的主要关注点。

（1）最终的业务计划定义了产品、市场需求和需要的各个业务部门的支持；

（2）评估是基于事实数据（而不是假设），若计划得到批准，则团队将与公司或产品线签订一个合同来完成产品开发；若计划没有得到批准，则不会浪费资源；

（3）对概念阶段的假设进行证实；

（4）通过与公司或产品线达成的"合同式"协议，PDT得到授权；

（5）在项目每个后续阶段的目标、整个项目的目标和资源投入上达成共识。

3. 计划阶段的主要交付物。

（1）需求的分解和分配；

（2）规格说明书；

（3）各模块的概要设计（软件、硬件、结构、工艺）；

（4）最终的业务计划书；

（5）一级计划的定稿及二、三级的详细计划；

（6）关键资源的个人绩效承诺（PBC）。

▎计划阶段的主要活动

计划阶段的主要活动如图5-4-1所示。

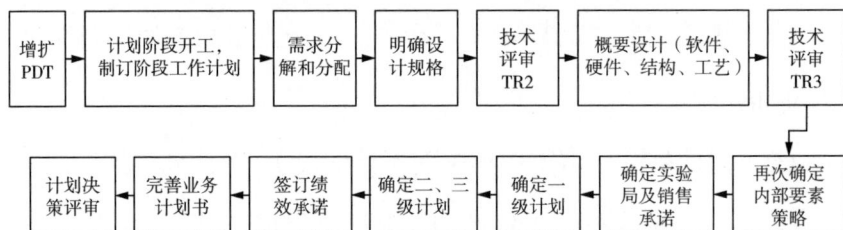

图5-4-1　计划阶段的主要活动

1. 增扩PDT。

项目组根据需要确定增加成员进入计划阶段。

2. 计划阶段开工，制订阶段工作计划。

项目组成员进行计划阶段开工会议，明确本阶段的工作计划。

3. 需求分解和分配。

项目组对需求进行映射，将需求分解成硬件、软件和结构子系统；然后每一块（硬件、软件、结构）进一步将需求分配到更下一层子系统、部件或模块中。

4. 明确设计规格。

项目组系统分解和分配后，生成系统、子系统、部件、模块和接口等设计规格。

5. 技术评审TR2。

评审小组对设计规格进行评审，完成技术评审2。

6. 概要设计（软件、硬件、结构、工艺）。

项目组系统工程师和各专业工程师（硬件、软件、结构、EMC等）合作，按照概要设计文档模板要求，开发和精练概要设计，包括系统概要设计、硬件概要设计、软件概要设计、结构概要设计等。

7. 技术评审TR3。

评审小组对各模块的概要设计进行评审，完成技术评审3。

8. 再次明确内部要素策略。

项目组再次确定的内部要素策略包括：财务、市场、采购、制造、安装、服务、订单履行等要素的策略。

9. 确定实验局及销售承诺。

项目组再次确定实验局客户，并签订销售承诺。

10. 确定一级计划。

项目组确定项目的关键路径，并对六个阶段和项目关键路径上的关键节点，明确时间和资源，形成一级计划。

11. 确定二、三级计划。

项目组确定最终的一级计划，并进行二、三级计划的详细设计。

12. 签订绩效承诺。

公司或产品线与项目经理签订绩效承诺，项目经理与各小组核心成员签订绩效承诺。

13. 完善业务计划书。

项目组根据以上的活动，再一次修订完善业务计划书。

14. 计划决策评审。

项目组进行计划决策评审，决定此项目是否进入下一个阶段。

第五节
开发、验证阶段流程

▌问题思考

1. 测试和验证有什么区别？

2. 怎样根据模块的成熟度进行系统集成测试？

3. 早期客户与BETA客户测试的区别？

▌开发和测试阶段的目标、关注点和交付物

开发和测试阶段的目标、关注点和交付物如下。

1. 开发和测试阶段的主要目标。

（1）对各模块进行详细设计；

（2）进行模块功能验证；

（3）进行系统功能验证；

（4）进行系统集成测试；

（5）进行系统功能验证测试；

（6）发布最终的工程规格及相关文档。

2. 开发和测试阶段的主要关注点。

（1）确保产品在市场上成功，评审市场及客户需求，评审产品及财务假设；

（2）设计和集成满足产品规格的产品；

（3）确保产品功能方面的市场领先性，形成最终的产品规格，修改设计以满足规格要求；

（4）确保制造准备就绪；

（5）形成最终的制造过程技术文档；

（6）对供应商是否已验证进行确认；

（7）验证是否已开发主要制造工艺，并且在可接受的范围内发挥作用；

（8）证实开发阶段的假设。

3. 开发和测试阶段的主要交付物。

（1）测试和验证计划；

（2）评估首例样品；

（3）详细的产品发布计划；

（4）试用客户选择；

（5）产品文档；

（6）修正的产品规格；

（7）制造能力及产能计划；

（8）生产构件（Production Build）的制造文档；

（9）合格的产品及最终的产品发布计划。

▌开发、验证阶段的主要活动

开发、验证阶段的主要活动如图5-5-1所示。

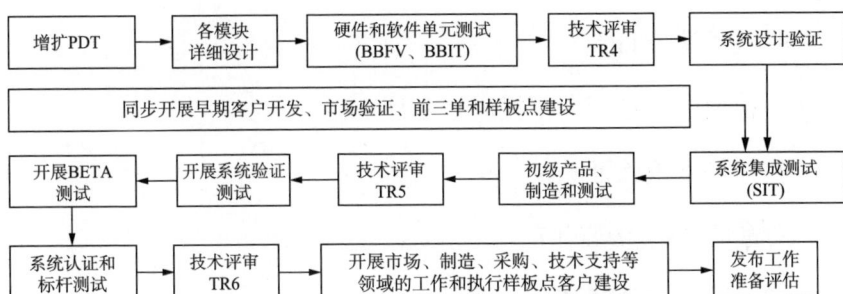

图5-5-1　开发、验证阶段的主要活动

1.增扩PDT。

进一步增扩PDT以满足后续开发、验证活动对人员的需求。

2.各模块详细设计。

按照产品规格和概要设计进行各模块详细设计及实现。

3.硬件和软件单元测试（BBFV、BBIT）。

进行硬件、软件单元级别的构建模块功能验证（BBFV）和构建模块集成测试（BBIT）。

4.技术评审TR4。

对各模块的详细设计进行评审，完成技术评审4。

5.系统设计验证。

对各个系统的功能设计进行验证。

6. 系统集成测试。

对系统进行集成并完成集成测试。

7. 初始产品制造和测试。

开始制造初始产品，并进行制造系统的测试。

8. 技术评审TR5。

对初识产品进行评审完成技术评审5。

9. 开展系统验证测试。

对系统进行验证测试。

10. 开展BETA测试。

选择一个典型环境对系统进行BETA测试。

11. 系统认证和标杆测试。

进行系统认证测试和标杆测试。

12. 技术评审TR6。

对产品规模生产进行评审。

13. 开展市场、制造、采购、技术支持等领域的工作和执行样板点客户建设。

项目组开展市场、制造、采购、技术支持等相关领域工作并开始执行样板点客户建设。

14. 发布工作准备评估。

对产品销售工具包进行准备以决定是否进入发布阶段。

第六节
发布阶段流程

▌问题思考

1. 为什么要有发布阶段?

2. 发布阶段的主要责任人是谁?

3. 发布计划包括哪些内容?

▌为什么要有发布阶段

通常很多公司产品开发进行到一定阶段,开发和验证完成以后就直接将产品"扔"给销售,没有一个发布阶段,这样做可能会出现以下问题。

1. 对新产品的前三单不进行总结,导致营销策略不确定,靠销售人员的个人能力销售,很难完成新产品的市场和财务指标。

2. 没有完成产品的商标、命名和产品的定位,没有对销售人员统一进行培训,很难营造一个新产品进入市场大量销售的环境。

　　因此，发布阶段的工作主要由市场经理进行营销开发，包括产品的早期样板客户总结和针对不同的客户群发布的软性文章、广告等宣传资料的完善。同时进一步明确商务和价格策略，尤其是针对不同的客户进行灵活的商务定价，完善产品的销售工具包（包括销售指导书、售前胶片、产品宣传"一纸禅"、产品成功案例、产品配置和商业模式设计等），对销售进行统一的培训和考试。最后对产品的大量销售所带来的生产和制造的需求进行统一的评审，以营造一个产品大量销售的环境。

▌ 发布阶段的目标、关注点和交付物

　　发布阶段的目标、关注点和交付物如下。

　　1. 发布阶段的主要目标。

　　（1）完成产品的早期样板客户的总结；

　　（2）完成产品的定位、定价策略和商标及命名；

　　（3）完成产品的宣传策略；

　　（4）完成产品的推广策略；

　　（5）发布产品并制造足够数量的产品以满足客户在性能、功能、可靠性和成本目标方面的需求。

　　2. 发布阶段的主要关注点。

　　（1）产品定位；

（2）产品营销策略；

（3）产品大量销售条件；

（4）验证制造准备计划；

（5）准备生命周期管理计划；

（6）证实开发和验证阶段的假设，确保产品在市场上的成功。

3. 发布阶段的主要交付物。

（1）销售指导书；

（2）售前胶片（定稿）；

（3）定价策略；

（4）订单履行策略；

（5）宣传策略；

（6）生命周期管理计划；

（7）对PDT与公司或产品线签订的合同进行评估。

发布阶段的主要活动

发布阶段的主要活动如图5-6-1所示。

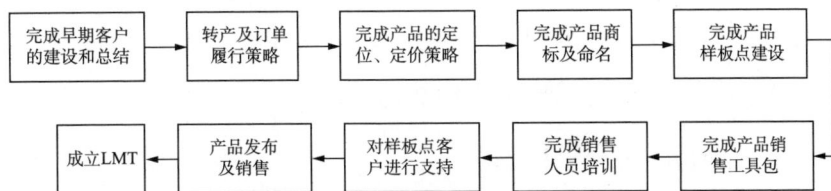

图5-6-1 发布阶段的主要活动

1. 完成早期客户的建设和总结。

对早期客户情况进行完善和总结，形成成功案例，以决定是否建成样板点。

2. 转产及订单履行策略。

项目组对产品所有文档及成套工艺文件进行整理以完成转产工作，以及完成订单环境的建立。

3. 完成产品的定位、定价策略。

对产品的定位进行分析，产品定位内容包括产品是要利润，还是要份额以及是否是阻拦对手还是配套，以确定定价策略。

4. 完成产品商标及命名。

对产品进行命名并决定产品的商标策略。

5. 完成产品样板点建设。

根据早期产品的销售情况，决定建设哪个早期客户为样板点。

6. 完成产品销售工具包。

完成并设计产品销售工具包，包括产品"一纸禅"、售前胶片、销售指导书、销售的成功案例、产品的软性文章、销售资质证书等。

7. 完成销售人员培训。

对销售人员进行销售工具包的培训。

8. 对样板点客户进行支持。

对样板点的客户如何宣讲进行培训。

9. 产品发布及销售。

对产品进行发布，发布的策略有以下几种：

（1）不许宣传、不许销售；

（2）限制宣传、不许销售；

（3）大量宣传、限制销售；

（4）大量宣传、大量销售。

当产品进入大量宣传、大量销售阶段时，可以进行对外发布会议。

10. 成立LMT。

对产品开发进行总结和绩效评估，并成立LMT团队。

第七节
老产品的生命周期管理

▌ 问题思考

1. 企业成立LMT团队的主要目的是在保证产品质量的同时减少对现有产品的冲击。

2. 产品上市以后产品经理的首要责任是将其卖给更多的新客户，因此对产品会进行界面等方面的更改，产品的B、C类更改也是产品开发的一部分。

3. 产品上市以后必须进行价格核准、经营分析，以及不断寻找基于此产品平台的不同的客户以不改动核心技术来做更多的产品适应不同的客户群。

4. 在老产品销售的过程中必须考虑新产品版本的需求来源。

▌ 为什么要有生命周期管理阶段

产品的更改分为A类、B类和C类，A类更改进入新产品开发流程。当产品开发进入到发布阶段以后，由于产品性能不稳定，客户验证后会出现一些问题；同时还有一些产品需要不断地优化。因此在产品的生命周期过程中，不仅存在产品的维护，还存在产品的改进，这就是B类或C类更改。这个时候很多企业的做法就是不断抽调新产品的开发人员去支持老产品，导致新产品开发进度慢、效率低。

产品开发有一个原则就是产品进行B类更改或C类更改时，不能影响到A类更改。这种情况下应成立生命周期管理团队（LMT），专门负责产品的B类、C类更改和维护。这样新产品的开发人员就不会受到影响，可以更好地集中精力开发新产品，进而保证新产品开发的进度和质量。

▌ 生命周期阶段的目标、关注点和交付物

生命周期阶段的目标、关注点和交付物如下。

1.生命周期阶段的主要目标。

（1）在产品稳定生产到产品生命终结期间内对产品进行管理；

（2）对产品进行B类或C类更改。

2.生命周期阶段的主要关注点。

（1）管理产品直至产品生命终止，注意收集内部和外部信息，以确定产品过渡或替换，制定产品过渡策略，为客户提供产品工程支持以满足客户需求；

（2）证实发布阶段的假设。

3. 生命周期阶段的主要交付物。

（1）产品的B类或C类更改；

（2）产品终止策略。

▌生命周期阶段的主要活动

生命周期阶段的主要活动如图5-7-1所示。

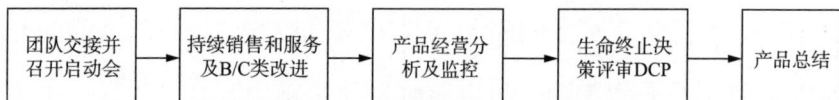

```
┌─────────┐   ┌─────────┐   ┌─────────┐   ┌─────────┐   ┌─────────┐
│团队交接并│→ │持续销售和服务│→ │产品经营分│→ │生命终止决│→ │产品总结 │
│召开启动会│   │及B/C类改进│   │析及监控 │   │策评审DCP│   │         │
└─────────┘   └─────────┘   └─────────┘   └─────────┘   └─────────┘
```

图5-7-1　生命周期阶段的主要活动

1. 团队交接并召开启动会。

对产品开发进行总结，留下部分研发成员进入LMT团队，进行产品更改，以不影响后面持续开发的产品。

2. 持续销售和服务及B/C类改进。

对产品进行销售和服务及B/C类的更改，进入产品更改流程。

3. 产品经营分析及监控。

对产品的业绩进行评估并对价格进行核准和监控。

4. 生命终止决策评审DCP。

对项目是否终止进行评审。

5. 产品总结。

对产品的全生命周期进行总结。

第八节
企业执行产品开发流程未能成功的原因分析及对策

很多企业推行产品开发流程，学习IPD，但往往是增加了很多活动，研发人员怨声载道，市场和财务的成功却未能实现，最后不得不宣布产品开发流程失败。总结中国的企业推行IPD的经验，其失败的主要原因如下。

1. 为流程而流程，只有研发人员的参与，没有其他体系人员的参与，最终与研发相关联的其他要素的活动不能有效执行，导致流程推行困难。

2. 产品开发流程解决"如何正确做事"，市场管理流程解决"如何做正确的事"，市场管理流程是产品开发流程的输入，很多企业没有建立市场管理流程，没有很好的市场经理，推行产品开发流程困难。

3. 产品开发流程中要求系统设计和系统实现分离，系统设计时需要综合考虑软件、硬件、工艺、结构以及产品的可生产、可测试、可验证、可发布、可维护，这个过程中需要培养系统级工程师，一个企业的系统级工程师没有培养起来，又不能够形成一支整体的团队进行总体方案设计，流程很可能流于形式。

4. 很多企业的技术评审和决策评审虽然进行了分离，但评审时仍然过度关注技术评审，尤其是研发出身的高级干部，对产品的市场、计划和财务评审不关注，导致技术虽然成功，却没法实现市场和财务的成功。

5. 很多企业在流程中过多关注活动的完整性，而没有结合自己本身的能力分步推进流程，导致流程的失败。

6. 很多企业在推行产品流程时，没有对它进行配套支撑流程和体系建设，如项目管理流程、绩效管理流程，尤其是任职资格体系的建设，导致流程看上去很完美，但落地的支撑和人员的配套跟不上导致最终放弃流程。

7. 很多企业流程没有固化或形成时，过早进行IT化，僵化了流程，使得效率低下，最后不得不放弃流程或IT化。

如果您的企业正在推行IPD流程，建议您在阅读本书的同时，仔细研究"四四四"模型，不要将产品开发流程孤立于其他流程之外，系统地建设"四四四"模型的同时，还要关注产品经理、市场经理、系统级工程师的培养，分步推进流程。

第 6 章

产品开发的项目管理

项目管理跟随业务分步演进，企业发展到一定阶段，要将单项目管理和多项目管理分离，单项目管理的责任主体是项目经理，多项目管理的责任主体是项目管理部，项目管理部的主要职责是资源配置、项目排序和项目绩效管理，项目管理部经理要由熟悉业务的高管担任并赋予较高的职位。

本章精华

1. 当公司多个产品线同步开展多个项目时，公司的项目管理分成单项目管理和多项目管理，单项目管理的责任主体是项目经理，如果要进行项目的资源配置、协调、绩效管理、项目预警、监控、项目成本控制，则应当成立项目管理部进行多项目管理。

2. 一个复杂的产品开发项目通常分成阶段、步骤、任务、活动四个层次，阶段到步骤为一级计划，步骤到任务是二级计划，任务到活动是三级计划。

3. 一级计划主要是解决全流程、全要素的协同，全流程指从产品需求到产品开发到产品发布的全过程，全要素包括研发、市场、销售、生产、采购、服务等；二级计划解决在全流程协同下各要素或各部门的协同，如研发分解为软件、硬件、工艺、结构等；三级计划是指导更小的模块或个人具体执行任务的计划；

4. 提高计划的准确度和完成率，最重要的三个要素是：需求管理、关键资源的及时到位和项目经理的能力。只有进行完需求的分解和分配后，才能确定项目的关键路径和详细的第三级计划。

5. 研发人员某段时间内聚焦做一件事情的效率最高，为了让研发人员在某一段时间内聚焦，项目设计四个评审点进行分阶段评审，确保项目每个阶段的周期较短（不超过3个月），同时开工会议分为四次，分别进行。

6. 项目绩效考核分成两个层次，项目管理部对项目和项目经理进行考核，项目经理对项目组成员进行考核，为了保证完成项目进度，项目经理应该对项目组成员的个人绩效奖金拥有考核权。

7. 计划考核的基础首先是周期，尤其是阶段周期（通常要求概念和计划阶段占三分之一，开发阶段占三分之一，验证和发布阶段占三分之一，以确保前期市场的调研和产品设计准确，缩短后续开发周期），其次是进度计划完成率，同时参考计划变更次数，还要综合考虑成本与进度的匹配。

8. 计划制订是分阶段、分级进行的，而不是一次到位，只有在需求的分解、分配、概要设计完成以后，才能确定最终的一级计划、二级计划和详细开发的三级计划。

9. 项目监控计划不仅要监控项目进度，还要监控成本和关键资源的投入，项目一级计划的监控，不仅包括各阶段的节点，还要监控到关键路径的二级计划的节点，以及关键资源在关键时间段的三级计划的节点。

10. 资源永远是有限的，项目管理部应该确定排序要素和进行项目排序，分级、分批地开展项目和分配资源，将资源聚焦到投入产出比最高的项目。

11. 项目经理与公司签订的任务书或合同书是双向的，项目经理对公司要求的完成进度、质量和交付负责，公司必须保证承诺的资源到位，当公司保证承诺的资源不能到位时，允许项目经理更改计划。

第一节
产品开发项目的典型组织

▌ 问题思考

1. 如何确定产品开发项目的组织构成？

2. 项目经理与产品经理的关系是什么？

3. 如何分阶段投入项目资源？

4. 开工会议包括哪些内容？

▌ 典型研发项目团队的构成

产品开发项目团队是对产品开发项目全流程、全要素负责的项目团队，全流程、全要素的项目管理指从客户需求到客户交付，端到端的以产出为核心，各资源配合面向交付业务和交付的项目管理，而不是面向过程、面向部门或面向领导的项目管理，其具体要素包括以下几个方面。

（1）从需求到交付统一的全程管理。

（2）有一个总项目责任人全程负责，同时有一个技术负责人负责全过程的技术和质量管理。

（3）涉及项目的所有要素以强矩阵或弱矩阵的方式参与，并有绩效管理。

（4）研发与销售、市场、采购、生产和中试等为产出统一服务。

图6-1-1为华为公司产品开发项目典型的项目团队结构图，世界上其他技术型公司的项目团队结构基本上也如此。

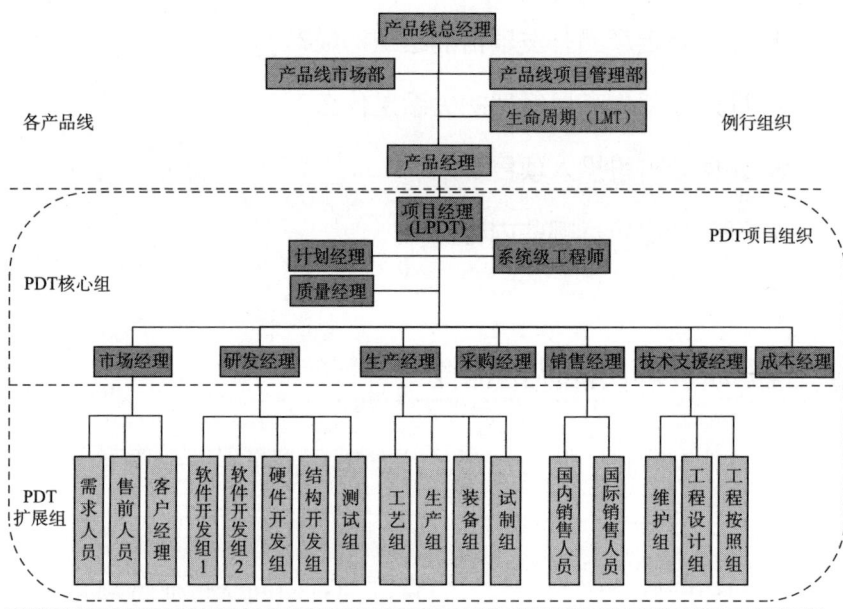

图6-1-1 产品开发项目典型项目团队结构图

关于项目团队角色应该注意以下几点。

（1）项目的实际情况不同，项目的组织结构可以不同，每个项目团队的核心组成员也可以不一样，完全根据项目的开发需要进行"裁剪"。

通常全新产品开发的项目核心组成员可能包括：项目经理、市场经理、系统级工程师、研发经理、生产制造经理、采购经理、技术支持经理和财务经理等。

一个在原产品上进行微小改动（元器件级别的变更）的产品开发项目的核心组成员可能包括：项目经理、采购经理和研发经理等。

（2）项目团队中可以一个人承担多个角色，对于这种情况应明确其承担的各角色的比重，在项目绩效考核时按照其承担的角色分别进行考核，并根据比例得出最终考核结果。

（3）一般情况下，项目经理会同时兼任对项目成功影响最大的角色。

（4）项目团队中的角色也可以由多个人共同承担。

产品开发项目经理的主要职责

项目经理是产品开发项目市场和财务成功的第一责任者，负责产品开发立项到产品发布的全过程，其职责可以总结为"四个管理"。

（1）管理好目标：始终关注产品的市场成功和财务成功。

① 负责产品从需求分析到概念设计到产品发布到财务成功；

② 对产品的市场份额、研发设计成本、毛利率和最终净利润负责；

（2）管理好项目：对项目过程控制，包括对计划、资源、绩效和基线负责。

① 制订项目计划及预算；

② 确定和管理参与项目的人员及相应的资源；

③ 监控项目基线。

（3）管理好领导：及时汇报、及时求助、及时评审。

① 及时汇报项目进展情况；

② 提前做好决策评审准备；

③ 及时与领导沟通，反馈问题。

（4）管理好自己：始终站在全流程、全要素的基础上以市场和财务为核心开展工作。

① 进行全流程过程协调；

② 解决项目冲突，而不是逃避冲突；

③ 花大量时间与核心组成员"泡"在一起，构建一个和谐的核心团队；

④ 加强业务知识和财务知识的学习。

项目经理的人选一般遵循"对项目成功影响最大的角色担任

项目经理"的原则。

（1）全新的产品开发类项目一般由系统工程师或市场经理兼任项目经理的情况居多，也可以由产品经理直接兼任项目经理。

（2）在原有产品基础上进行一定修订的产品开发项目，一般以与修订部分关系最为密切的角色兼任项目经理居多。例如主要涉及技术方案发生变化的产品开发项目，一般以研发经理兼任项目经理，主要涉及相关元器件采购更新的项目，可以由采购经理兼任项目经理。

（3）定制开发项目通常情况下由市场经理兼任项目经理。

（4）平台开发类项目通常由系统工程师或者研发经理兼任项目经理。

（5）预研开发类项目通常由系统工程师或者研发经理兼任项目经理。

▌ 项目核心组成员的职责是什么

核心组成员通常包括系统经理、研发、市场、营销、采购和与项目相关的业务代表，要求核心组成员与项目经理共同对项目的市场和财务成功负责。核心组成员在PDT内作为职能领域的专家参与PDT的工作，在职能部门内作为PDT的成员对资源部门提出要求，因此其具有双重身份的职能。

产品研发管理（第二版）

1. 作为项目组的职能领域专家。

（1）共同解决项目面临的问题；

（2）代表职能部门针对产品开发进行设计并做出决策；

（3）共同负责核心小组的最终结果；

（4）对计划、预算、关键问题等的进展情况进行汇报；

（5）对职能部门的交付负责。

2. 代表PDT与职能部门进行沟通。

（1）向职能部门经理汇报项目情况；

（2）应用职能部门的策略、工具和标准为产品服务；

（3）协同外围小组的活动；

（4）管理职能部门的项目计划和预算；

（5）负责PDT与职能部门间的信息交互；

（6）在职能部门内对设计和项目进行评审。

项目经理如何对项目组成员进行管理

通常项目组成员通过强矩阵或弱矩阵方式为项目服务，双方签订资源承接或任务外包协议。

强矩阵方式下，人员归项目经理管理，项目经理与资源部门签订资源承接协议，资源部门必须保证资源的及时投入，项目经理则要根据项目进度保证资源及时释放，如果项目经理资源不能及时释放，应提前告知资源部门。

弱矩阵方式下，项目经理将任务外包给资源部门，资源部门保证按计划完成任务，并保证质量，如果资源部门计划有所拖延，必须提前告诉项目经理，并且及时调整计划。

1. 强矩阵下项目经理如何对项目组成员进行管理。

强矩阵管理模式下，项目组成员完全由项目经理进行管理，具体管理方式如下：

（1）项目经理与资源部门经理签订资源承接合同，资源部门经理要保证资源的及时到位率，项目经理要保证资源的及时释放率；

（2）人员名单要列入项目任命书，明确在此项目所占的绩效权重，并得到资源部门经理确认；

（3）一般情况下，研发人员如果能脱离原资源部门办公环境，则在项目组统一办公环境下进行工作；

（4）项目工作任务由项目经理下达，个人工作计划向项目经理汇报，抄送资源部门经理知晓；

（5）个人例行报告（周报、月度PBC）主要汇报给项目经理，抄送资源部门经理，由项目经理进行审核和确认；

（6）个人项目绩效考核由项目经理给出项目绩效考核结果并直接应用到个人绩效工资上。

2. 弱矩阵下项目经理如何管理项目组成员。

弱矩阵管理模式下，项目经理通过与资源部门经理签订任务外包的方式进行合同管理，具体管理方式如下：

（1）项目经理与资源部门经理签订任务外包合同；

（2）资源部门经理要列入项目任命书，并明确在此项目所占的绩效权重；

（3）资源部门经理负责资源部门内部的项目工作计划分解，分配到相关研发人员，并确定项目相关研发人员在项目中的绩效比例，相关研发人员个人工作计划向资源部门经理汇报的同时，各项目的计划分别抄送给项目经理；

（4）资源部门负责本项目相关的研发人员可以与项目经理或者核心组成员进行项目相关内容交流，但其不受项目经理或者核心组成员管理；

（5）研发人员个人例行报告（周报、月度PBC）汇报给资源部门经理；

（6）资源部门经理定期向项目经理汇报任务外包的进展情况；

（7）项目经理负责对外包任务的进展情况给出绩效考核结果，此结果直接影响资源部门经理的绩效；

（8）资源部门经理负责根据各项目的考核结果，对参与项目开发的人员按照预定的权重进行绩效考核；

（9）项目外包任务出现偏差时，由项目经理与资源部门经理

协调沟通，由资源部门经理提出纠偏建议，得到项目经理认可后
分配给相关人员。

▌ 如何进行分阶段的资源投入和开工会议

IPD全流程的项目开发分成四个决策评审点，通过决策评审后
进行下一阶段的资源投入，同时及时释放上一阶段的资源，有效
地提高资源使用效率，同时最大限度地控制项目风险，降低项目
失败带来的损失。

通常产品开发中有四次资源的投入和释放，正常情况下进行四
次开工会议，如图6-1-2所示。

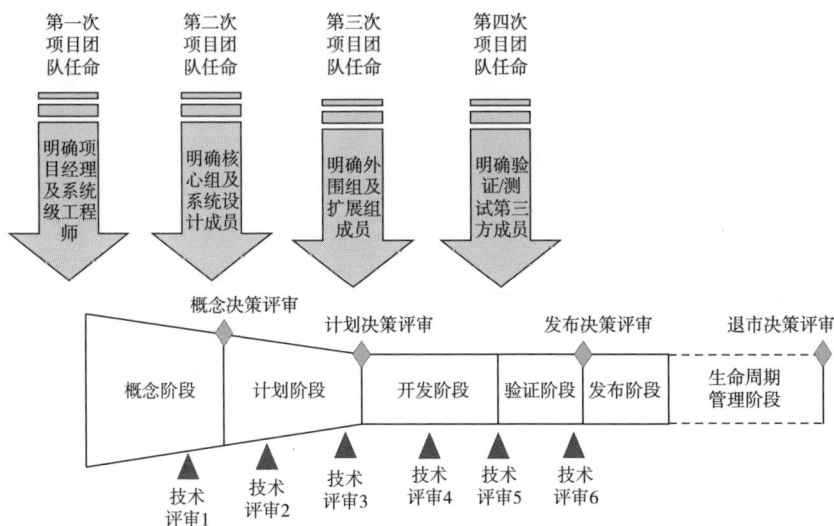

图6-1-2 融智产品开发中四次资源投入和释放模型

由于产品开发过程中存在四次开工会议及四次资源的释放和投入，因此，要求做到以下几点。

（1）项目的过程文档和交接文件必须齐套，保证在项目团队成员之间能顺利交接项目相关内容；

（2）每个阶段的项目团队组建都通过规范的项目任务书形式进行，项目任务书不但对项目组的成员进行明确，同时对每个强矩阵的项目组成员在项目的资源投入情况进行明确，此文件也是项目绩效考核的参考依据；

（3）及时进行项目组成员的项目绩效考核；

（4）当关键资源无法满足项目计划时，必须采用修改项目计划、减少项目需求或进行外包的方式进行调整。

第二节
项目三级计划管理体系

▎问题思考

1. 项目计划为什么要分层级？

2. 何时最终确定项目的一级计划？

3. 何时最终确定项目的三级计划？

4. 项目三级计划与项目团队的对应关系是什么？

5. 项目三级计划与结构化的流程是什么关系？

▎研发计划为什么要分三级

　　由于产品开发涉及上千个活动和公司高管、项目经理、研发人员，如果是厚厚的一本计划书，既不能很好地监控，让高层领导关注关键点，又无法让研发人员按计划执行，如何按对象建立计划体系，如何让高层领导通过一张纸就可以知道项目的进度和计划，如何让研发人员对自己的计划很了解和知道如何落地，这便是企业要建立三级计划管理体系的动因。

什么是三级计划管理体系？

根据结构化的设计思想，产品开发分成阶段、步骤、任务、活动四个层次，阶段到步骤对应一级计划，其责任主体是项目经理，监控主体为项目管理部或公司；步骤到任务对应二级计划，其责任主体是核心组成员，监控主体是项目经理或产品线项目管理部，如果是关键路径，产品线的项目管理部或公司也要进行监控；任务到活动对应三级计划，其责任主体为模块经理和个人，监控主体为核心组成员，如果是关键资源，项目经理也应参与监控。

项目三级计划与三级流程的关系如图6-2-1所示。各级计划的详细说明如下。

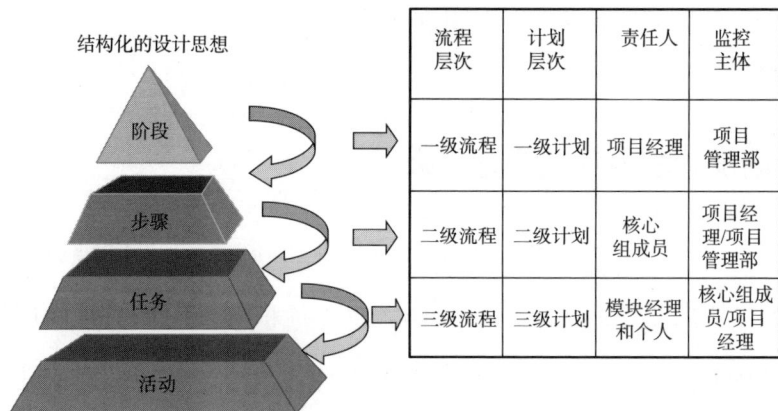

流程 层次	计划 层次	责任人	监控 主体
一级流程	一级计划	项目经理	项目 管理部
二级流程	二级计划	核心 组成员	项目经 理/项目 管理部
三级流程	三级计划	模块经理 和个人	核心组成 员/项目 经理

结构化的设计思想

阶段

步骤

任务

活动

图6-2-1　项目三级计划与三级流程关系图

（1）项目一级计划。

项目一级计划是整个产品开发项目全流程的总体计划，取产品开发项目WBS一级和重要二级的内容，主要内容包括各大阶段、关键节点（决策评审点和技术评审点）和重要步骤；此计划主要用于向上对领导进行汇报，明确项目总体进展情况，以及协同各相关部门的投入，图6-2-2是设备制造公司一级计划的模板样例。

（2）项目二级计划。

取产品开发项目WBS二级和重要三级的内容，项目二级计划主要用来解决各部门之间的协同问题，以及用来识别项目关键路径。

通常二级计划的划分方法有两种：按照阶段划分或按照模块划分。按模块划分主要包括硬件二级计划、软件二级计划、结构二级计划、营销二级计划、市场二级计划、采购二级计划、小批量二级计划、生产及试制二级计划。图6-2-3是某公司硬件开发二级计划模板样例。

（3）项目三级计划。

取产品开发项目WBS三级和四级的内容，项目三级计划是指导员工具体工作的计划，项目三级计划要求分解到个人独立完成，工作量不超过40小时，要有明确输出件和评价要素的活动，一般以甘特图表示。

产品研发管理（第二版）

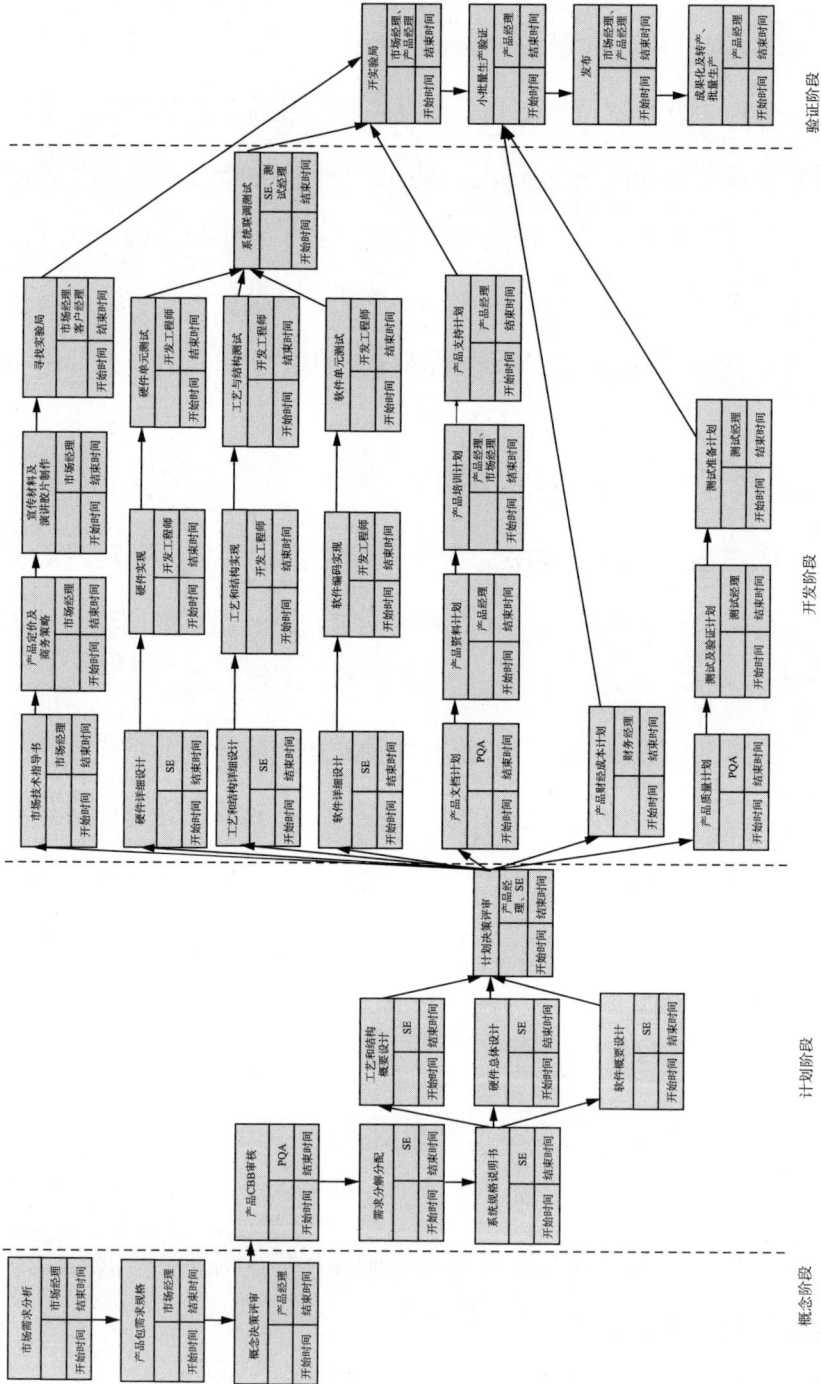

图6-2-2 项目一级计划模板样例

概念阶段　　计划阶段　　开发阶段　　验证阶段

图6-2-3　项目二级计划模板样例

▌ 如何进行研发项目一级计划的管理

很多企业认为项目管理是项目管理部的职责，项目一级计划由项目管理部负责制订和下达，项目经理则负责接受和执行项目一级计划，造成项目计划制订和项目计划执行的责任主体分离，项目计划出现问题不能明确责任主体，最后项目计划成了一纸摆设。

为了避免出现以上情况，项目分级管理是解决问题的最好办法。项目经理负责制订项目一级计划并负责项目一级计划的实施；项目管理部负责审核项目一级计划并对项目一级计划进行监控，一个完成的项目计划过程如图6-2-4所示。

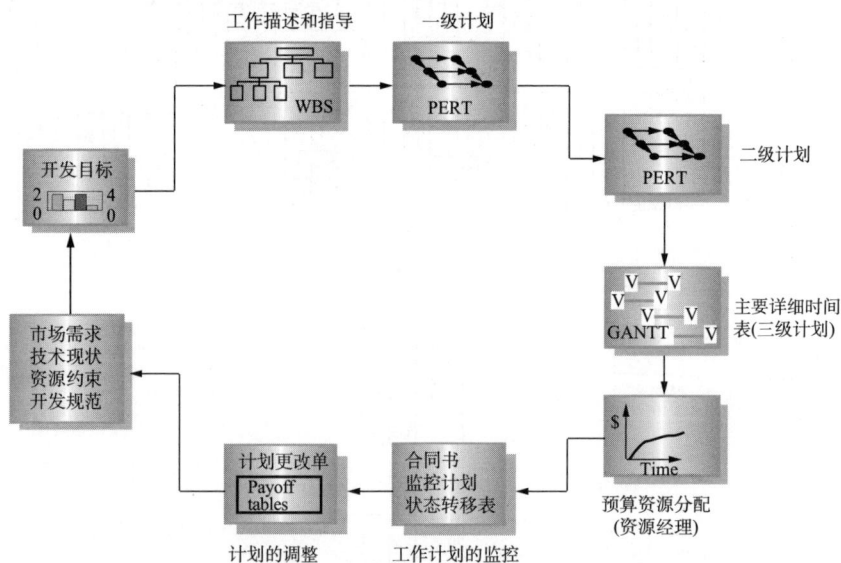

图6-2-4 融智项目计划制订流程模型

项目目标与范围确定

很多企业在设定项目目标和范围时，一般如果有外部合同时、就将外部签订的合同内容直接作为项目的目标和范围，主要只关注项目交付指标，而不关注能力提升类指标；如果没有外部合同时，会通过口头的方式确定，并且在项目过程中目标和范围会不断发生变化。由于缺少时间、成本和功能规格的基线控制，导致没有人对项目的最终成果和成功负责。

要解决这些问题，必须要明确和做到以下几点。

第一，要区分外部合同与内部项目目标。外部合同是外部客户的要求，外部合同的内容和要求可以跟客户进行再次沟通和确认，而内部项目目标是内部确定的，其可以参考外部合同内容，但不完全等同外部合同。一般情况下项目目标要严于外部合同，同时在外部合同的基础上需要增加内部管理的目标，一个完整的项目管理目标应该包括以下六方面的指标：

（1）项目交付指标；

（2）项目财务指标；

（3）项目共享指标；

（4）项目被共享指标；

（5）项目团队能力提升指标；

（6）项目经理能力提升指标。

第二，项目目标一般以项目任务书（责任状）的方式进行书面明确，并作为项目经理绩效考核的重要依据。

第三，项目目标不是一开始就确定然后一成不变的，是随着项目的推进可以进行优化调整的，直到计划决策评审完成之后才最终确认项目目标。

关于项目一级计划的制订要注意以下几点：

（1）项目一级计划制订的责任主体是项目经理；

（2）项目一级计划制订的参考输入包括：流程、市场需求说明书、项目任务书、历史经验数据和项目二、三级计划支撑等；

（3）项目一级计划制订的方式：项目一开始时制订项目一级计划初稿，随着项目工作不断深入开展进行多次优化，直到项目方案确定之后，在计划阶段结束前最终确定基准项目一级计划；计划阶段评审后，项目一级计划变更需要走计划变更流程并进行严格评审。项目一级计划制订的过程如图6-2-5所示。

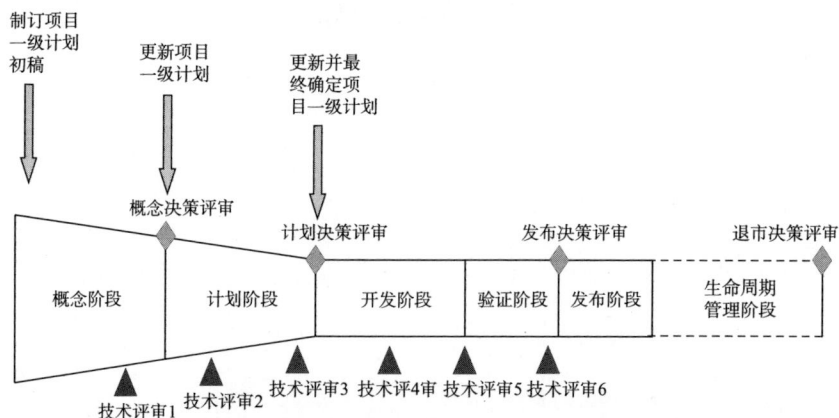

图6-2-5　项目一级计划制订过程图

项目一级计划评审

项目一级计划评审的责任主体是项目管理部组织下的公司领导和产品线领导，项目一级计划评审主要考虑以下几个方面。

（1）项目总周期是否存在风险；

（2）项目各阶段周期分配是否合理；

（3）项目资源需求是否存在风险；

（4）关键路径是否存在风险；

（5）关键路径上的关键资源是否存在风险；

（6）是否存在隐性关键路径风险：

① 是否存在没有突破的核心技术和关键技术；

② 是否存在采购风险（长货期、产能不足、禁运）；

③ 团队成员是否达到相应的任职资格（需求分析和总体设计人员的任职资格要求一定要达到，不能高配）；

④ 外包是否存在不可控的风险。

（7）是否存在项目排序地位的风险。

项目一级计划监控与预警

项目一级计划监控和预警的责任主体是项目管理部，项目管理部虽然原则上只对项目一级计划进行监控，但在实际操作中，监控不仅包括一级计划，同时还包括关键路径的二级计划和关键资源的三级计划，图6-2-6为设备制造类公司项目一级计划监控的模型。

产品研发管理（第二版）

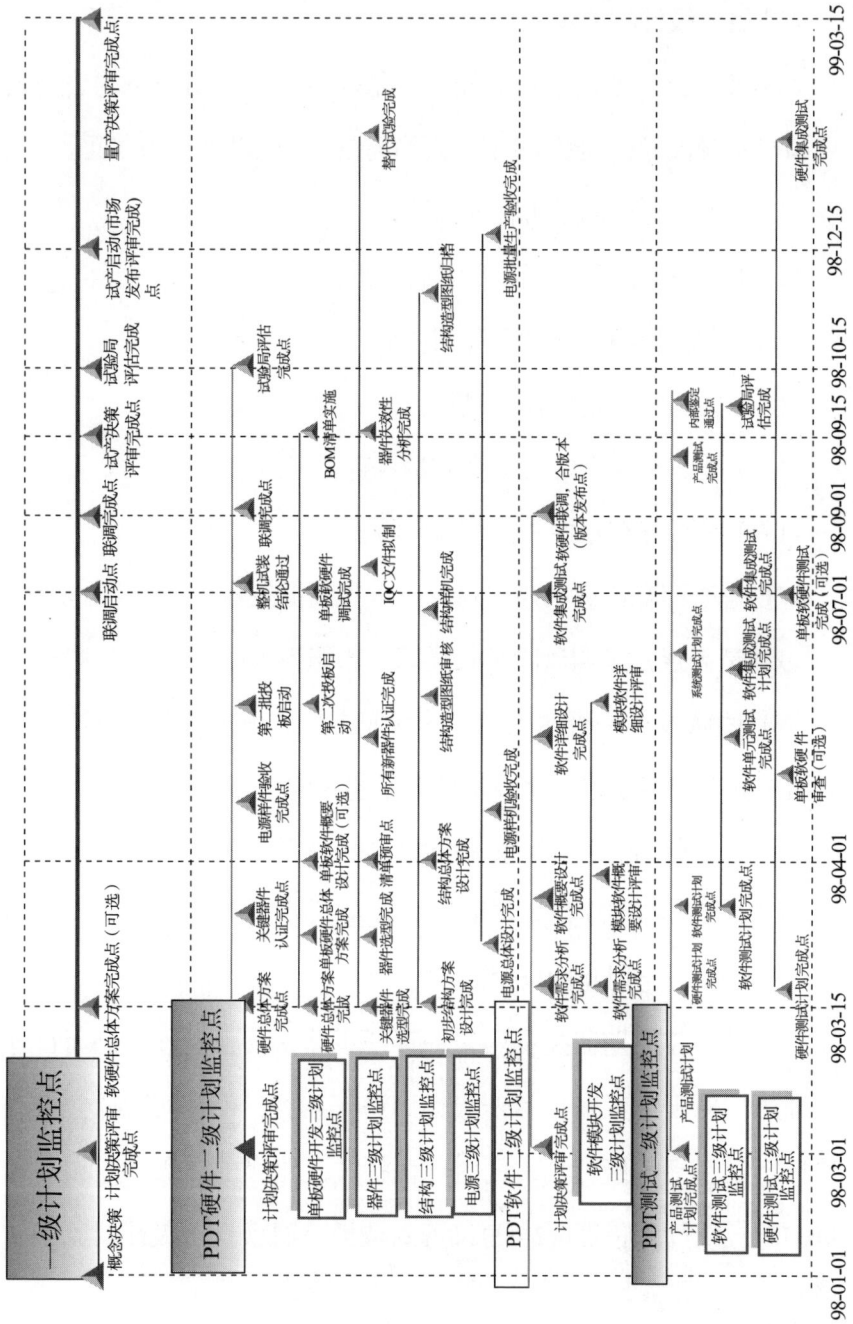

图6-2-6 融智项目一级计划监控模型

当项目计划出现进度偏差时，项目管理部应该对项目进行预警，必要时采取措施甚至封闭开发。

项目一级计划测评

项目一级计划测评的结果将直接影响到项目经理的绩效考核结果，同时也将影响到项目核心组成员的绩效考核结果。为了强化项目过程考核和最终结果考核相结合，特别定义了以下与项目过程各阶段计划完成情况相关联的计算方法。

阶段计划完成率：

阶段计划完成率 = 阶段计划完成时间/阶段实际完成时间；

在某个阶段超前完成（计划完成率大于100%）时，还是以100%计算。

计划完成率：

计划完成率 = 各阶段计划完成率之和/阶段数。

项目一级计划变更

计划更改须经过评审，其评审流程与计划制订流程一致。一般情况下，一级计划是不允许随意变更的，一级计划更改必须填写一级计划更改单，并修订相关计划。

▌ 如何进行研发项目二、三级计划的管理

1. 项目二、三级计划制订。

项目二、三级计划制订的责任主体是项目核心组成员和项目

团队成员。

项目二、三级计划制订的参考输入包括：流程、市场需求说明书、项目任务书、历史经验数据、项目一级计划、需求分解与分配、系统设计规格与系统概要设计方案等。

项目二、三级计划的制订模式是：根据项目的推进程度分阶段制订项目二、三级计划，直到项目概要设计完成之后才能形成项目全流程的项目二、三级计划。分阶段的项目计划制订过程如图6-2-7所示。

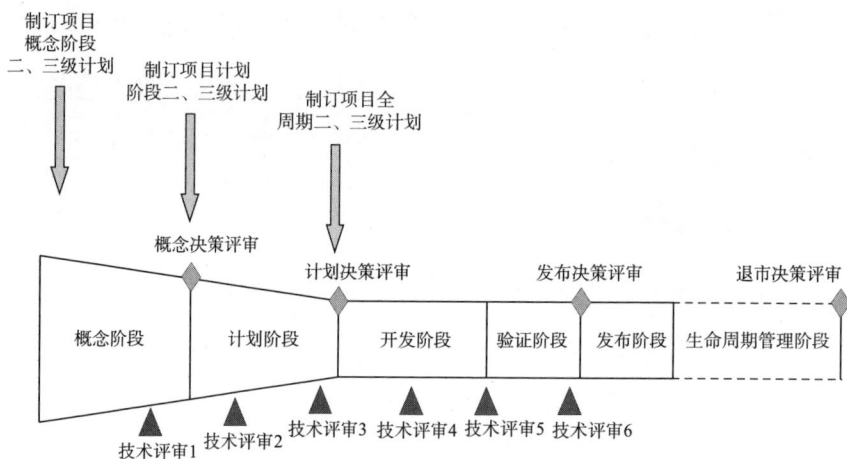

图6-2-7 分阶段的项目计划制订过程图

2.项目二、三级计划评审。

项目二、三级计划评审的责任主体是项目经理和项目核心组成员。

项目二、三级计划评审主要考虑以下方面：

（1）项目二、三级计划能否支撑项目一级计划；

（2）项目三级计划活动是否合理（唯一责任人，工时不超过40小时，有明确的输出件，有明确的评价要素）；

（3）项目二级计划关键路径是否存在风险；

（4）关键路径上的关键资源是否存在风险；

（5）是否存在隐性关键路径风险：

① 是否存在没有突破的核心技术和关键技术；

② 是否存在采购风险（长货期、产能不足、禁运）；

③ 团队成员是否达到相应的任职资格要求（需求分析和总体设计人员的任职资格要求一定要达到，不能高配）；

④ 外包是否存在风险。

3.项目二、三级计划监控及测评。

项目二、三级计划监控的责任主体是项目经理或核心组成员，项目经理一般通过项目团队成员周报、月报等方式及时了解项目二、三级计划的进展情况，尽早发现项目进展偏差并采取相关措施及时纠正。

项目二、三级计划测评主要考虑关键路径的二、三级计划纳入一级进行考评，非关键路径的二、三级计划主要考虑员工的任务完成数。

4.项目二、三级计划变更。

项目二、三级计划的变更，在不影响项目一级计划的情况下通过执行计划变更子流程（PCR）完成项目二、三级计划变更，变更后的计划要及时更新到项目基准计划。

第三节
如何进行研发项目绩效管理

▌问题思考

1. 项目绩效管理的考核指标是什么？

2. 员工绩效管理如何考核？

3. 一个人同时承担多个项目如何考核？

4. 如何保证基于团队绩效基础上的个人绩效考核？

▌如何对项目进行绩效考核

项目绩效考核分为项目经理的绩效考核和项目组成员的绩效考核两个层次。项目经理的绩效考核一般等同于项目的绩效考核，由项目管理部负责，项目组成员的绩效考核受其结果影响，项目组成员的绩效考核结果要按照公司规定的比例进行优、良、中、差的强制分布，项目考核结果不同影响强制分布的比例。比如，当项目考核优秀的时候，项目组成员优良的比例可以适度提高，中差的比例可以适度降低；当项目考核结果为差的时候，项目组成员优良的比例可以适度降低，中差的比例可以适度提高。

项目绩效考核通常包含以下六大方面的指标：

（1）项目交付指标；

（2）项目财务指标；

（3）项目共享指标；

（4）项目被共享指标；

（5）项目团队能力提升指标；

（6）项目经理能力提升指标。

表6-3-1为项目经理通常的KPI库。

表6-3-1 项目经理通常的KPI库

阶段 要素	研发阶段 （概念、计划、开发、验证、发布）	生命周期管理
交付	阶段计划完成率、开发周期	计划完成率
财务	阶段预算完成率 资源及时释放率	收入 回款 利润 投入产出比 投资周期
CBB共享	在×××等必须共享×××	
CBB被共享	形成×××；成熟度达到二级	成熟度达到三级
团队能力提升	人员任职资格提升一级	
个人能力提升	在×××方面提升个人×××业务能力	
基本行为准则	质量管理、冲突的及时解决、基本制度和流程的遵守等指标	

项目经理对项目组成员内部的考核指标主要从以下方面进行考虑：

（1）工作规范程度；

（2）是否出现重大质量事故；

（3）项目工作计划完成率；

（4）交付一次评审通过率；

（5）阶段预算完成率。

▌ 研发项目绩效考核的注意要点

项目绩效考核要与公司的绩效考核进行结合，项目绩效考核结果作为公司绩效考核的数据来源，项目绩效考核结果要能直接影响到员工与此项目相关的绩效工资。

项目绩效考核的责任主体是项目管理部，具体执行绩效工资发放的是人力资源部。

对于单一项目的强矩阵人员，其项目绩效考核结果直接由项目经理决定，报研究部或人力资源部发放绩效工资；

对于多项目的弱矩阵人员，各项目经理分别将项目考核的结果报研究部或人力资源部，由资源部门经理根据项目考核的结果，按照研发人员在各项目的权重分别给出各项目的个人绩效考核结果，并给出最终绩效考核结果，发送给相关项目经理确认后提交人力资源部发放其绩效工资。

下面是对项目绩效考核实施的几点建议：

（1）员工的绩效工资必须事先明确；

（2）项目要能划分为较小的子阶段，资源分阶段投入；

（3）每个人员在同一时间段参与的项目数不超过五个；

（4）每个人员参与多个项目时，最大权重的两个项目所占权重比例之和必须占60%以上。

第四节
项目管理部如何开展工作

▌ 问题思考

1. 项目管理部的职责有哪些？

2. 为什么要进行项目的分级？

3. 项目排序主要解决哪些问题？如何制订监控计划？项目排序的要素有哪些？

4. 多项目管理建设的演进步骤是什么？

5. 为什么要进行项目经验数据库的建设？怎样进行项目经验数据库的建设？

▌ 项目管理部的具体活动有哪些

企业发展到一定阶段，要求单项目管理和多项目管理分离。项目管理部主要承担多项目管理的工作，其职责主要包括项目管理体系建设、项目排序及决策支持、决议执行及资源调配、产品成本分析与控制、项目管理人员培养及绩效管理、计划监控与测评六个方面，如图6-4-1所示。

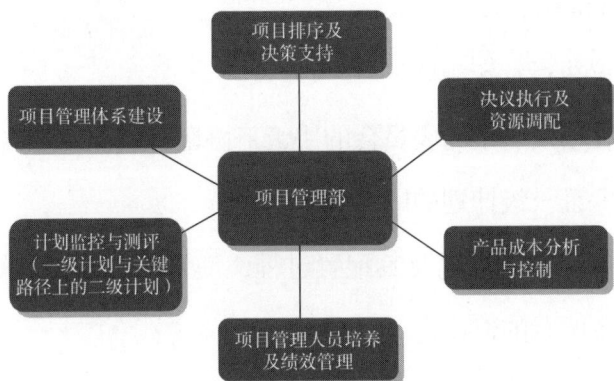

图6-4-1　融智项目管理职责模型

通常项目管理部的具体职责和活动如下：

1. 项目管理体系建设。

（1）建立和推行产品开发体系包括产品开发计划、方法、规范、流程和制度；

（2）建立一、二、三级计划模板（WBS，PERT，GANTT）、评价要素、经验数据库的建立及维护；

（3）指导、协助各PDT制订产品开发计划。

2. 计划监控与测评。

（1）项目一级计划监控及测评，以及计划更改的监控；

（2）根据研发项目进度总表和产品开发总体进度表，制订阶段评审计划（四大决策评审点），并组织阶段评审；

（3）管理资源线与产品线的合同，并在研发与市场委员会授权下进行协调和仲裁，具体交涉先由产品线和资源线及它们的办公室进行沟通。

3. 决议执行及资源调配。

（1）在研发与市场委员会的决策下协调资源；

（2）保证一级计划的顺利进行；

（3）优化资源计划及其配置过程，使资源的配置及时准确，并提出资源配置的建议；

（4）建立企业项目资源池和人员资源池。

4. 项目排序及决策支持。

（1）建立项目排序原则及提出项目排序的建议；

（2）关键资源的需求分配建议。

5. 产品成本分析与控制。

（1）成本分析、监控及预警；

（2）对项目的投资及投资回报率等经济情况进行综合分析和评审，向研发与市场委员会及企业相关部门提交评审报告。

6. 项目管理人员培养及绩效管理。

（1）进行项目绩效管理；

（2）项目管理人员的任职资格认证和培养；

（3）产品线及产品经理的项目管理任职资格认证和培养。

如何进行项目分级

当公司的项目越来越多的时候，项目管理部或高层领导已经没有足够的精力关注所有项目的进展，此时，要对项目进行分级以便于授权管理。例如，某公司将项目分成三级。

A级项目：公司级重点关注和管理的项目。

主要包括新产品的首发项目，新客户群的首发项目，投资金额超过一定规模的项目或者跨产品线协调的项目。

B级项目：产品线重点关注和管理的项目。

主要指产品线自己可以解决的跨产品的项目。

C级项目：产品经理或者项目经理自己管理的项目。

主要是产品经理管理的项目内部的C类更改，或者是可以独立解决的小项目。

如何进行项目排序

公司的资源永远是有限的，为了提高人均效益和降低成本，公司应该分期、分批地开展项目。此时，哪些项目必须马上开展获得资源，哪些项目可以暂时停止，等公司释放资源后再开展，项目排序便成为项目管理部重要的工作内容。

项目排序要素可以参考市场吸引力、竞争地位和财务回报三大方面11个要素进行选择和权限设置。

（1）市场吸引力：

① 市场规模；

② 市场成长性；

③ 战略价值；

④ 竞争激烈程度。

（2）竞争地位：

⑤ 市场份额；

⑥ 产品优势；

⑦ 品牌优势；

⑧ 成本结构。

（3）财务回报：

⑨ 开发费用；

⑩ 税前收入及增长率；

⑪ 现金流贡献。

项目的排序要素和权重并不是一成不变的，根据企业每年的战略重点的不同，企业每年项目排序的要素和权重可以不一样。

▌ 如何进行资源配置管理

资源配置管理是公司项目管理的重点工作，是项目管理部进行项目计划评审的基本依据。资源配置管理主要包括：

（1）建立企业项目资源池和重要资源池；

（2）建立资源使用内部核算原则，将资源使用纳入项目成本管理；

（3）建立资源等级与活动匹配映射表，保证投入项目的资源质量；

（4）收集各项目的资源需求；

（5）进行资源投入各项目的管道管理，对项目提出资源配置建议；

（6）优化各项目资源配置，并制订公司资源需求计划。

▎ 如何进行项目经验数据库建设

项目管理部要建立项目经验数据库，并在项目管理过程中逐步积累项目经验数据，为以后的项目计划制订提供参考，同时也为项目计划评审提供依据。经验数据库的建设主要包括以下内容。

（1）搭建项目经验数据库框架：要与流程及相关活动相结合，还要与交付物所处的货架层次相结合；

（2）收集项目经验数据库数据：通过实际项目的运行，收集相关项目原始数据；

（3）项目经验数据库的整理和优化：通过建立相关激励制度和政策鼓励项目组进行项目工作优化，同时形成较为准确的项目经验数据；

（4）项目经验数据库例行应用：提供项目计划制订的历史数据参考；提供项目计划评审依据；识别项目流程关键路径并进行优化，提高平均产出效率；

（5）项目经验数据库例行维护和优化：不断积累和优化项目经验数据库。

第 **7** 章

Chapter 7

技术管理和平台管理

并不是技术越多越好，而是拥有核心技术和关键技术越多越好，企业预研必须基于核心技术和关键技术进行立体研发，反对核心技术和关键技术外包，一般技术和通用技术可以外包，同时，要建立平台和货架，基于平台和货架进行开发。

本章精华

1. 技术分为四类：核心技术、关键技术、一般技术和通用技术。

2. 技术并不是越多越好，而是拥有核心技术和关键技术越多越好，一般技术和通用技术最好进行合作或外包。

3. 产品开发与技术开发分离，在产品开发中如果有核心技术和关键技术没有开发完成，应先进行预研。

4. 公司的预研应该着眼于核心技术和关键技术，公司对外包的技术开发应进行严格的评审，避免核心技术、关键技术外包，一般技术、通用技术可以外包。

5. 产品开发应从成熟的技术货架上采用成熟技术并尽量实现共享技术和产品平台。

6. 平台通常不是规划出来的，而是后向梳理，先做减法，找共享，然后重新整理和开发，再去规划。

7. 技术开发对预研的结果考核要宽松，过程考核要严格，尤其是对文档的及时管理和归档要严格考核。

8. 进行预研和平台开发的人员级别要高，要有丰富的产品开发经验。

9. 预研团队不能长期做技术开发，不做产品开发，研发人员要从预研项目开发流动到产品开发，以实现技术成果的产品化。

10. CBB和产品平台有区别，产品平台是经过成熟度评估并有大量市场应用的CBB。

11. 成熟度评估分为五级：原理样机、工程样机、小批量、批量、转生产，原理样机属于预研，工程样机属于产品开发。

第一节
技术分类及管理策略

▌ 问题思考

1. 为什么产品开发中不允许有没有解决的核心技术和关键技术？

2. 为什么技术外包要进行严格的评审？

3. 如果产品开发中有没有解决的技术问题，又不能暂停产品开发，怎么办？

4. 如何避免产品开发中出现没有解决的技术问题？

5. 技术是否越多越好？

▌ 产品开发与技术开发为什么要进行分离

产品开发要准确、快速、低成本地满足客户的需求，产品开发团队不仅包括技术团队，还包括市场、采购、中试、生产等其他团队。由于技术开发立足于原理，存在风险，如果某一项技术在产品开发前没有完成突破，整个产品开发团队为了等待这项技术的突破出现停工，会导致产品出现以下问题。

（1）产品不能按期推出，如果市场发生了变化，则产品的功能需求和竞争需求要重新分析；

（2）个别项目组影响全体项目组，导致资源的浪费；

（3）产品周期增加后，管理难度较大；

（4）不确定性因素增加，导致许多人无绩效工资。

因此，一般公司采用的办法是将产品开发与技术开发分离，即事先通过产品的路标规划对需求的技术进行分析，提出技术发展规划，开展技术预研。这样在产品开发时，需要的技术已经完成了前期开发，减少了产品开发风险，缩短了产品开发周期。

如果由于技术规划不准确或者没有技术规划，甚至客户临时改变计划导致产品开发过程中存在没有解决的技术问题，这时决策层应该对产品开发的风险进行预估，通常的解决办法是：

（1）对能够外包的一般技术和通用技术进行外包；

（2）产品开发暂停，先做技术预研，如果有两种以上的技术没有解决，则要分别成立项目组进行预研；

（3）产品开发与技术攻关同步进行。对必须要开发又不能外包的核心技术、关键技术，要同步进行技术攻关，如果有不同的技术路径，可以由两个团队进行开发，甚至允许多个团队同时进行技术攻关，以解决产品开发中的技术风险。

技术预研团队一般放在预研部进行管理，预研完成以后整个团队和项目成果切换回产品线。由于管理要求比较严格、风险管控比较清晰，技术攻关一般放在产品线进行，由产品线代管，作为产品开发的一部分。

什么样的技术可以进行外包，什么样的技术必须自己开发，下一节将详细阐述。

▎ 如何识别核心技术和关键技术

通常一般企业存在这样的误区：

（1）认为技术人员越多越好；

（2）自己不能解决的技术进行外包或委托开发，自己能做的技术自己进行预研和开发。

这种认识经常导致企业的核心技术和关键技术不突出，技术人员越来越多，企业研发的成本越来越高，产品缺少核心竞争力。如何对技术进行分类，什么样的技术能够外包，什么样的技术自己开发，什么样的技术开发过程中必须享有知识产权，这是每一个技术管理者必须明白的问题。通常我们将技术分为核心技术、关键技术、一般技术、通用技术四类，各类技术定义有各种各样的说法，本书的定义如下。

（1）核心技术：企业在一段时间内领先于竞争对手的独有技术，并且是在开发中占据重要地位的关键技术；

（2）关键技术：在产品开发中占据关键地位或在关键路径上的技术，它是不可缺少的，但不一定是独有的或不一定是领先的；

（3）一般技术：普通技术，有多种替换路径；

（4）通用技术：形成了使用标准的一般技术。

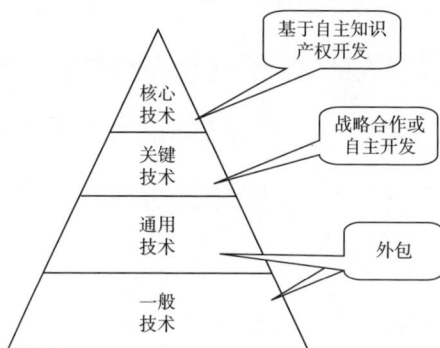

图7-1-1　融智技术分类与开发策略模型

技术分类清晰以后，对技术开发的策略如图7-1-1所示。

（1）对核心技术一定要进行技术规划，为了阻拦对手对支撑公司关键产品的核心技术，要进行立体开发，即几个团队对后几代产品同时进行开发以阻拦对手的发展；

（2）对核心技术必须进行知识产权保护，在与别的公司进行合作开发技术时，如果涉及核心技术，要么对该技术进行绝对控制，要么知识产权归自己所有；对关键技术，如果有合作伙伴则要对其进行控股；

（3）核心技术、关键技术允许预研，一般技术、通用技术不允许预研，技术外包时要进行严格的评审，避免核心技术、关键技术外包；

（4）针对一般技术、通用技术最好采取合作外包的方式。当然，将一般技术、通用技术组合成技术平台，此平台具有竞争力，也可成为核心技术、关键技术的一部分。因此，核心技术和关键技术要纵向发展人员，一般技术、通用技术要横向发展人员。

业界经常对核心技术、关键技术、独有技术产生误区，认为自己的独有技术或关键技术就是核心技术，其实核心技术具有以下六个特征。

（1）独有性：领先于竞争对手的独有性；

（2）竞争性：该技术所产生的独特功能是产品的主要竞争要素，如功能和性能、成本降低、周期缩短、客户容易使用、可维护、使用成本低、质量稳定等；

（3）可拦截性：一段时间内竞争对手跟不上；

（4）不可替代性：一段时间内没有替代技术；

（5）可管理和可保护：有专利和竞业协议保护，形成了知识产权或标准；

（6）产生价值：能大大提升核心竞争能力和实际经济效益。

核心技术与关键技术和独有技术的区别如下。

核心技术一定是关键技术，但是关键技术由于不具有独有性，甚至不一定是领先的，因此关键技术不一定是核心技术；

独有技术有可能是核心技术，但是很多独有技术不一定能创造价值、也可能不能拦截竞争对手的发展，或者只是为了完成某一个技术路径，而盲目创新，根本无法构成核心技术，因此不要将独有技术当成核心技术；公司不是技术越多越好，而是拥有核心技术和关键技术越多越好；通过一般技术组合的技术平台越多越好，而一般技术和通用技术最好外包。

由于技术分类不清晰，有些公司依然犯以下错误：

（1）将独有技术与核心技术混淆，将其视为核心技术；

（2）将核心技术和关键技术外包，而做一般技术与通用技术；

（3）核心技术和关键技术外包时不重视知识产权；

（4）在一般技术和通用技术上大量创新，而对核心技术和关键技术投入不足。

建议这些公司马上进行技术分类、技术梳理、核心技术与关键技术的识别，至于如何对技术进行分类、识别、规划、管理，详见融智即将出版的《核心技术管理》。

第二节
技术开发管理

▍ 问题思考

1. 技术开发流程分为哪几个阶段？
2. 如何进行技术开发的项目管理？

▍ 技术开发的流程分成哪几个阶段

由于技术开发着眼于技术和原理，具有一定的风险性，因此，其流程和项目管理与产品开发在原理上虽然同样分为六个阶段，但交付成果、管理模式和项目开发团队均有所区别。

技术开发的流程一般分为技术项目立项、项目研发、项目成果验证、项目成果发布和货架管理五个阶段，如图7-2-1所示。

1. 技术项目立项阶段。

本阶段的输入来源是技术战略规划、产品路标规划、平台规划、有技术问题没有解决的产品开发；本阶段主要完成技术需求分析、技术规格说明书、概要设计、项目计划和可行性分析。

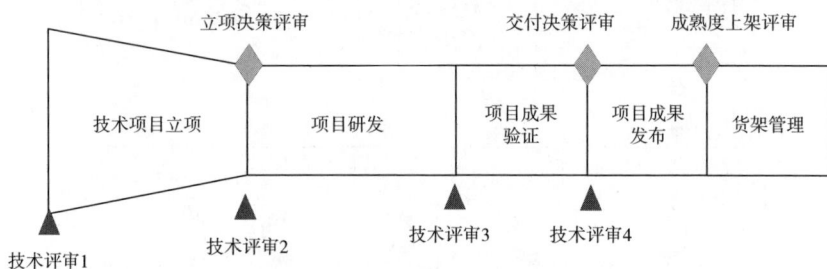

图7-2-1 技术开发阶段流程

2.项目研发阶段。

本阶段主要根据概要设计完成研发详细设计并选择验证用户，修改项目计划。

3.项目成果验证阶段。

本阶段主要完成测试、验证、成果化计划并修改项目计划。

4.项目成果发布阶段。

本阶段主要完成项目的成果发布，选择产品试点，对技术进行成熟度评估，完成项目总结。

5.货架管理阶段。

将通过成熟度评估后的技术放入货架，同时根据需要进行技术更改。

各阶段的详细输入和输出如图7-2-2所示。

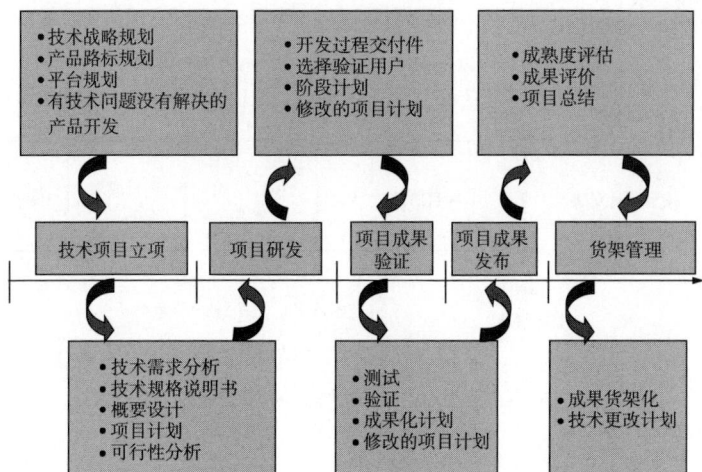

图7-2-2　技术开发各阶段的输入和输出

▌ 如何进行技术开发的项目管理

技术开发的项目管理与产品开发项目管理在计划制订、项目管理、绩效管理、营销等方面是不同的。

（1）计划制订：产品开发的计划一旦在计划阶段确定，计划是不可更改的，计划按照严格的周期分布；技术开发尤其是预研项目，每个阶段制订每个阶段的计划；

（2）技术开发的项目经理通常是研发人员，技术开发的团队规模一般比较小；产品开发的项目经理通常是产品经理，产品经理不一定由研发人员担任，也可能是市场经理担任；

（3）产品开发对过程和结果的考核都非常严格，一定要对结果负责；技术开发的过程考核严格，技术开发的结果允许失败；

（4）产品开发的客户经理所面对的一般是外部真正的客户，技术开发的客户方一般是应用其成果的产品经理。

业界对技术管理的认识存在误区。

有些企业认为技术管理，尤其是预研管理的考核要宽松。其实这种认识具有一定的片面性，对技术管理，尤其是预研技术管理的考核，考核结果要宽松，考核过程要严格，这样做的原因是我们面临的创新不是颠覆性的创新，更多的是技术应用的创新和继承性的创新。

如何实现继承性创新？

第一，要执着和勤奋，在技术创新过程中会面临很多困难和意想不到的因素，不要遇到问题就退缩，要坚信能够找到解决问题的办法。

第二，不断验证、测试与仿真。

第三，要与客户交流，在客户的批判中不断进步。这种客户更多的是指应用客户，甚至是内部客户。

第四，要注重文档的归档和更新。文档要强调可用性、可继承性，能够被别人用，让后来者可以接续下去。

产品研发管理（第二版）

第三节
平台管理

▌ 问题思考

....

1. 为什么要建立平台?

2. 平台的形成过程是怎样的?

3. 如何进行平台的激励和考核?

▌ 平台的定义及作用

....

今天的企业，没有规模大小之分，只有发展快慢之分和成本高低之分!

企业发展到一定阶段的时候，就要进行多元化发展，扩展多个客户群。这时为了快速满足多个客户群的要求，企业必须建立公共共享平台和技术平台，在公共共享平台的基础上加入客户个性化的部件和组件，在不影响客户差异的前提下，尽量共享公共部件，快速、高质量地满足客户的需求。因此产品平台战略是企业发展的必由之路，其发展过程如图7-3-1所示。

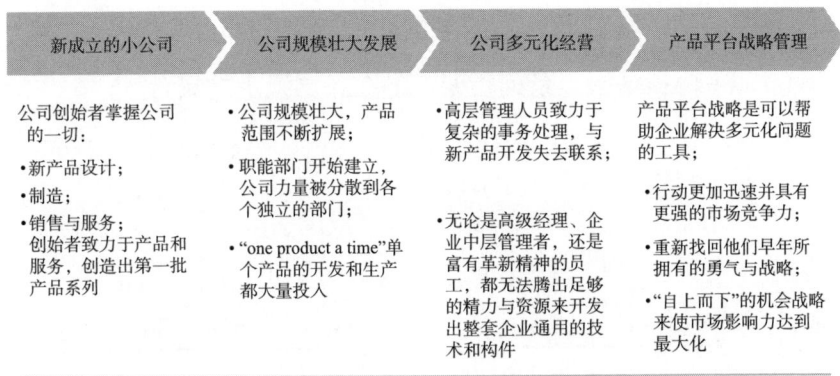

新成立的小公司	公司规模壮大发展	公司多元化经营	产品平台战略管理
公司创始者掌握公司的一切： •新产品设计； •制造； •销售与服务； 创始者致力于产品和服务，创造出第一批产品系列	•公司规模壮大，产品范围不断扩展； •职能部门开始建立，公司力量被分散到各个独立的部门； •"one product a time"单个产品的开发和生产都大量投入	•高层管理人员致力于复杂的事务处理，与新产品开发失去联系； •无论是高级经理、企业中层管理者，还是富有革新精神的员工，都无法腾出足够的精力与资源来开发出整套企业通用的技术和构件	产品平台战略是可以帮助企业解决多元化问题的工具： •行动更加迅速并具有更强的市场竞争力； •重新找回他们早年所拥有的勇气与战略； •"自上而下"的机会战略来使市场影响力达到最大化

图7-3-1

企业要建立这种平台战略，首先要建立公共基础模块，同时建立技术货架和产品货架，明确货架产品，建立产品成熟度的评估标准，建立鼓励平台形成和使用的激励机制，关于公共基础模块、货架、货架产品、平台的定义及相互关系如下。

（1）公共基础模块（Common Building Blocks，CBB）：是指在不同产品、系统之间共用的零部件、模块、技术及其他相关的设计成果；

（2）货架：是指将公司的所有产品和技术按照一定的层级结构统一管理起来，以利于产品开发时方便共享以前的成果。不同层级的产品或技术都是货架的一部分，在产品开发设计时就可以参考货架上的产品和技术，看哪些是能够直接应用的，这样就能方便地、最大限度地实现共享，减少重复开发造成的浪费；

（3）货架产品：是指成熟度达到一定程度（例如小批量）以

上的CBB就可以放到货架上，成为货架产品；

（4）平台：是指一系列货架产品在各层级上的集合。

产品开发、公共基础模块与货架、平台的关系如图7-3-2所示。

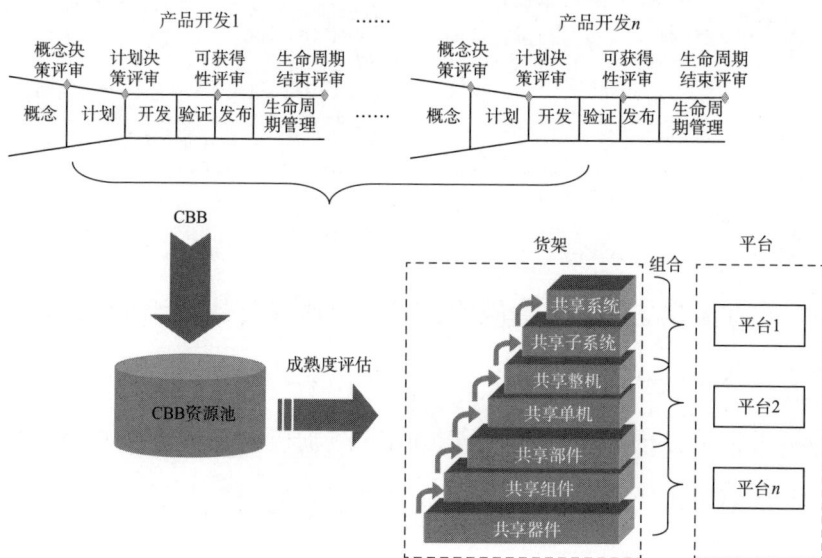

图7-3-2　产品开发、CBB、货架和平台关系图

CBB和平台有区别，产品平台是经过成熟度评估并有大量市场应用的CBB。成熟度评估分为五级：原理样机、工程样机、小批量、批量、转生产。原理样机属于预研，工程样机属于产品开发，原则上大量共享的CBB应进行平台开发。

如果大量共享产品平台，将会给企业带来大量的好处：

（1）平台中的通用技术和基础构件被大量共享，公司用于平台建设的投资获得了充分保护，新的产品系列开发只需要在平台的基础上增加新的特性；

（2）增加新特性的费用和资源只占开发最初平台费用的很小部分；

（3）平台可以使产品中的构件和模块更加容易获得，从而极大地降低研发和生产成本；

（4）平台的公共基础模块可以更加迅速地与新型技术、组件统一起来，这样能够更加迅速地对市场新兴机会做出反应；

（5）基于平台，可以通过使用更有效的开发流程和更快速地基础模块更新来缩短产品的开发周期。

▍平台的形成过程

形成货架及平台有两条路，一条路是根据需求形成平台规划，另一条路是总结和沉淀。

根据需求形成平台规划之路一般比较难，只有那些具有较强的分析能力和良好的现金流来源以及明确的新产品架构的企业才能采取这种模式、这种模式通常通过产品路标规划和技术路标规划，规划出平台，然后在此平台的基础上开发产品。

通常来讲平台很难规划，一般都是经过多个项目的发展进行公共模块共享的分析、抽取，形成一个基础的平台版本；在这个平台版本的基础上，加上客户个性化的需求和特性，开发新的产品；在新产品的基础上，不断通过成熟度评估和量的积累，将新增加的需求和特性加入平台中，逐步完善平台并清晰平台的需求，所以企业通常的做法是经过沉淀形成平台。

货架及平台形成的步骤如下。

第一步：产品树分解。

将产品按照七层货架进行分解，一直分解到能够找到标准化的、不再开发的货架产品为止。图7-3-3为产品树分解案例。

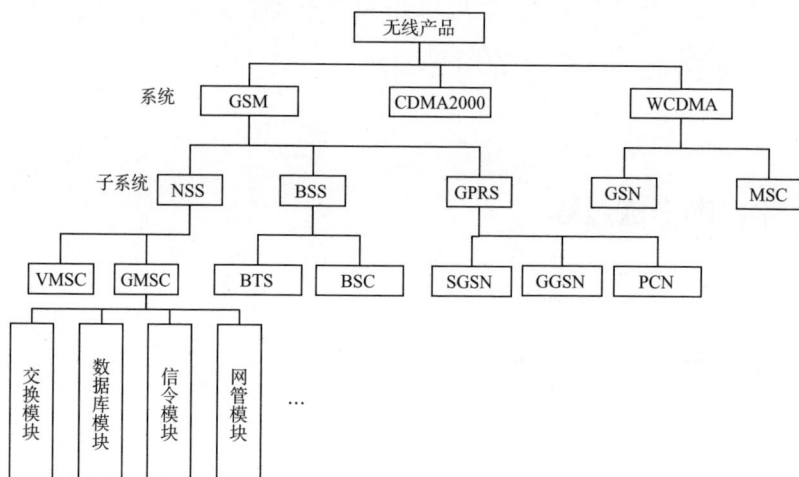

图7-3-3　产品树分解

第二步：技术树分解。

将技术按照专业、技术及子技术层次分解到无法分解为止，要分解到技术路径，以便发现可以共享或替代的技术。图7-3-4为技术树分解案例。

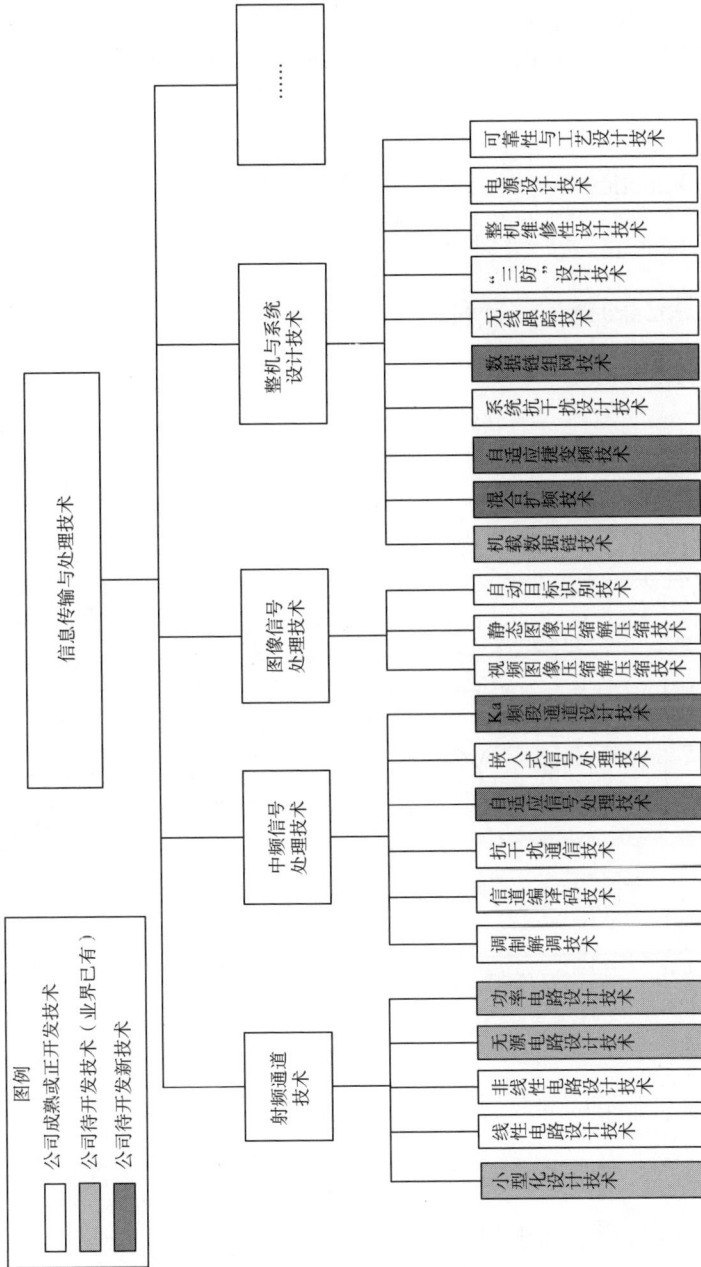

图7-3-4 技术树分解

第三步：产品树与技术树对应分析（FFBD），如图7-3-5所示。

FFBD：是将产品功能转换为技术需求的一种工具。FFBD分别为：

F：Function　功能；

F：Feature　技术特性；

B：Breakdown　分解；

D：Definition　定义。

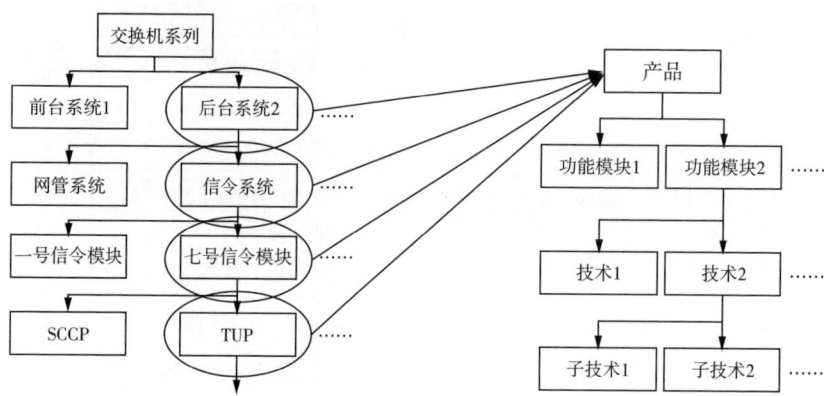

图7-3-5　产品树与技术树对应分析（FFBD）

第四步：找共享的技术和模块。

将每个单机产品，按照单机、模块、组件进行FFBD分解，直到找到技术和子技术。如图7-3-6所示。

第五步：将共享的模块和技术进行梳理，进行标准化和做一些上层开发，形成初步的货架。如图7-3-7所示。

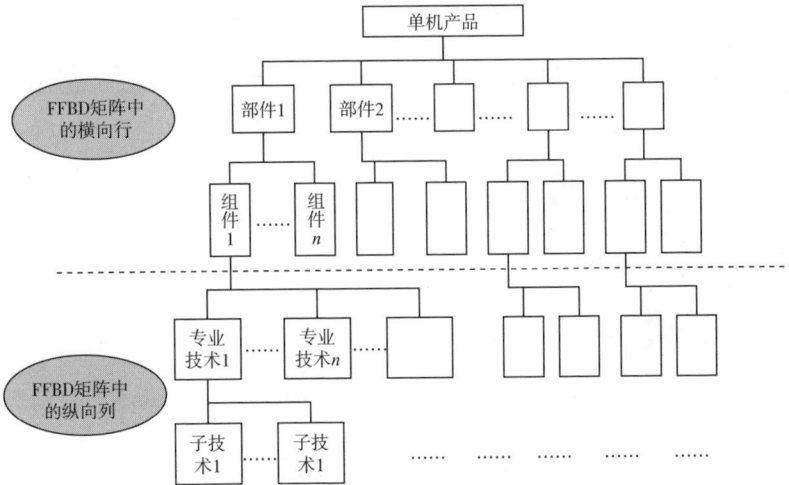

图7-3-6　周辉产品的FFBD分解模型

图7-3-7　某公司FFBD货架示例

第六步：对开发的平台进行验证。

第七步：不断优化完善平台。

【案例】某大型通信公司平台形成的步骤

（1）每做三个定制项目做一次减法，进行一次CBB的分析；

（2）CBB的分析由各项目的系统级工程师执行，公司统一评审；

（3）通过减法形成CBB，建立一个平台开发小组，先完成一个产品的公共模块（V1）；

（4）新的R版本或M版本的产品开发必须在V1的基础上加入客户个性化的特性需求形成针对客户群的系列产品，即R系列：R1、R2、R3；

（5）个性化的特殊需求版本经过一段时间的积累和成熟度评估后，如果也存在一定数量的需求，就逐步沉淀进V中形成V2；

（6）重复第四步骤，在V2的基础上逐渐形成新的R版本系列R4、R5、R6；

（7）重复第五步骤，将R4、R5、R6沉淀形成V3。如此反复，如图7-3-8所示。

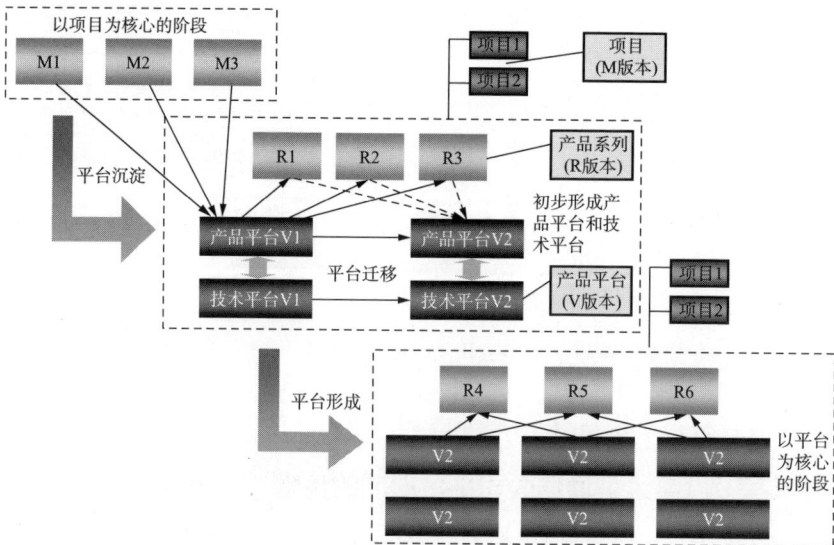

图7-3-8　周辉公司平台形成步骤模型

▌ 如何鼓励和激励平台的开发

由于平台开发时间长，需要高手进行投入，短期之内很难见到成效，因此企业必须建立起对平台的激励办法。企业对平台的激励办法可以有如下几条路径。

1. 通过任职资格进行牵引。

通过任职资格对各级人员进行规范和定义，没有做过平台的人员不能进行升级。

2. 将平台进行内部定价。

对开发和使用平台的人员，公司都给予价格补贴。

3. 平台可以对非竞争的客户进行外部销售。

产品平台做到一定程度以后，可以卖给外部与自己的整体解决方案和上层产品结构没有竞争关系的对手，以获取合理的收入。

4. 对平台开发给予战略补贴和特别激励。

具体的详细方法和操作步骤见《核心技术管理》。

新产品开发的营销管理

产品卖点、产品命名、商标及样板点建设和产品前三单销售是产品开发团队的责任。公司高层领导前期要多参与产品营销策划、设计卖点和建立样板点，并亲自负责前三单的销售。卖点包括产品包、工具包、服务包和礼品包四个包的设计。

本章精华

1. 新产品的营销开发是产品开发的一部分，主要完成产品的卖点设计、商标、命名、宣传策略、推广策略及样板点的形成和销售工具包，并完成对销售人员的培训，其责任主体是产品开发团队，而不是销售人员，产品开发只有完成上述工作并对外发布以后，研发工作才结束。

2. 新产品开发的前三单客户也是产品开发的一部分，必须由公司高级别的人员完成，而不是交给客户经理或区域经理去销售。

3. 产品的卖点根据$APPEALS模型，设计为四个象限和四个包；四个包包括产品包、工具包、服务包、礼品包。

4. 产品的卖点设计不仅要考虑技术卖点和功能卖点，还要考虑给客户带来了什么好处，解决了什么问题，客户最关心的要素是否解决了。

5. 产品的定价要根据竞争对手的情况和客户的类别给一个产品设计不同的定价。

6. 客户满意度不是越高越好，要分析价值客户、利润客户、非利润客户、大客户和战略客户，价值客户的满意度必须达到100%，非战略客户和非利润客户的满意度则不要超过50%。

7. 产品经理要建立营销的"六五六"工程：六个资料库、五个对象和销售工具包的六个文档。

8. 六个资料库指案例库、问题库、产品资料库、市场资料库、需求库、竞争对手资料库。

9. 产品销售工具包包括销售指导书、售前胶片、产品"一纸禅"、成功案例分析、常见问题和产品配置六个文档。主要目的是通过规范的资料培训销售人员，营造产品进入市场进行大量销售的基本条件。

10. 产品推广有五种手段，这五种手段主要指：公司展厅、展览会、样板点、研讨交流会、广告网站网页软性文章。

11. 公司高层领导、产品经理、市场经理和客户经理都要进行客户关系的维护和开拓，产品经理和系统级工程师要对技术型的客户进行开拓和维护。

产品研发管理（第二版）

第一节
卖点分析及产品宣传策略

▌ 问题思考

1. 怎样确定产品的卖点？

2. 卖点与给客户带来的好处的区别是什么？

3. 如何进行产品的宣传？

4. 产品命名和商标管理的注意事项是什么？

▌ 怎样帮客户寻找购买产品的理由

客户为什么要购买我们的产品？我们的首要任务是帮助客户寻找购买我们产品的理由，即我们产品的哪些方面比竞争对手强，我们要整理出来让客户说服自己或说服决策者购买我们的产品。通常说服客户或决策者购买我们产品的依据就是卖点，比如奔驰的卖点是乘坐舒适，宝马的卖点是驾驶流畅，沃尔沃的卖点则是安全。

低价并不是产品的唯一卖点，有的客户更关心产品的功能和性能，有的客户更关心服务和可靠性，有的客户更关心维护成本，有的客户甚至只关心品牌。因此，卖点在产品开发时就应该设计，以此指导产品开发选择什么样的功能和技术，以区别竞争对手的产品，避免同质化竞争，所以卖点首先是设计出来的，而不仅仅是整理出来的。

如何设计并整理卖点

在设计和整理卖点的时候，通常研发、市场和销售人员共同参与，共同回答以下问题：

（1）产品的市场定位是什么？

（2）产品的竞争对手是谁？

（3）凭什么能够打败对手？

（4）打败对手的核心要素是什么？

（5）客户或购买者最关心的要素是什么？

（6）我们这些要素是否领先竞争对手？

因此，设计卖点的首要任务是分析客户需求，通常按照前述的$APPEALS模型分析客户需求：

（1）功能是否比竞争对手强？

（2）性能是否比竞争对手强？

（3）可靠性是否比竞争对手强？

（4）服务是否比竞争对手强？

（5）交付速度是否比竞争对手强？

（6）易用性是否比竞争对手强？

以上问题形成产品卖点设计的四个包，我们要倡导好产品即营销，在产品开发中要设计四个包，尤其要重视产品包的功能和性能领先。当产品包与竞争对手一样时，我们要设计工具包和服务包，只有当三者和对手都无区别时，才设计礼品包，即考虑产品的品牌及渠道、促销和客户关系。如图8-1-1所示。

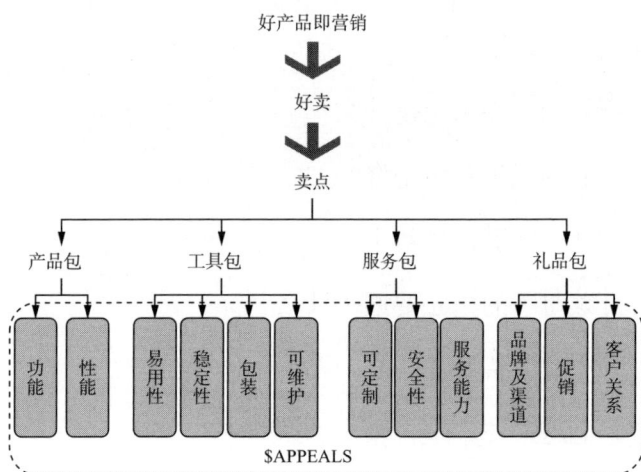

图8-1-1　周辉产品卖点设计四个包模型

我们产品开发经常犯的毛病不是事先设计产品卖点，而是根据自己的技术开发产品，结果通常产品开发出来以后陷入产品同质化竞争的尴尬境况。所以整理卖点的时候要注意以下几点要求：

（1）不要依赖客户关系和价格，而是要根据客户的需要设计出客户所关心因素的优势；

（2）卖点是针对竞争对手来说的；

（3）每一种产品针对每一个竞争对手的卖点可以是有差别的；

（4）卖点整理是所有营销活动的基础。

如何进行产品宣传

当设计和整理完卖点以后，要根据不同的客户对象进行产品宣传，产品宣传要做的工作主要包括：

（1）产品命名和商标管理；

（2）通过FFAB将产品的功能卖点、技术卖点、优点和给客户带来的好处整理出来。

产品命名和商标管理

产品命名通常犯的错误是以产品的型号来命名。例如路由器3600等，既不考虑产品的卖点也不考虑与公司的商标统一。通常产品命名应该注意以下几点。

（1）产品命名应将技术语言转变为市场语言。如华为最初做来电显示的时候，取的名字是主叫识别，这是一种技术语言，很多人不明白什么是主叫，什么是被叫，后来改名叫来电显示，一下推广开来。

（2）产品命名要突出卖点。比如华为做的路由器，为了和竞争对手区别开来，取名为快车道（Quick way），突出了产品的卖点。

（3）产品命名要保持统一的品牌形象。

（4）产品命名应该避免与不好的方言、俚语、简称吻合或类似。

产品宣传的FFAB策略

当整理完产品卖点以后，并不是所有客户都要了解产品的技术和功能，更多的客户只想知道产品的优点及产品带来的好处。因此我们有必要将产品的技术卖点、功能卖点与优点，以及产品给客户带来的好处进行明确区分，以使客户准确决策。采用FFAB工具进行产品宣传，FFAB在市场章节有所描述，如图8-1-2所示，这里再强调一下。

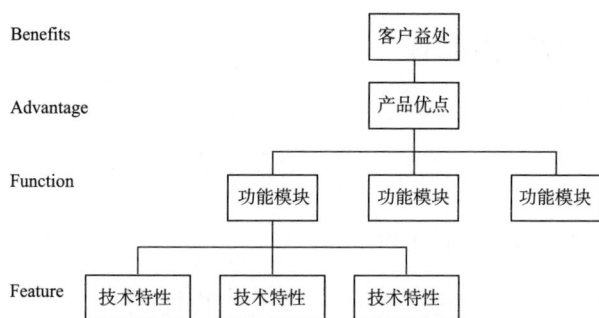

图8-1-2　融智FFAB模型

- Feature：技术卖点。
- Function：功能卖点。

- Advantage：功能带来的优点。

- Benefits：这些优点给客户带来的利益。

FFAB的注意事项

（1）如果客户非常熟悉技术，我们应该讲清楚FFAB，如果客户对技术不熟悉，只对优点和好处感兴趣，我们应该讲清楚BAF，更多的是强调Benefits和Advantage。

（2）客户经理应该掌握Benefits、Advantage、Function。

（3）市场经理应该掌握Benefits、Advantage、Function、Feature。

（4）技术经理应该熟悉技术实现的路径。

（5）严格区分产品优点和产品优点给客户带来的好处，防止不能给客户带来好处的优点占据产品开发的位置。

第二节
产品定价策略

▌ 问题思考

1. 怎样进行产品定价？

2. 产品定价的步骤是什么

3. 针对特殊市场如何定价？

▌ 定价的误区及原则

产品定价通常都是商务或财务人员的事情，并且是在产品开发以后再进行产品定价，有的定价方式甚至更简单，在成本上乘以系数，还有的甚至不顾成本，直接按照竞争对手的价格进行定价。其实，我们在定价的过程中，应该注意以下几点。

1. 在产品设计时，考虑产品成本及价格下滑的趋势，来确定产品的总体方案。

2. 产品完成后，最好将产品设计成不同的配置，按照配置进行定价。

3. 如果产品有独特的部分，则要有效管理印象价格，独特的部分定价高，共有部分定价低。

4. 要根据产品定位进行灵活定价，如果产品要利润，可以定高价，如果产品要规模，则要定低价，如果产品要阻拦对手，则要定更低的价格。

5. 要充分考虑产品组合进行综合定价。

6. 要学会把很多价格藏在服务里面。

▍产品定价的步骤

通常产品定价的责任主体是产品经理、市场经理和财务人员，产品定价步骤包括以下六步。

1. 明确竞争对手的产品。

通常是寻找与自己产品定位最相似的竞争产品，对竞争产品进行分析，如果没有竞争的产品则可以找类似的产品进行比较，如果公司开发系列产品，则系列产品也是竞争产品。

2. 根据竞争对手已有的类似产品或已发布及即将发布的类似新产品的价格，建立价格拆分表，便于清晰地进行对比，找到产品定价的基本依据。

对产品的构成进行拆分，如设备产品可以拆分成硬件、软件和服务部分，硬件和软件部分都可以分成自制部分和OEM部分，必要时可以拆分成服务部分，将利润隐藏在服务中去，表8-2-1为某公司产品构成拆分模板。

表8-2-1　产品构成拆分模板

	硬件部分价格		软件部分价格		服务部分价格					条件部分价格	其他部分价格
	自制部分	OEM部分	自制部分	OEM部分	培训	安装	定制	升级	维护		
对手1/产品1											
对手2/产品2											
对手3/产品3											
我公司价格											
我公司成本											

3. 对产品进行比较定价分析，利用$APPEALS模型进行比较，从中得出决定产品价格的关键要素，梳理印象价格要素，确定产品的定价依据。

通过$APPEALS模型分析，如果在其他方面都比竞争对手强，则价格可以定高；如果其他方面都比竞争对手弱，而品牌又不够时，则采取低价准入的策略。

4. 对产品进行成本分析，不同的配置均需要进行成本分析。

当发现我们的产品成本比竞争对手高时，则要降低基本配置的价格，同时标准配置和定制的价格略高，以满足不同层次的客户的需要。表8-2-2为融智公司最低配置、基本配置、标准配置、增强配置、顶级配置、标准定制、定制的产品价格配置模板。

表8-2-2 融智产品价格配置模板

	硬件部分价格		软件部分价格		服务部分价格					条件部分价格	其他部分价格
	自制部分	OEM部分	自制部分	OEM部分	培训	安装	定制	升级	维护		
最低配置											
基本配置											
标准配置											
增强配置											
顶级配置											
标准定制											
定制											

5. 重新审视产品在公司战略中的位置和KPI，制定定价策略。

明确产品的定位和财务指标，当公司对产品需要的是利润时，不要轻易降价；当公司对产品需要的是规模时，则可以进行低价，或者按照产品的配置执行高配置高价、低配置低价策略。

6. 细化并验证定价策略。

新产品推出半年以后重新审核价格策略，至少每六个月进行一次价格核准，或根据竞争对手的情况调整价格策略。

如何根据客户分类调整定价策略和商务策略

通常我们将客户按照所能够承受的价格将客户分成以下几类。

（1）战略客户：指战略地位较高，能作为样板用户，可以带动别的客户消费的客户；

（2）利润客户：所能接受的价格给公司带来的利润大于机会利润的客户；

（3）非利润客户：所能接受的价格给公司带来的利润小于机会利润甚至不赚钱的客户；

（4）大客户：订单较多的客户；

（5）价值客户：既是战略客户又是利润客户也是大客户的客户。

五类客户之间的划分如图8-2-1所示。

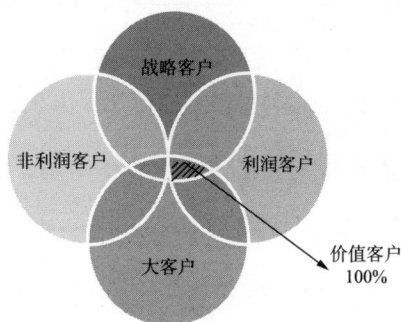

图8-2-1 周辉客户五类八象限模型

五类客户之间可能相互关联，其关联关系如表8-2-3所示。

表8-2-3 五种客户之间可能的关联关系

类 别	非利润客户	利润客户	大客户	战略客户	价值客户
非利润客户	√		可能	可能	
利润客户		√	可能	可能	可能
大客户	可能	可能	√	可能	可能
战略客户	可能	可能	可能	√	可能
价值客户		必须	必须	必须	√

我们按照产品定价对客户进行分类时应注意以下几点。

（1）避免大客户是非利润客户；

（2）避免非利润的战略客户太多；

（3）避免将战略客户等同于价值客户战略客户不一定是利润客户，但价值客户一定是利润客户。

（4）客户满意度并不是一味追求越高越好（如图8-2-2所示）。

① 价值客户的满意度必须达到100%；

② 既是利润客户又是大客户的满意度至少要达到95%；

③ 既是利润客户又是战略客户的满意度至少要达到95%；

④ 非利润客户的满意度可以低于50%或者不做要求；

⑤ 当客户既是非利润客户又是大客户时，要争取将其转变为利润客户或价值客户；

⑥ 要充分利用产品的组合策略，实现对价值客户的多产品销售。

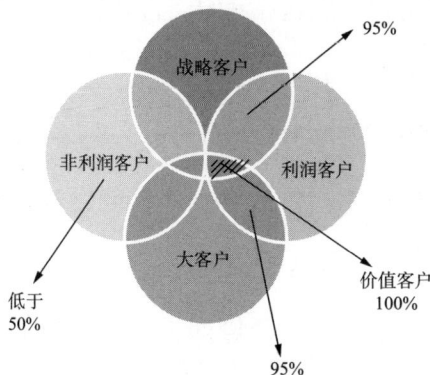

图8-2-2 周辉五类八象限客户满意度模型

第三节
产品营销及推广策略

▌ 问题思考

1. 如何做销售工具包？

2. 销售工具包包括哪些内容？

3. 新产品营销的推广手段有哪些？

▌ 如何进行产品营销及推广

通常产品营销和推广包括销售工具包体系建设的"六五六"工程及推广的五种手段。

"六五六"工程如图8-3-1所示。

六：指六个资料库，包括案例库、问题库、产品资料库、市场资料库、需求库、竞争对手资料库；

五：指五个对象，包括销售人员、区域总经理、市场经理、公司高管、客户；

六：指面向五个对象的六份文档，包括销售指导书、售前胶片、产品"一纸禅"、成功案例分析、常见问题和产品配置。

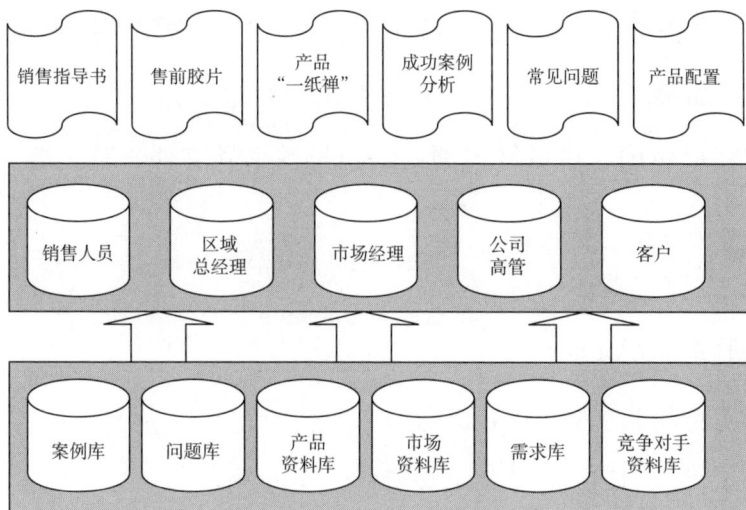

图8-3-1 销售工具包的"六五六"工程

产品推广的五种手段主要指：公司展厅、展览会、样板点、研讨交流会、广告/网站/网页/软性文章。如图8-3-2所示。

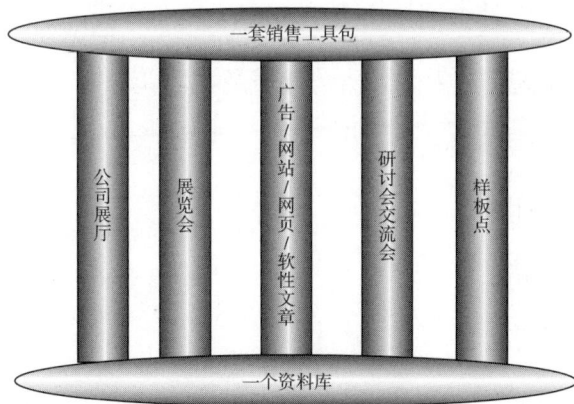

图8-3-2 产品推广的五种手段

▌ 如何写销售指导书

销售指导书包括产品战略定位、针对主要竞争对手的竞争策略、产品卖点、商务策略，主要是给产品线成员、营销负责人、区域客户经理、市场经理阅读的指导性纲领文件，其主要大纲如下。

（1）产品概述。

①产品定义；

②产品的市场定位；

③产品的独特之处和主要卖点；

④产品的主要功能和客户价值。

（2）目标市场和主要机会点。

①目标市场；

②主要客户典型特征描述；

③目标市场的主要机会点。

（3）主要竞争对手优、劣势比较及竞争策略。

①商务及服务策略；

②销售费用；

③价格策略；

④服务策略；

⑤培训策略；

⑥ 实施费用；

⑦ 升级策略。

（4）典型用户。

（5）产品负责人及联系方式。

我们撰写销售工具包时的注意事项。

（1）产品的功能卖点和给客户带来的好处要有所不同，产品的功能主要立足于产品本身，给客户带来的好处立足于给客户带来的直接和间接效益。

（2）产品定位的不同决定了营销策略的不同，产品定位包括以下四种：

① 既要规模又要利润；

② 要规模的同时兼顾利润；

③ 阻拦对手；

④ 产品配套。

（3）要通过$APPEALS模型整理卖点并培训销售人员，目的是使销售人员在介绍产品卖点时可以脱口而出。表8-3-1为Y公司和D公司进行产品优势、劣势比较分析后整理出的要点。

（4）产品的策略不仅包括营销策略，还包括服务策略和升级策略，将常见的商务问题、技术问题和销售问题进行整理放入销售工具包中，便于销售人员进行统一回答。

表8-3-1　Y公司与D公司的产品优劣比较分析

竞争分析		优势	劣势	相当	主要竞争策略
Y公司与D公司产品的比较	价格	付款方式比较好	交付价格、服务价格略贵	总体价格一致	强调付款方式，如果是重要的价值客户可适当降低价格与D公司一致
	可获得性	渠道广		在样板客户、交货期、定制客户上一致	在竞争时充分发挥渠道作用
	包装	手册、UI设计、内外包装上占优势			强调UI设计及手册
	性能	用户数多、数据量大	实用性、扩展性、开放性较差		强调用户量、数据量，尤其是针对大客户的时候
	易用性	界面和可操作性比D公司强			强调易学习、易使用，即学即会
	保证（成熟度）			基本相当	强调服务能力和区域配置、响应速度
	生命周期（服务）	培训、可维护性、升级成本优于对手			强调可维护性、培训、升级成本
	社会接受程度（品牌政策）			基本相当	强调在政府部门的影响力

（续表）

竞争分析	优势	劣势	相当	主要竞争策略
我方卖点	1. 功能、性能好，尤其是用户的数据量大 2. UI设计及手册好，易学、易使用 3. 区域的配置能力及服务能力好，响应速度快 4. 培训好、易维护，升级成本低 5. 价格一致，但付款条件好 6. 有一定的政府部门影响能力			
注意事项	1. 避免在扩展性、开放性上细化，强调大家一致即可，或者用版本的升级来弥补扩展性、开放性上的不足 2. 对重要的客户和价值客户，尤其是重点关注价值的客户在公司授权的前提下适当降低交付价格，通过服务价格弥补 3. ……			

▍如何写售前胶片

售前胶片根据客户经理、市场经理、技术经理分为三套，层次由浅到深，逐步引导客户，针对不同对象，定义如下：

（1）客户经理使用的胶片。

① 面向对象：客户经理、公司高管、省办主任；

② 重点描述：阐述BAF（给客户带来的好处Benefits、优点Advantage和功能Function），即产品给客户带来的好处、产品的优点、产品的独特功能。必要的时候加上成功案例。

（2）市场经理使用的胶片。

① 面向对象：市场经理；

② 重点描述：阐述BAFF，即产品给客户带来的好处、产品的优点、产品的独特功能，以及支撑产品独特功能的技术。此外，还需要加上典型组网方案和成功案例。

（3）技术经理使用的胶片。

① 面向对象：技术经理；

② 重点描述：阐述FFAB，即产品的独特功能、支撑产品独特功能的技术以及技术的实现细节、产品优点、产品给客户带来的好处。必须加上典型组网方案和成功案例。

交流胶片分为概念交流胶片和技术交流胶片，一般包含以下内容：

（1）客户面临的问题或潜在威胁；

（2）这些问题或潜在威胁可能给客户造成的损失；

（3）公司在该领域的地位（含公司的优势、取得的成果、资质、成功案例等）；

（4）公司研发的重点投入部分；

（5）整体解决方案；

（6）产品介绍（突出卖点）；

（7）产品的客户价值。

第 **9** 章

Chapter 9

产品开发的财务及
成本管理

研发人员要树立综合成本概念，综合成本不仅包括物料成本还包括研发设计成本、维护成本、生产成本、共享成本，同时还要考虑批量器件采购带来的成本降低因素。在设计方案时，要综合考虑成本和价格的关联，以低成本、高质量满足市场的竞争要求。

产品研发管理（第二版）

本章精华

1. 产品开发不仅要关注产品的收入及费用结构，还要关注成本与价格的联动。

2. 产品成本主要考虑综合经济成本，综合经济成本包括这个方面：物料成本、研发设计成本、维护和生产成本，除了要考虑这四个方面的因素，还要考虑因共享带来的分摊成本和元器件采购量的提升带来的采购成本的下降等因素。

3. 产品发布后，产品经理要及时进行经营分析，及时分析产品成本和调整产品定价策略。

4. 在产品总体方案中必须考虑到产品价格下降趋势与产品成本的联动。

5. 产品的预算是按年度进行的，项目的预算是随项目的立项进行的。

6. 项目的预算是随着产品开发流程和决策评审分阶段进行的。

7. 产品进入量产后，必须再次进行成本分析，为了降低使用最多的新器件的采购成本,有必要进行器件重新选型的产品改进。

8.产品经理在学会财务及成本知识后,管理财务及成本会比财务经理管理更容易与专业结合,产品经理主要财务与成本活动包括以下七方面的内容:

(1)产品的收入成本分析;

(2)产品的盈亏平衡点;

(3)产品的投入产出分析;

(4)产品的人均利润;

(5)产品的现金流;

(6)审核新产品开发项目中的预算;

(7)定期进行经营分析。

产品研发管理
（第二版）

第一节
与产品开发关联的财务及成本活动有哪些

▌问题思考

1. 新产品开发财务分析的内容是什么？

2. 各角色在产品开发各阶段的具体活动是什么？

3. 财务部与研发和产品线的配合关系是什么？

4. 产品线和产品开发项目的财务评价指标有哪些？

▌财务管理在研发中的误区

在产品开发团队中，成员大多由研发及产品管理人员构成。大家通常认为财务活动仅仅是财务人员的工作，对财务活动不关注，因此在产品的设计中往往不关注产品的成本，不提前进行产品的定价分析，导致新产品一上市就面临价格的压力，甚至不得不为降成本而重新设计；也不以财务指标评价产品成败和作为核算依据，不考虑何时实现当年盈利，何时实现累计盈利。因此财务应该及早进入到产品开发的流程，财务活动要贯穿到企业愿

景、使命、产品规划、产品开发和产品生命周期管理的全过程，
尤其要将技术指标和财务指标衔接起来。

产品开发中的财务及成本分析的具体活动如图9-1-1所示。

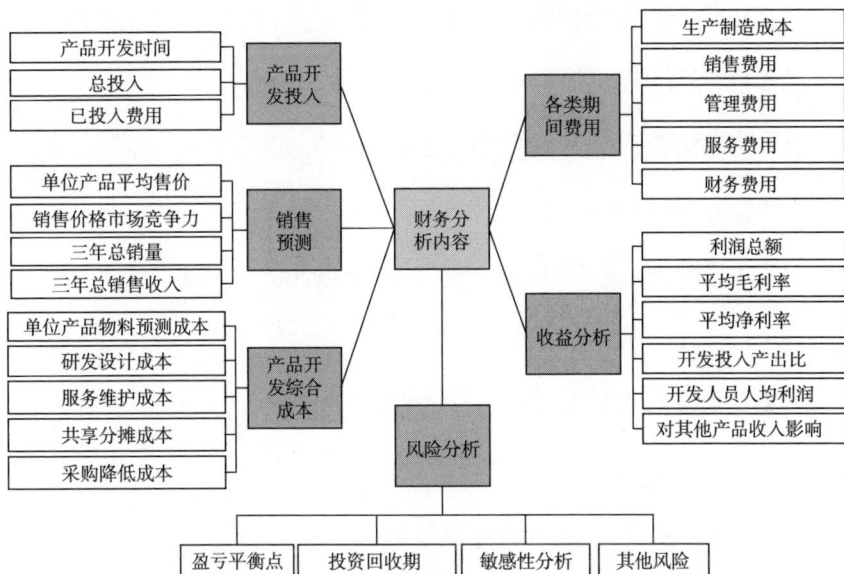

图9-1-1　周辉产品开发财务及成本分析活动模型

▌ 研发各角色应该关注哪些财务成本活动

产品开发分为六个阶段、四个决策评审点，四个决策评审的
过程涉及财务的投入产出分析以及产品的定价分析和产品的成本
分析，所以在产品开发中不仅需要主管的高层领导参与相关财务
活动，而且产品线总经理、产品开发的项目经理、系统级工程师
和财务代表都要分别在各个阶段参与到财务成本活动中去。通常
产品线总经理或产品经理的主要财务及成本活动包括以下内容。

（1）产品的收入成本分析；

（2）产品的盈亏平衡点；

（3）产品的投入产出分析；

（4）产品的人均利润；

（5）产品的现金流分析；

（6）审核新产品开发项目中的预算；

（7）定期进行经营分析。

产品开发项目经理的主要财务活动包括以下内容。

（1）项目的预算及核算；

（2）项目业务计划书中的相关内容（投入产出比、现金流占比、毛利率、盈亏平衡点等）；

（3）每月进行项目的预核算分析。

产品开发系统级工程师主要财务活动包括以下内容。

（1）分析价格和产品的毛利率；

（2）根据价格和产品的毛利率选择设计方案；

（3）在设计方案过程中不仅要考虑方案的经济性和综合成本，综合经济成本主要包括物料成本、研发设计成本、维护和生产成本，还要考虑因平台共享带来的分摊成本及因共享器件带来的采购成本的下降。

产品开发的财务代表要以专家的身份参与指导产品经理、系统级工程师的相关财务成本活动，各角色在各阶段的具体活动如表9-1-1所示。

表9-1-1　融智财务阶段活动模型

角色	产品规划	产品开发					产品销售
		概念阶段	计划阶段	开发阶段	验证阶段	发布阶段	生命周期管理阶段
战略与财经委员会	评审产品线业务计划书	概念决策评审	计划决策评审			可获得性决策评审	生命周期结束评审
产品线总经理或产品经理	产品线业务计划书中的收入分析、预算、核算、盈亏平衡分析、价格走势预测、定岗定编、投入产出分析、人均利润分析	评审项目的投入产出比、收入、计划阶段的结构费用和总体费用均衡	评审项目的投入产出比、收入、后续阶段的结构费用和总体费用均衡、评估现金流占用分析	产品线月度预算核算和经营分析	产品线月度预算、月核算和经营分析	审批特殊价格策略	产品线的经营分析
产品开发项目经理	参与产品线业务计划书的制订	业务计划书中初步的产品价格走势分析、收入、费用、目标成本；项目计划阶段的初步总体预算	业务计划书中的产品价格走势分析、最终收入、费用、目标成本分析；项目的最终预算、后续阶段的预算、项目现金流占用分析	监控产品成本、月度项目预算、核算、分析	监控产品成本、月成本、月度项目预算、核算、分析	最终确定产品的价格策略和报价模式	产品的经营策略、整机成本分析、服务成本分析、优化服务定价策略
产品开发系统级工程师		产品成本的预测、产品成本与价格的关联关系、多方案选择中将成本作为重要参考要素	确定最终的物料成本	跟踪和监控物料成本	跟踪和监控物料成本	根据产品配置提出产品的报价建议	分析产能、提出并实施为降低成本的器件更改和替换计划
产品开发财务代表		参与制定目标成本、价格与成本的敏感性分析；提供财务分析的方法指导	修订目标成本、评估投入的资金成本、后续阶段需要投入的现金流所占用的资金成本、评审提前采购决定中的财务风险	监控目标成本	监控目标成本	审核价格	提出价格策略建议、审核服务价格策略、协助进行经营分析、分析费用结构的合理性并提出优化建议

第二节
产品经理的财务及成本活动

▌问题思考

1. 产品经理的财务活动有哪些？

2. 产品经理例行的虚拟预算表是什么？

3. 如何用财务指标定岗定编？

▌产品经理必须完成的财务活动有哪些

通常产品经理都是业务部门出身，对财务知识了解少，甚至不计成本地进行研发和销售，更不考虑投入产出比，过多地关注技术开发的成功而不关注市场和财务的成功。因此，对产品经理进行财务管理培训是必要的，产品经理必须掌握以下财务成本知识。

1. 了解财务的基本专业知识，定期看部门的财务报表，分析部门的内部核算表；

2. 理解核算原则，学会用比例定岗定编；

3. 了解公司和部门的固定成本和变动成本，学会控制成本；

4. 知道计算部门内部盈亏平衡点；

5. 知道怎么做预算并亲自做预算和审核下级预算及费用；

6. 关注项目回款，明白影响现金流的原因（比如关注回款、控制采购提前、控制报销和备用金）；

7. 熟悉公司的各种财务制度（报销流程，预借款流程，预核算管理制度等），并提出改进措施，使其简捷有效；

8. 能够分析提高净利润应采取哪些具体措施；

9. 老产品开发的财务活动，最重要的是产品生命周期成本跟踪及实施目标成本控制。

IPD在成本控制方面主要针对两个目标：一是降低开发成本；二是降低产品本身的结构成本。财务在降低开发成本、提高开发费用效率、降低产品结构成本方面应具有重要作用。对于财务来说，一方面，要建立跟踪产品整个生命周期的核算体系，包括开发成本、采购成本、销售费用、制造成本、售后服务成本等；另一方面，要与工程技术人员一起，通过对产品结构和销售价格的预测分析，制定各个阶段产品设计优化的目标成本，据此为开发人员的产品设计提供成本控制的目标和方向。

▎产品经理如何做虚拟预算表

通常很多公司要求对每一个产品进行独立核算，根据独立核算明确产品经理的财务指标和各项费用，因此产品经理必须学会虚拟预算，表9-2-1为融智某公司产品经理的虚拟预算模板。

表9-2-1　融智产品经理虚拟预算

类别	上一年度数据		本年数据	
	金额	占利润空间比例	金额	占利润空间比例
销售收入				
减：第三方采购				
利润空间				
减：期间费用				
销售费用				
产品及研发费用				
市场费用				
售后服务费用				
管理费用				
EBIT（息税前利润）				
减：奖金				
产品线虚拟净利润				

▍如何用财务指标进行研发人员的定岗定编

通常进行内部虚拟核算的公司会将费用分解成销售费用包、产品及研发费用包、市场费用包、生产及供应链费用包、售后服务费用包和管理费用包，并同步规定了与收入相关的费用包占比，产品经理应该通过这个比例下达预算和控制人员的定岗定编。

例如，某公司在毛利率必须保证达到50%的前提下将销售收入的10%投入到研发中。假设销售收入为10亿元，则可花费的研发费用包为10亿元×10%=1亿元，在1亿元的研发费用结构中，人员的工资比例占60%，即销售收入的6%，则人员的工资包为1亿元×60%=6000万元。如果人均工资包为20万元，则可以配置的人员数为300人；如果人均工资包为15万元，则可配置的人员数为400人；如果人均工资包为10万元，则可配置的人员数为600人。如图9-2-1所示。

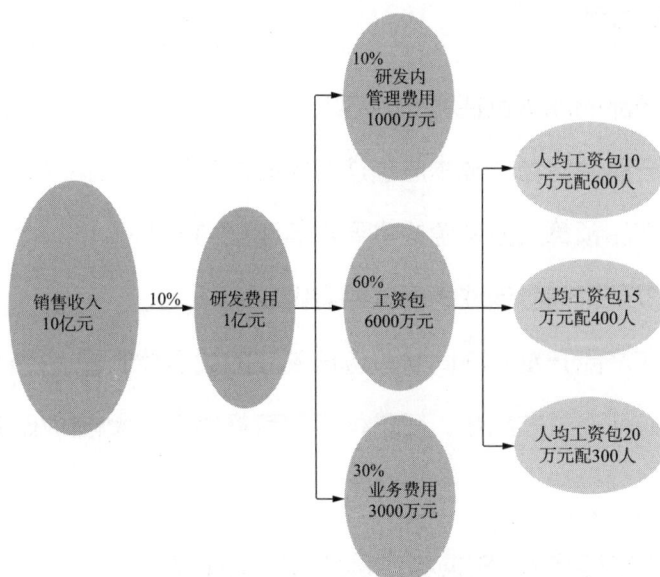

图9-2-1 如何用财务指标定岗定编

第三节
如何进行产品的综合经济成本控制

▌ 问题思考

1. 产品的成本包括哪些内容？

2. 产品预算物料成本应当注意哪些内容？

3. 产品预算人力资源成本要注意哪些内容？

4. 提前采购应当注意哪些内容？

5. 在产品开发的不同阶段应该关注的成本控制重点是什么？

6. 如何通过产品化、质量体系和可靠性工程大幅降低成本？

▌ 产品的综合经济成本由哪些要素构成

通常产品的综合经济成本是指研发综合成本以及共享带来的分摊成本和批量器件采购带来的成本降低，而研发综合成本又包括物料成本、研发设计成本、维护成本和生产成本。产品的综合经济成本构成如图9-3-1所示。

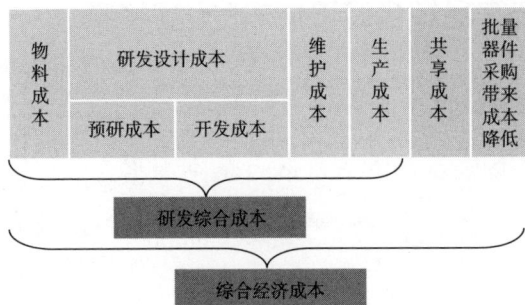

图9-3-1　周辉产品综合经济成本模型

通常研发人员会犯以下错误。

1. 只关注物料成本和生产成本，不关注研发设计成本和维护成本，经常导致物料成本虽然降低，但带来的设计难度提高而使研发设计成本增加，以及维护服务成本大量增加，导致研发综合经济成本增加。

2. 常常借口对外采购成本或直接共享内部货架产品的共享成本高，而自行开发，导致自行开发的成本不受控，甚至研发综合成本更高，同时由于产品性能不稳定带来的维护成本增加。

3. 对公司当前成本较高的优选器件不予选用，不考虑因为数量上升会带来优选器件采购成本下降的因素。

因此，研发人员不能片面地关注其中的某一个要素，而应全面考虑产品综合经济成本的各个要素，使综合经济成本得到更好的控制。

如何进行产品综合经济成本的过程控制

产品综合经济成本的控制主要包括：

1. 通过市场需求与规划，区分基本需求、竞争需求和可有可无需求，开发准确满足客户需求的产品，避免过度开发导致的成本增加。

2. 通过产品化共享，减少低水平重复开发——产品系列化与货架化管理。

（1）减少零件种类。

通过减少50%的零件种类，可以减少3%的基本制造成本（BMC）。

① 批量采购协议（更多的采购量）；

② 提高制造运作效率（减少库存、废料等）。

（2）区分行业标准零件与特殊要求的零件。

通过减少特殊要求的零件，可以减少15%的BMC。

① 降低定制零件的价格（验证、制造流程、测试）；

② 提高采购效率（增加数量、降低内部成本）；

③ 提高制造运作效率（减少库存、废料等）。

3. 通过技术分类，识别核心技术、关键技术、通用技术和一般技术，对核心技术和关键技术进行自主开发，对通用技术和一般技术外包，以降低研发成本。

4. 在设计中控制成本。

（1）分析产品的客户接受价格与竞争状况，确定目标成本。

（2）在设计中采用多方案选择，充分继承共享模块，优化BOM清单，减少开发与设计成本。

（3）对方案设计中的新模块，要尽可能地寻找其他系统中的应用，开发新的共享模块，丰富产品化货架。

（4）确定合理的质量目标，在满足需求的基础上，控制质量成本。

（5）通过可靠性设计，合理分配冗余，避免盲目、过度增加设计成本。

（6）由高手负责设计，专家群体负责评审，任职资格不具备的人员不得做设计。

5. 在开发与制造中进行成本过程控制。

（1）做好个人三级计划，优化资源配置，保障关键路径资源，避免延误成本。

（2）严格进行开发过程中的技术评审，避免评审走过场带来的返工成本。

（3）执行采购、外协控制、第三方成本控制的三权分立原则。

（4）采用经营分析预警，加强成本过程控制，及时采取措施，解决成本超支问题。

第 10 章

质量管理

研发质量管理不是事后缺陷管理，而是综合考虑CBB、评审、测试和验证以及归零管理和人岗匹配五种手段在产品设计中构建质量管理体系，其责任主体是系统级工程师（SE）和评审责任人。

本章精华

1. 质量管理不是事后优化和缺陷归零的管理，而是要在设计中构建质量管理体系，在设计中构建质量管理体系有五种手段。

2. 质量是一个体系，质量体系的总体原则由质量管理部进行管理，质量监控通常由质量管理部派出的PQA完成，而质量设计的责任主体则为系统级工程师，评审的责任主体为主审人，质量计划的责任主体为项目经理。

3. 为了提高质量，应该对需要应用的技术和没有认证的核心器件提前规划和预研，确保产品开发中没有未突破的技术难题和未论证的器件。

4. 为了确保质量，产品设计和产品实现要进行相对分离，高级别的工程师进行产品设计，低级别的工程师进行实现，避免让低手做需求分析和总体方案设计工作，导致出现大量问题，让高手忙于救火。

5. 为了保证质量，必须明确评审的责任主体，而且评审的主审人不要变更，同时要对评审的主审人进行绩效考核。

6. 对于一个新开发的系统，最好的方案是集中公司的高手分别做方案，选择一个方案后再确定系统设计工程师。

7. 要进行产品成熟度评估，对各个层次的产品进行定型鉴定，否则不要放到大系统中去而要进行外挂。

8. 测试和验证要分离，验证一定要在一个实体环境中进行，一个质量好的产品应该在测试和验证以后几乎所有的质量问题都得到解决，而不是要进行质量改进、优化和缺陷归零管理。

第一节
如何在设计中构建研发质量管理体系

▌ 问题思考

1. 质量管理的责任主体是谁？

2. 系统级工程师在质量管理中的职责是什么？

3. PQA在质量管理中的职责是什么？

4. 项目经理和项目管理部在质量管理中的职责是什么？

▌ 质量管理的误区及问题

通常大家将产品开发的质量管理理解为传统的质量管理，主要包括产品的问题管理和缺陷归零管理，很多企业事前不做大量的质量问题预防工作，事后花大量时间完善产品质量。通常这些企业在质量管理方面存在着以下误区。

（1）企业将质量管理片面理解为事后纠偏和缺陷归零管理，而不是系统思考如何在设计中构建质量管理体系；

（2）企业把PQA角色放在产品或项目组中，绩效工资与编制都在项目中，导致PQA不敢履行独立的质量管理职责；

（3）很多企业花大量的时间做评审，却没有评审要素，而且对评审人没有绩效考核，评审走过场；

（4）大量刚毕业的学生没有做过测试和验证，就直接做设计，导致大量的质量问题，让公司高级别的工程师几乎所有的时间都花在解决这些问题上；

（5）企业几乎没有公共基础模块和成熟度评估的概念，重复的错误一犯再犯；

（6）企业片面强调集成和模块化，片面考虑可靠性，将不成熟模块集成放入系统中，而不是外挂；

（7）企业对新系统或新产品开发，往往是一个系统级工程师做一个方案去评审，而不是多个系统级工程师做多个方案，然后再评审，确定一条路径后，再选择系统级工程师。

由于以上误区的存在，导致企业经常出现以下典型的问题。

（1）企业基本没有产品和技术货架，技术路径直接做到产品和分系统，各层次没有进行模块化设计，从来不共享成熟模块；

（2）设计师没有按照层级进行阶段投入的概念，低手做需求、概念和方案设计工作，导致出现大量质量问题，高手忙于救火；

（3）没有建立产品的共享平台与成熟度评估原则，缺乏各层次并行开发的模式，产品层次越低，越不重视技术评审；

（4）新项目常由一个系统级工程师做多概念论证，缺乏比较和优选；

（5）没有按产品不同层级进行定型鉴定，只有系统级的鉴定，没有整机、单机、单板低层产品的鉴定，没有样机到小批量的鉴定，也没有小批量到批量的鉴定。缺乏通过低层产品的共享积累批量经验来提高成熟度，而且在测试和验证中没有把成熟模块做成平台，没有非成熟模块一定只能外挂的可靠性系统设计理念；

（6）质量总设计师不是由公司派驻，而是由项目自身产生，不能对项目质量进行很好的监控。

由于以上误区和问题的存在导致企业经常不惜花大量成本改进质量管理，"头痛医头，脚痛医脚"，没有从系统职能体系的角度考虑问题，不是从设计中构建质量管理体系的角度考虑问题。如何在设计中构建质量管理体系，是现代研发企业都要直面解决的问题。

在设计中构建质量管理体系的六个要素

如何在设计中构建质量管理体系，企业应该明确以下六个要素，如图10-1-1所示。

要素一：一套流程

不要将质量管理体系与产品开发流程孤立，而应该在产品开发流程中设计六个技术评审点，同时将测试和验证作为独立的阶

段，在产品开发的前期，选择
CBB作为一项关键活动，使保
障质量的活动很好地衔接到产
品开发中。

要素二：两个原则

在质量管理体系中坚持两
个原则。

（1）业务决策评审与技术
和质量评审分离，设立高级别

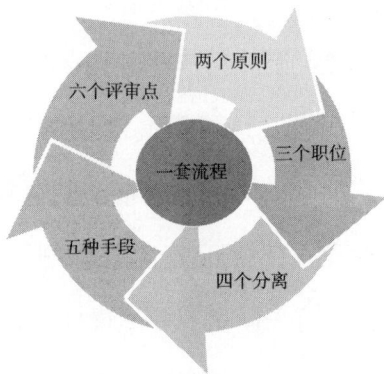

图10-1-1　周辉质量管理体系
六要素模型

的主审人，同时对主审人进行绩效考核以保证评审质量；

（2）建立CBB和产品货架，必须保证成熟模块占一定的比例。

要素三：三个职位

产品开发质量管理体系涉及最重要的三个角色分别是：

（1）系统级工程师：对产品的总体方案设计负责；

（2）主审人：对方案的评审负责；

（3）PQA：对方案的过程中的质量监控负责。

要素四：四个分离

为了使质量方针得到贯彻和保证，企业应该实施以下四个分离。

（1）规划与系统设计分离；

应在规划中提前将需要解决的技术难题和没有论证的器件做
到技术规划中，并提前进行预研，保证在产品开发中没有需要解决的技术难题和需要论证的器件。

（2）设计与实现分离；

方案设计要由高级别的工程师进行，包括需求的分解、分配、规格说明书、各模块的概要设计，设计完成后进行基线控制和管理，交由低级别的工程师进行实现，在实现过程中不允许对方案进行任何基线外的设计更改。

（3）实现与测试分离；

在产品开发实现的时候，代码组读和检视可以由开发工程师进行，但是测试必须由独立的部门进行，必要的时候甚至要开发测试工具和设计测试样例进行测试。

（4）测试与验证分离。

验证必须在实体环境中进行，不能只通过测试就直接进行大批量销售。

要素五：五种手段

质量管理不仅包括缺陷归零管理，还包括以下四种手段，如图10-1-2所示。

（1）规划和CBB共享；

（2）评审：文档评审和关键点的技术决策评审；

（3）测试和验证；

（4）任职资格与活动匹配：主要指低级别的工程师不能够做方案设计；

（5）缺陷归零管理。

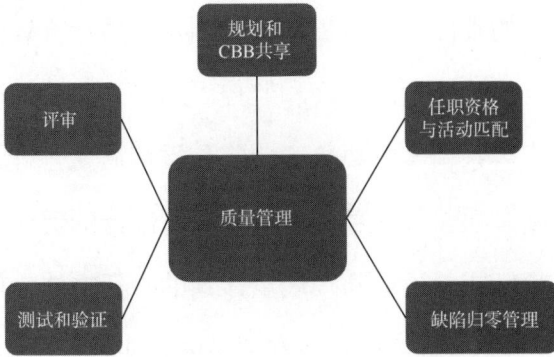

图10-1-2　周辉质量管理五种手段模型

要素六：六个评审点

在产品开发中，设立六个评审点，只有评审通过以后才能往下进行，关于六个评审点如图10-1-3所示。

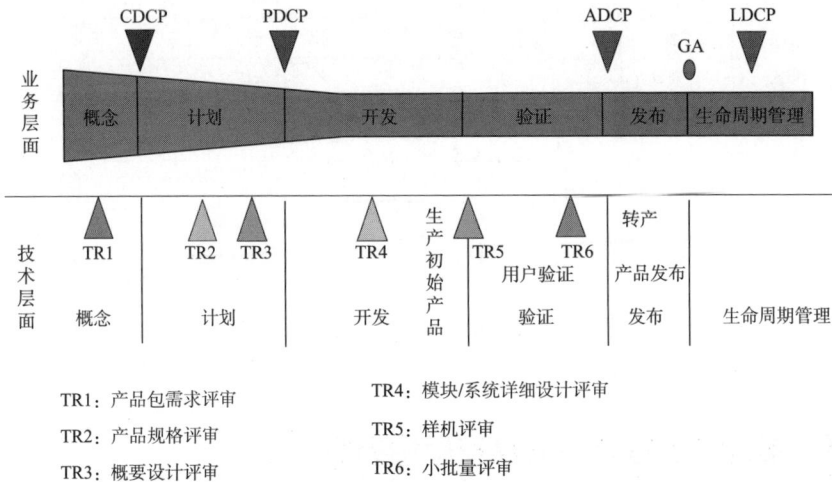

TR1：产品包需求评审　　　　　　TR4：模块/系统详细设计评审

TR2：产品规格评审　　　　　　　TR5：样机评审

TR3：概要设计评审　　　　　　　TR6：小批量评审

图10-1-3　质量管理的六个评审点

产品研发管理（第二版）

质量管理体系的责任主体

质量管理的责任包括质量方针的制定、质量方针的贯彻、质量设计，以及质量计划的管理和监控。通常，公司的质量管理部和研发的技术体系领导主要负责制定和贯彻质量方针，质量管理的监控主体则是质量管理部或PQA，质量设计的责任主体为项目的系统级工程师或总设计师，质量计划的责任主体为项目经理或质量管理部。某公司的质量管理体系的责任主体如图10-1-4所示。

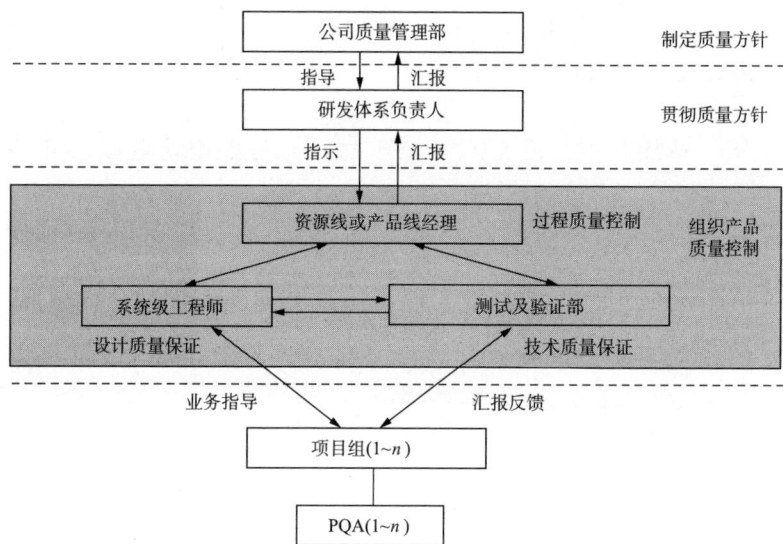

图10-1-4　质量管理体系的责任主体

系统级工程师在质量管理中有哪些活动

系统级工程师通常在产品开发中负责产品需求分析和总体方

案的设计。系统级工程师要保证产品的设计规格、开发质量，包括将客户的质量要求转化为产品包需求，并通过需求的分解和分配完成规格设计，在规格设计的基础上组织进行系统设计与硬件、软件和结构的概要设计并负责评估概要设计和控制基线。系统级工程师的具体活动如下。

1. 产品需求管理。

（1）负责产品包需求定义并提出产品概念和评估产品包开发的技术风险；

（2）制订和负责实施知识产权计划及 CBB 共享；

2. 产品开发总体方案管理，

（1）组织产品的总体设计工作，实现在产品的设计中构建质量管理体系，保证软件、硬件等详细设计的质量；

（2）负责进行产品规格定义、系统需求分析、开发可行性分析，以及总体方案的具体执行。

3. 技术领域开发项目的质量管理。

（1）组织对产品概念进行技术评审，提交评审报告，确定产品概念；

（2）为决策评审提供与技术相关的建议；

（3）负责组织对总体方案进行技术评审，并提交评审报告。

4. 技术基线控制。

5. 设计开发、验证、制作和维护工作协调。

（1）负责总体系统的运行跟踪、技术支持、组织维护等工作；

（2）在产品发布前进行产品技术准备评估；

（3）负责产品配置管理和产品数据管理工作。

▌PQA在质量管理中有哪些活动

PQA要确保产品开发按照公司产品开发流程进行，负责全流程统筹协调各功能领域的质量保证活动，其具体活动如下。

1. 根据公司的质量方针或特定业务领域的质量方针，制定产品的质量目标。

2. 制订和监控产品质量计划。

3. 在流程执行过程中进行质量活动的引导和审计，以达成产品质量目标和计划。

4. 作为产品中QA工作的总负责人，全流程统筹协调产品的质量活动，协调各个功能领域QA的质量保证活动。

5. 完成产品质量报告，提交相应部门，作为决策时的参考依据。

6. 组织技术评审，确保技术评审按规定的流程进行。

第二节
如何进行评审

▌ 问题思考

1. 为什么技术评审和决策评审要进行分离?

2. 技术评审包括哪六个评审点?

3. 如何提高评审效率?

▌ 为什么技术评审和决策评审要进行分离

通常情况下,企业的技术评审和决策评审往往开成一个会议,会议上经常出现以下问题。

(1)专注于讨论技术方案,没人关注资源投入和财务成本分析;

(2)公司的领导出席会议往往使评审会成为资源协调会和财务评审会,没有关注技术评审。

因此,我们通常将评审分成技术评审和决策评审。技术评审更多地关注技术的评估,主要由技术专家构成;决策评审主要由公司领导和各个职能领域的专家构成,主要在财务、资源投入、计划等方面进行评估，以确定是否可以实现市场和财务的成功。

技术评审和决策评审的区别如表10-2-1所示。

表10-2-1 技术评审和决策评审的区别

	技术评审	决策评审
评审内容	技术方面，根据研发进度按六个评审点逐层深入进行。	三方面内容： 1. 市场； 2. 计划（含资源）； 3. 财务。
评审人员	技术专家	IPMT成员
评审目的	1. 技术评审确保在设计中考虑到了所有技术风险，并且在产品包设计中进行了充分考虑以满足规定的产品包需求。 2. 可以使产品项目的选择、问题和错误尽早明朗化，避免下一阶段对前期隐藏的缺陷无法纠正或者被迫耗费巨大的人力、物力和时间才能纠正。 3. 技术评审不仅评估设计成熟度，还在项目关键点上评估产品包开发的状况，同时，通过评审，可以发现设计中欠考虑的方面及其原因。	1. 决策评审是IPMT管理产品投资的重要手段，在决策评审中，IPMT始终是站在投资商的角度进行评审的。 2. 通过决策评审点的评审，IPMT可以审视每一阶段的投资效果，评估下一阶段投资的风险，这样就可以更有效地控制好产品投资的风险。

▎技术评审的原则及六个技术评审点

技术评审的目的主要是优化设计、发现错误、跟踪需求、质量评估和风险规避，为了实现在设计过程中分步投入和控制风险，我们可以把技术评审分成六个评审点。

六个技术评审的关注点如下。

1. TR1：产品包需求评审，重点关注的是产品包的需求。

2. TR2：产品规格评审，主要是检查总体方案及系统设计规格。

3. TR3：概要设计评审，主要是对概要设计进行评审，包括硬件、软件、工艺、结构等。

4. TR4：模块或系统详细设计评审，关注的焦点是模块或系统详细设计层面的问题是否已经解决，是否满足该模块或系统的设计规格。

5. TR5：样机评审，主要是确保初始产品的性能已经满足需求，所有已知的技术问题已经解决。

6. TR6：小批量评审，主要是评估生产级的技术成熟度，并且确认进入量产阶段的风险。

▌ 如何进行技术评审

通常，技术评审的一般流程如图10-2-1所示。

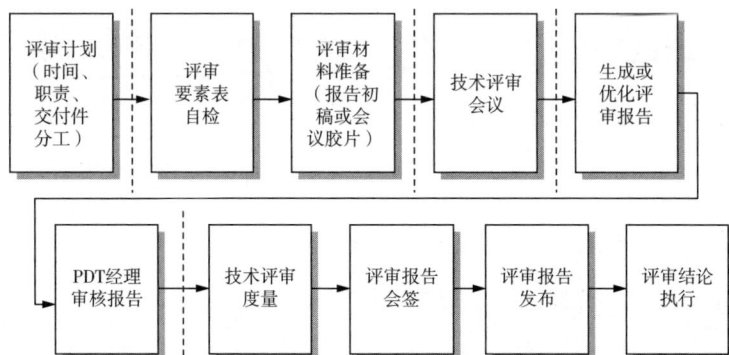

图10-2-1　技术评审的一般流程

企业做好技术评审要注意以下几点。

1. 各位主审人和评审专家，尤其要对技术骨干给予足够的重视，保证他们的有效投入；技术评审有困难时，必须提前与主审人、相关领导协调解决。有关人员的表现，作为考评和晋升的依据之一。

2. 做好评审或子评审计划（一般体现在项目组的月度计划中）。计划尽量详细，避免资源冲突；PDT经理要特别注意这一点。

3. 各阶段和各类型的评审要以相应的评审要素表（CHECKLIST）、评审操作指导书做指导，并且确保本阶段的主要相关角色负责人都能参与。

4. 各类评审或子评审过程中（尤其是子评审），由主审人或子评审负责人安排各位专家分工检查被审对象是否符合相关的技术规范。

5. 各评审专家应按照邮件提示，及时参与评审、反馈意见。注意预审是非常重要的，不能等到评审或子评审会上，才看资料。

6. TR1与TR6由公司相对固定的高层专家进行评审，对多方案论证和CBB应用负责。

7. 关注和发现未得到满足的需求，而不是关注进度。

8. 以合理的速度阅读评审材料。

9. 不应因为缺少时间和预算而将评审省略。

第 11 章

产品研发绩效管理

只有在组织绩效（KPI）成功的基础上才能谈个人绩效（IPI），预研人员、产品开发人员和研发职能部门人员的绩效考核指标和方法都有区别，应该通过任职资格、行为准则、PBC、组织KPI和个人IPI及KCP五种手段分别进行绩效管理和激励。

本章精华

1. 产品研发的绩效管理首先考虑组织绩效而不是个人绩效，组织绩效的表现主要是市场指标与财务指标的成功和公共基础模块的形成，因此，产品研发的绩效管理要分成组织绩效和个人绩效，研发人员的个人绩效成功必须建立在组织绩效成功的基础上，不鼓励个人的能力提升而组织绩效不提升。

2. 研发人员要有部分薪酬与组织绩效挂钩，即与所在部门的财务与市场指标有效关联。

3. 研发人员的个人绩效考核通常分成任职资格、行为准则、PBC（个人绩效承诺）、组织KPI和个人IPI、项目KCP（关键控制点）。最基层的研发人员考核主要是行为准则、基本素质和PBC；中高级干部主要考核组织KPI和个人IPI、任职资格、PBC和KCP；高级干部主要考核任职资格、组织KPI和个人IPI。

4. 任职资格主要考核研发人员的经历、必备知识和关键业务活动，研发人员应该按任职资格分级考核，各级的考核要素不同。

5. 并不是所有的人都要承担个人IPI指标，低层次人员没有经历过行为准则和任职资格考核就不具备承担个人IPI指标的能力。

6. 强制分布的比例可以随着团队考核结果的不同而变化。

7. 创新型工作主要考核领军人物的任职资格，成熟型的业务主要考核团队的过程和结果。

8. 绩效考核的最终结果必须体现在激励上，薪酬不是激励的唯一手段；同时，除薪酬激励外，职务升迁、必要的培训，甚至岗位的轮换都可作为绩效考核管理的最终应用手段。

9. 职能部门的考核最好少一些KPI和IPI，多考核任职资格、行为准则和PBC。

产品研发管理（第二版）

第一节
研发绩效管理的总体结构

▌ 问题思考

1. 为什么要区分组织绩效和个人绩效？

2. 如何对研发人员的能力、结果、流程和基本制度遵守的综合管理进行绩效考核？

3. 薪酬结构与绩效管理的各种手段如何衔接？

4. 如何将组织绩效按层级分解到个人绩效？

▌ 研发绩效管理要考虑哪些要素

由于研发人员要具备一定的技术能力，而且研发成果具有一定滞后性，直接与财务和市场指标挂钩要通过营销实现。同时研发人员的工作大部分以项目方式存在，基础研究、技术攻关和产品开发的工作内容和工作难度都不一样，产出模式也不相同，因此研发的绩效管理一直是一个难题。

虽然有的企业通过平衡记分卡，采用严格的KPI考核制度，但是往往没有考虑到过程的难度和风险的评估，尤其是技术攻关和技术探索，导致能力强的人做风险高的项目还不如能力弱的人做风险小的项目，这样无法鼓励优秀的研发人员创新，不利于构建一种创新的氛围。

有的企业实行矩阵管理，对项目进行考核，由于项目的周期长，而且没有按阶段划分小项目形成小项目周期，导致一个人在长时间内承担多个项目，绩效管理工作量特别大，绩效管理变成了简单应付。

有的企业没有进行任职资格建设，也没有规定行为准则，不先对项目进行考核，一味地对研发人员进行强制分配，导致业绩好的团队和业绩差的团队区别不大，影响了业绩好的团队的绩效管理。

有的企业不进行财务成本考核，导致研发人员没有组织绩效考核，只是注重个人能力的提升，钻研新技术，最终企业研发人员能力提升了但是企业组织绩效没有提高。

因此，研发绩效管理要解决以下几个综合要素，避免一些误区。

1. 区分组织绩效和个人绩效，组织绩效主要是市场和财务的成功，个人绩效必须在组织绩效基础上进行分解。

2. 企业研发组织绩效的首要任务是在老产品改进上的毛利率提升，其次才是新产品、新技术的开发。

3. 将预研人员、产品开发人员、需求和规划人员的绩效考核进行区分，产品开发人员必须与当年所支撑的产品的收入挂钩，预研人员可以与三年内预研成果转化成产品成果所带来的收入挂钩。

4. 研发人员的能力、过程和结果及项目的关键点分别以不同的绩效手段管理和考核。

5. 尽量将项目划分成一个个阶段，减少每个阶段的时间，使得一个人在一段时间内承接的项目尽量少，实现精力聚焦的同时，减少绩效考核的工作量。

6. 将产品维护工作与产品开发工作分离，产品维护的项目按任务数进行考核，产品开发的项目按计划进度和质量要素考核。

7. 建立任职资格管理体系，将不同层级的研发人员的考核模式与薪酬结构分开，低层级人员主要考核基本行为准则，中高级人员的考核应该结合过程考核结果，高层级人员主要考核结果。

8. 创新性的预研工作主要考核领军人物的任职资格。

针对以上需要考虑的综合要素，企业对研发人员的绩效管理不仅包括能力、结果和过程，还要结合不同类型的项目（预研项目、产品开发项目、技术项目、平台项目）通过多种手段实现研发人员分层、分级、分项目的绩效管理。

绩效管理有哪五种手段

由于研发人员的绩效考核要综合考虑能力、过程和最终结果，同时还要让研发人员完成组织绩效，因此研发人员的绩效管理包括以下综合应用的五种手段。

（1）任职资格：主要对员工的能力进行评价，包括经历、能力和基本素质以及关键业务活动和必备知识等要素；

（2）行为准则：指每一个职位必做的相关工作及职位要求活动的基本要求，通常也可理解为PI（Performance Indicator）；

（3）PBC（Personal Business Commitments）：主要对员工的过程进行评价，来自年度和季度计划，主要指当月必须完成的一些工作，强调过程、路径；

（4）KPI（Key Performance Indicator）：关键绩效指标，通常对组织进行考核，来自企业的发展战略、财务指标、市场指标和必须解决的问题，更多的是强调组织绩效，强调实现战略目标的挑战性指标；IPI（Individual Performance Indicator）：个人绩效指标，通常是对产出关键人员进行考核，个人IPI结合了组织KPI、PBC、OKR，将企业发展战略、组织及个人重点工作、团队工作和必须遵守的行为准则，以及关键事件里程碑有效衔接在一起；

（5）KCP（Key Control Point）：对项目关键路径上的关键资源的活动进行绩效管理，以区分项目成功的贡献和风险。

不同层级、不同类别的研发人员可以针对这五种手段组合考核。

（1）高层管理人员：主要考核组织KPI、个人IPI、KCP和任职资格；

（2）预研人员：主要考核任职资格、KCP和PBC；

（3）产品开发的高级别人员：主要考核组织KPI、个人IPI、任职资格、PBC、KCP；

（4）产品开发的低级别人员：主要考核行为准则、任职资格、PBC；

（5）研发体系的职能部门人员：最好不要考核KPI，主要考核其任职资格和行为准则及PBC，可以适度设立IPI。

如何将绩效管理的五种手段和薪酬对应

绩效管理必须与对应的薪酬结构相结合，针对绩效管理的五种手段，应该分别对应不同的薪酬结构。绩效管理的五种手段和薪酬的对应关系如图11-1-1所示。

（1）任职资格确定工资包，其中按比例确定基本工资和绩效工资；

（2）行为准则作为扣款的依据；

（3）PBC确定过程奖励（季度或月度绩效工资）；

（4）KPI或IPI确定年度奖励（年度绩效工资或年终奖）；

（5）KCP确定特别项目的贡献，但要有一定比例限制；

（6）战略补贴确定优秀的高手做有风险的增量项目的补贴。

任职资格	行为准则	PBC	KPI/IPI	KCP
对员工能力评价	基本任职资格	过程指标	关键/个人绩效指标	项目关键点考核

基本工资	扣款	月度/季度绩效	年度绩效奖金	项目特别奖励

薪酬包

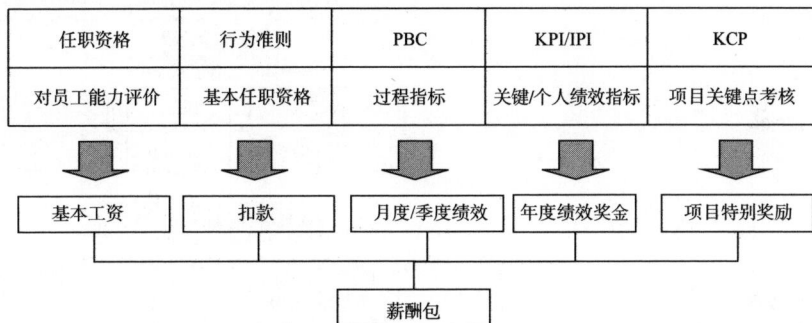

图11-1-1　周辉绩效管理五种手段和薪酬的映射模型

如何进行组织绩效的分解

绩效管理的总体流程通常从组织绩效分解着手，先进行组织KPI的分解，通过对组织KPI的分解寻找路径，落实到个人，再加上个人的能力提升指标，形成个人IPI，落实到月度计划，形成PBC。组织绩效分解具体的流程如图11-1-2所示。

在组织绩效的分解过程中，需要注意的是：

（1）组织绩效从组织规划开始按产品线分解，然后分解到一级、二级部门，再分解到个人；

（2）从KPI关键活动分解过程中，找出路径，设定出个人IPI，再分解到月度PBC。

产品研发管理（第二版）

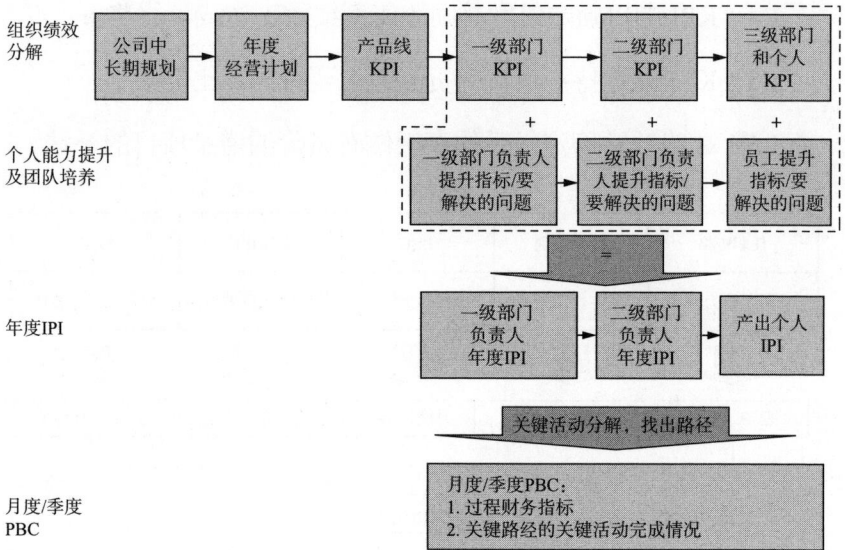

```
组织绩效
分解          公司中        年度        产品线      ┌─ 一级部门      二级部门      三级部门 ─┐
            长期规划     经营计划      KPI      │    KPI         KPI        和个人    │
                                              │                           KPI     │
                                              │    +           +            +      │
个人能力提升                                    │ 一级部门负责人   二级部门负责    员工提升  │
及团队培养                                      │ 提升指标/要     人提升指标/    指标/要   │
                                              │ 解决的问题      要解决的问题    解决的问题 │
                                              └──────────────────────────────────┘
                                                           =

年度IPI                                          一级部门      二级部门      产出个人
                                                负责人       负责人       IPI
                                                年度IPI      年度IPI

                                                关键活动分解，找出路径

月度/季度                                         月度/季度PBC：
PBC                                             1.过程财务指标
                                                2.关键路经的关键活动完成情况
```

图11-1-2　融智组织绩效分解模型

第二节
组织绩效考核的指标

▌ 问题思考

1. 组织KPI为什么要分级?

2. 如何确定公司级的考核指标?

3. 如何确定研发体系的考核指标?

4. 如何确定预研的考核指标?

5. 个人IPI与组织KPI有什么关系?

▌ 如何将公司级的考核指标按层级划分

传统KPI经常将组织绩效与个人绩效混淆,KPI是组织绩效考核的工具,从战略着手,按活动要素进行关联分解,组织KPI通常分为三层。

(1)公司的KPI为第一层,通常包括"四+四"指标。

四个财务指标:

① 销售收入和毛利额及增长率:评估企业的发展规模(毛利额);

② 新业务在销售中所占的比例：评估企业的增量及创新能力；

③ 人均毛利及增长率：评估企业的人均效益和员工任职能力；

④ 非薪酬包费用占比降低率：评估企业的管理能力及运营能力。

四个关于核心竞争力的结构性指标：

① 核心产品收入占比：评估产品收入结构合理性；

② 优质客户收入占比：评估客户收入结构合理性；

③ 重点区域和战略区域的收入占比：评估区域收入结构合理性；

④ 员工结构和任职资格能力的合理性：评估企业的员工结构及核心员工的能力是否与薪酬包匹配。

（2）产品线的KPI为第二层，通常是八大指标分解为产品和客户群指标。

（3）节点的KPI为第三层，主要是各产品线分解到参与该产品线的研发、市场、采购、制造和相关职能部门的节点的指标，强调的是支撑产品线必须要完成的细化的指标。

各类指标的逻辑关系和责任主体如图11-2-1所示。

组织KPI与个人IPI的关系如图11-2-2所示。

个人的IPI通常分为五类。

（1）核心员工首先必须完成公司的战略指标——开关指标；

（2）员工所有的绩效薪酬来源于毛利额及增长率——组织指标；

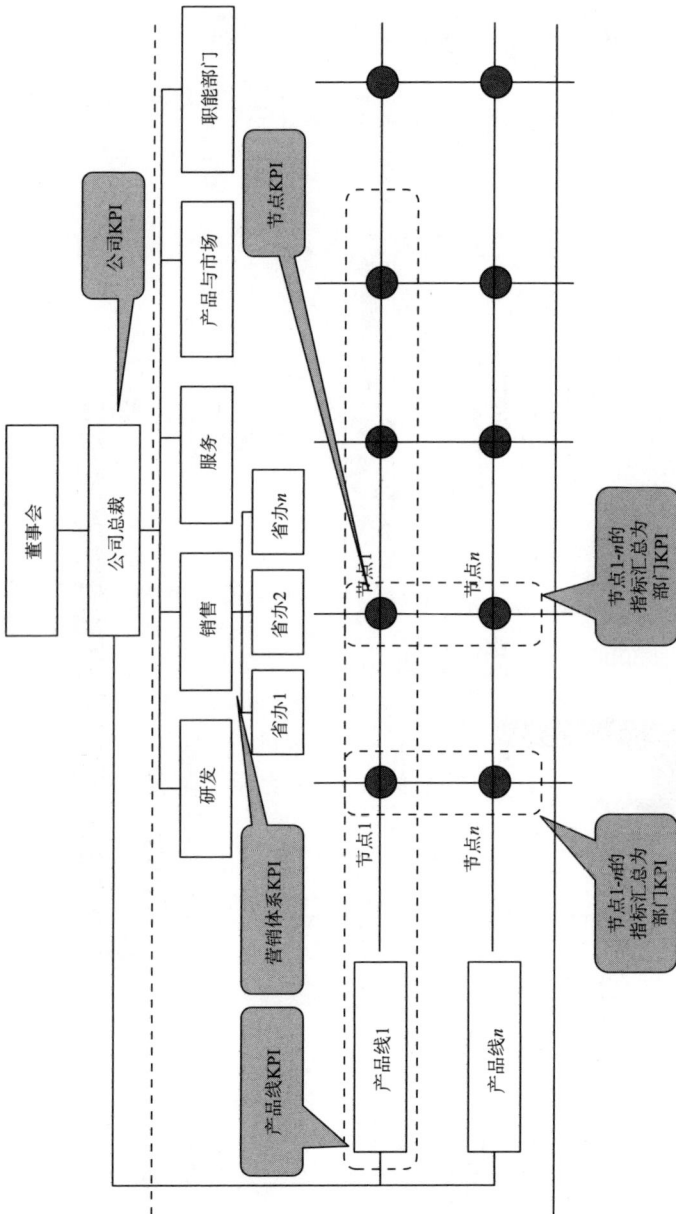

图 11-2-1 周辉公司 KPI 和产出 KPI 层级图

产品开发管理（第2版）

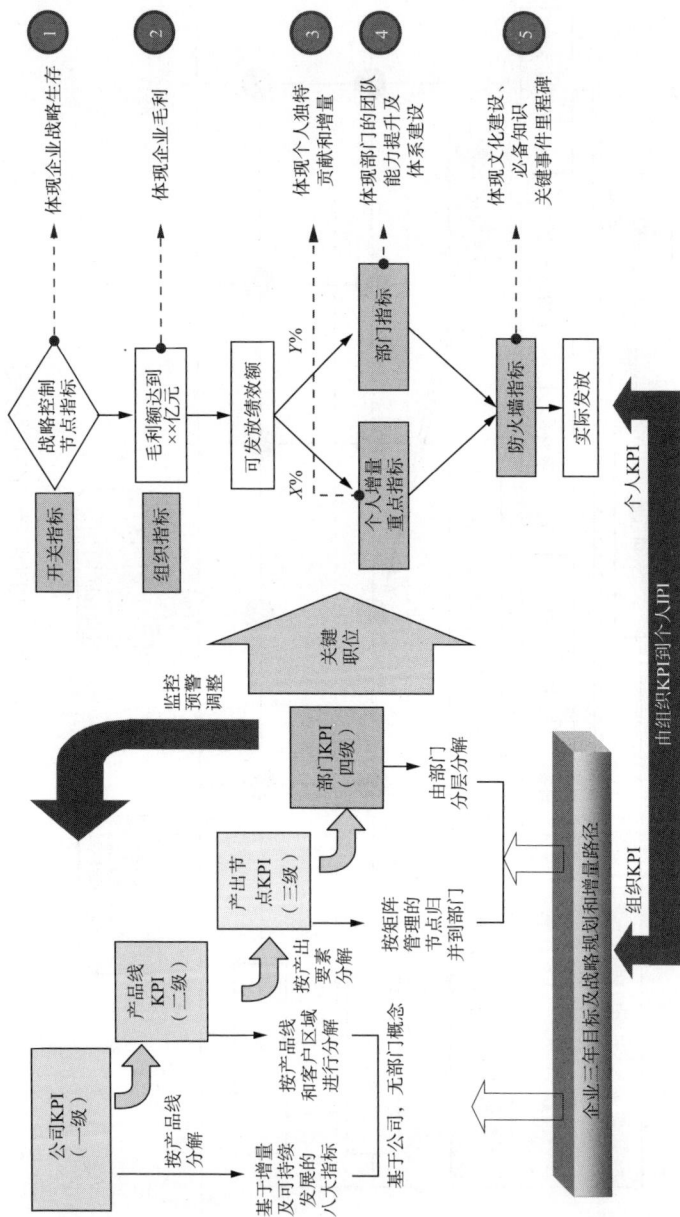

图11-2-2 周哗增量绩效（IPI）模型

（3）核心员工必须有独特贡献和增量活动——个人增量重点指标；

（4）核心员工必须完成部门团队贡献指标——部门指标；

（5）员工必须遵守文化、掌握必备知识，按时完成关键里程碑——防火墙指标。

图11-2-3为产品线总经理IPI示例。

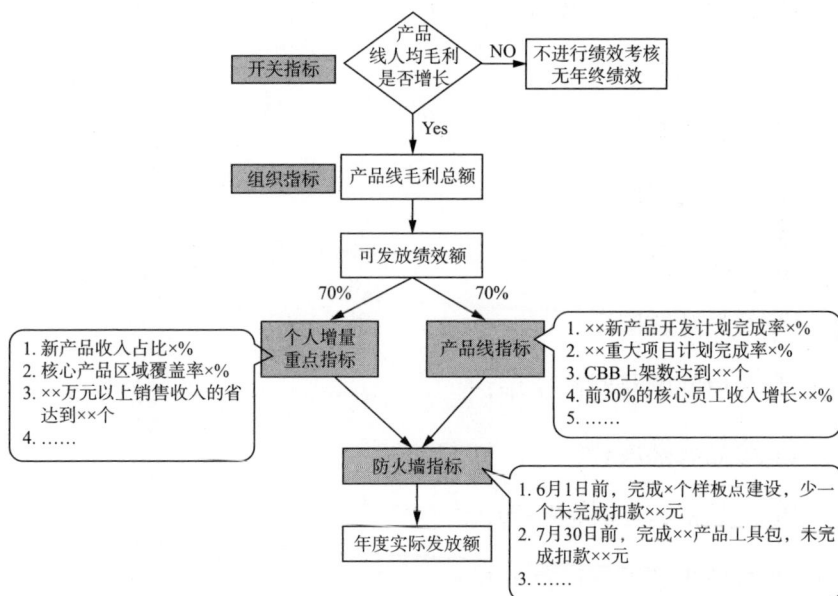

图11-2-3　产品线总经理IPI示例

研发体系有哪些绩效考核指标

研发体系通常包括产品开发和预研开发，产品开发的KPI指标原则上与公司的指标是一致的，但细化了更多与研发相关的指标，不仅要考核销售收入及增长率，还要考核老产品毛利率的提升和新产品的收入增加，所考核的指标主要包括以下指标。

（1）财务指标。

① 销售收入及增长率；

② 净利润及增长率；

③ 人均费用；

④ 人均研发收入及人均利润；

⑤ 产品线毛利率。

（2）非财务指标。

① 产品市场份额；

② 产品共享使用度；

③ 产品开发周期；

④ 客户问题及时解决率；

⑤ 产品成熟度；

⑥ 产品销售工具包完善；

⑦ 客户满意度和产品质量；

⑧ 技术、售后服务成熟度；

⑨ 产品计划完成率。

哪些指标作为研发的年度KPI取决于公司的发展战略，有些指标在某一年内可能不会重点考虑，但在某一周期内会重点考虑。表11-2-1是融智公司研发体系组织KPI模型示例，其中选取了几个重点考核项。

表11-2-1　融智公司研发体系组织KPI模型

研发目标	组织 KPI	具体指标
• 提高老产品的利润 • 提高新产品的收入 • 降低研发成本 • 增加共享和CBB • 提高客户满意度 • 提高员工满意度和任职资格	• 销售收入增长率 • 新业务收入占比 • 重点产品份额 • 产品规划准确率 • 产品计划完成率 • 客户满意度 • 成本降低率 • 员工人数增长率 • 版本发布周期 • 研发及服务成本 • CBB • 核心员工收入增长率 • 人员培训	• 收入增长30% • 新产品收入：15亿，占比20% • 重点产品份额70% • 规划准确率60% • 老产品毛利提高10% • 及时答复率100% • 及时解决率70% • 产品计划完成率70% • CBB达到50% • 预算准确率70% • 服务费用降低2% • 核心员工收入增长5% • 培训费用人均4000元

预研要考虑财务指标，更要考虑科研成果如何才能转化为产出，因此，预研部的KPI通常包括以下指标。

（1）预研成果转化成产品的比例；

（2）预研技术水平先进度；

（3）对国内标准的影响度；

（4）项目计划完成率；

（5）技术成果应用率；

（6）预研牵引出的产品比例。

需要注意的是，预研的考核可能存在一定的滞后期，企业可以按前三年的研发预研成果转化成产品收入来追溯考核。

第三节
如何进行个人绩效考核

▌ 问题思考

1. 个人绩效考核包括哪几种手段?

2. 任职资格主要考核哪些方面?

3. 行为准则主要考核哪些方面?

4. IPI主要考核哪些方面?

5. PBC主要考核哪些方面?

6. KCP主要考核哪些方面?

▌ 如何进行任职资格管理

任职资格是指员工承担某一职务或岗位工作需要具备的个人素质与能力。

任职资格标准从胜任工作的角度出发，建立以结果为导向的技能和行为标准。它强调公司的价值导向，强调员工能做什么，会做什么，而不是知道什么，更强调员工对照标准提升人能力和经过岗位轮换积累工作经历和经险。

任职资格标准体系主要包括三个方面、八个要素，如图11-3-1所示。

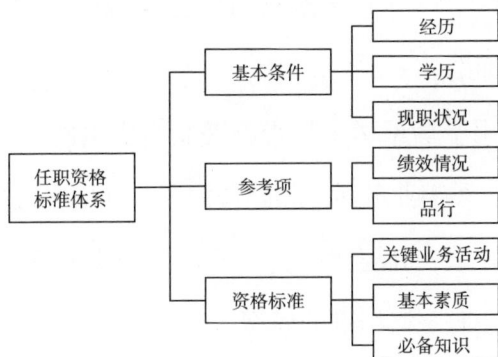

图11-3-1　任职资格标准体系

（1）基本条件。

这个方面用于初步判断员工是否具有申请某个级别的资格，主要看工作经历。低层次员工看学历和工作经历，高层次员工主要看跨部门的工作经验，管理干部主要看管理经验。比如，某公司的研发人员分成七级。

① 一级研发人员没有测试的经历不能升二级；

② 二级研发人员没有技术支持和售后服务的经历不能升三级；

③ 三级研发人员没有市场的经历不能升四级；

④ 四级研发人员没有从原型设计到工程设计到小批量设计到产品转产的工作经历不能升五级；

产品研发管理（第二版）

⑤ 五级研发人员没有经历一个完整的系统方案设计和需求分析的过程不能升六级。

（2）参考项。

这个方面用于对员工资格标准认证的结果进行调整。

（3）资格标准。

这个方面用于衡量员工是否能够获得资格的主要指标，主要包括基本素质、关键业务活动和必备知识。低层次人员主要认证基本素质和必备知识，高层次人员主要认证关键业务活动。图11-3-2是软件工程师任职资格标准的模型示例。

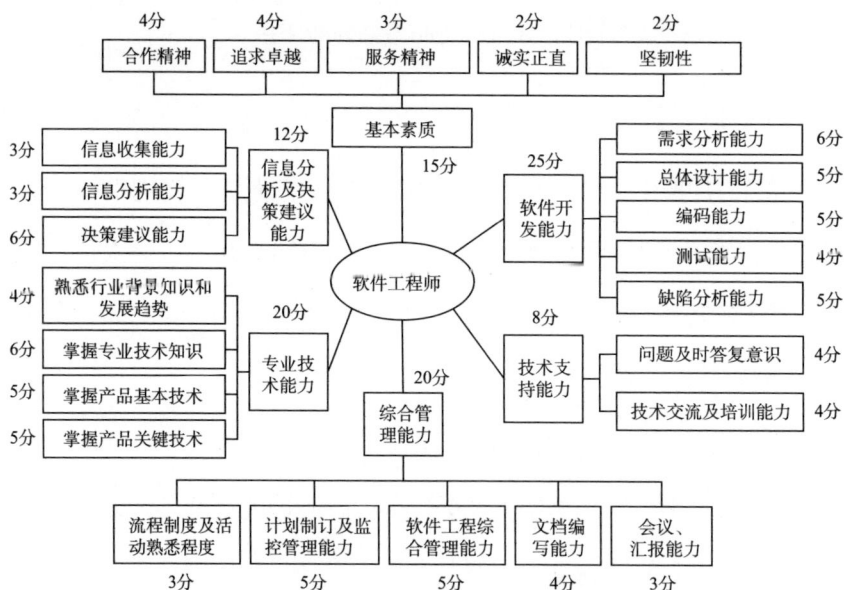

图11-3-2　周辉软件工程师任职资格标准模型

任职资格在绩效管理中主要的作用如下。

（1）通过基本素质考核员工对公司价值导向的认可和是否具备胜任职位的潜力；

（2）通过必备知识考核员工是否有胜任职位的知识结构；

（3）通过关键业务活动考核员工是否具备完成工作的能力；

（4）通过工作经历考核员工对相关部门业务的熟悉程度。

关于任职资格的详细描述详见以后的专题著作。

如何进行行为准则管理

行为准则指每一个职位必做的相关工作和职位要求业务活动的基本要求。行为准则考核要素来自该职位所承担的关键业务活动，对该活动设立一个最低指标即行为准则。通常我们可以把它理解成PI，其与KPI的区别是当某一年公司提升某一个指标时，其挑战目标为KPI。下面为典型职位的行为准则的案例。

案例一

研发人员典型的行为准则：

（1）周报提交；

（2）一月内必须有文档输出；

（3）计划完成率必须高于70%；

（4）每周工作时间必须超过40小时；

（5）问题答复率达到95%；

（6）问题解决率达到70%；

（7）重复的问题不犯第二次。

案例二

公司副总裁典型的行为准则：

（1）一年完成两个人员的培养；

（2）完成40学时的讲课；

（3）一年亲自完成一项流程的制定和优化；

（4）一年评审准确率达到80%；

（5）一年完成一个客户关系的突破；

（6）一年完成一个新产品的样板点建设。

案例三

产品经理典型的行为准则：

（1）价值/重要客户的前端需求响应时间少于3天，故障解决不超过2周；

（2）每月拜访/接待客户、出差至少1次，每年不少于18次；

（3）对客户（含内部客户）问题/咨询/求助等及时答复率大于95%；

（4）每月固定输出1篇产品月报，产品简报年累积不少于10篇；

……

针对行为准则应注意以下几点。

（1）行为准则主要是指PI，公司的绩效指标主要是指KPI，很多公司将KPI和PI混为一谈，导致指标很多都无法考核；

（2）行为准则没有达到标准，不允许承担KPI和PBC指标；

（3）行为准则没有达到标准，可以直接扣款或直接降级。

如何进行PBC的管理

PBC（Personal Business Commitments）：主要对员工的工作过程进行评价，具体工作来自年度和季度计划，主要指当月必须完成的一些工作，强调过程和路径，一般不超过五项。

PBC制定流程主要按PDCA循环进行，如图11-3-3所示。

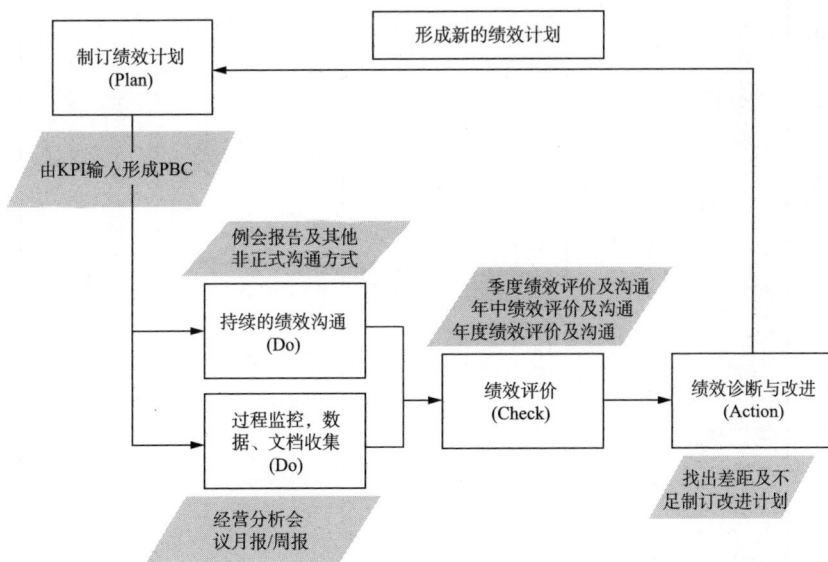

图11-3-3　PDCA循环

表11-3-1为某研发人员的月度PBC示例。

表11-3-1 某研发人员的月度PBC

指标类别	序号	活动类别	细分活动内容	计划完成时间	评分规则	权重	自评得分	评分	备注
公司要求	1	任职资格建设	制定软件工程师的三级标准	4月15号					
			小计			0			
个人主要工作安排	1	技术预研	完成×××项目的原型设计	4月30日		30			
	2	技术攻关	完成×××项目的更改	4月30日		20			
	3	总体方案评审	完成×××总体方案评审	4月10日		10			需浙江力推动上线工作
	4	需求分析	完成×××项目的需求分析	4月30日		10			
	5	人员招聘	离职补缺人员的招聘（招聘两人）	4月23日		10			需人力资源部配合
			小计			80			
上月末完成的工作	1	结项	×××项目的总结报告	4月15日		—			
			合计			80			

▌ 如何进行个人IPI管理

为了确保公司的战略目标和组织绩效成功，实现基于组织绩效基础上的个人绩效，鼓励优秀人员承担独特贡献的个人增量重点指标，我们将个人IPI分解为开关指标、组织指标、个人增量重点指标和部门指标，以及扣分制的防火墙指标五类。

1. 开关指标

开关指标决定绩效工资的有无，一般选取人均毛利、新产品、新业务占比等指标。开关指标没有完成不进行绩效考核，年度绩效工资为零。

2. 组织指标

组织指标决定绩效工资的多少（相当于蓄水池），通常基于组织发展的要求选取最重要的一个指标，以确保公司发展得以实现。组织指标分为公司级和部门级，通常选取毛利额作为组织指标，需要注意的是公司所有职能部门也都要承担相应的组织指标。

3. 个人增量重点指标

个人增量重点指标考核该职位个人的独特贡献，通常增量重点指标3～5个，最多不超过5个，占部门绩效权重不低于50%。

个人增量重点指标强调高手的独特贡献，充分体现个人的独特贡献或亲自主抓的创新业务、增量业务。

通常，每个人有五类活动：组织、参与、监控、独立执行、评审与规划。个人增量重点指标一定是独立执行和组织执行的，这样可以防止团队负责人把下面员工的指标加和等于自己的个人指标。

个人增量重点指标的设置可以保证压力有效传递，避免员工要么是甩手掌柜、透明传输，要么是任务分解不出去、自己背指标。

4. 部门指标

部门指标由部门拟制，直接上级进行审核，通常根据部门发展目标从部门KPI指标库中选择若干项指标构成，占部门绩效权重不高于50%。

5. 防火墙指标

防火墙指标是指规定员工必须完成的基本行为动作，如果没有完成，给员工发放的绩效工资按比例扣除或者乘以一定的折扣系数，可设月度、季度、年度防火墙指标。

图11-3-4是年度绩效考核及发放流程的模型。

通常情况下，公司研发经理的年度绩效考核流程如下：

第一步，进行开关指标考核。开关指标未完成，不进行年度绩效考核，年终绩效奖金为0；开关指标完成的前提下，继续进行组织指标的考核。

第二步，进行组织指标考核。组织指标考核"毛利额"，根据毛利额完成情况，不同的完成区间对应不同的可发放绩效额度。

第三步，进行个人增量重点指标和部门指标的考核。根据实际完成情况，按照权重进行核算。

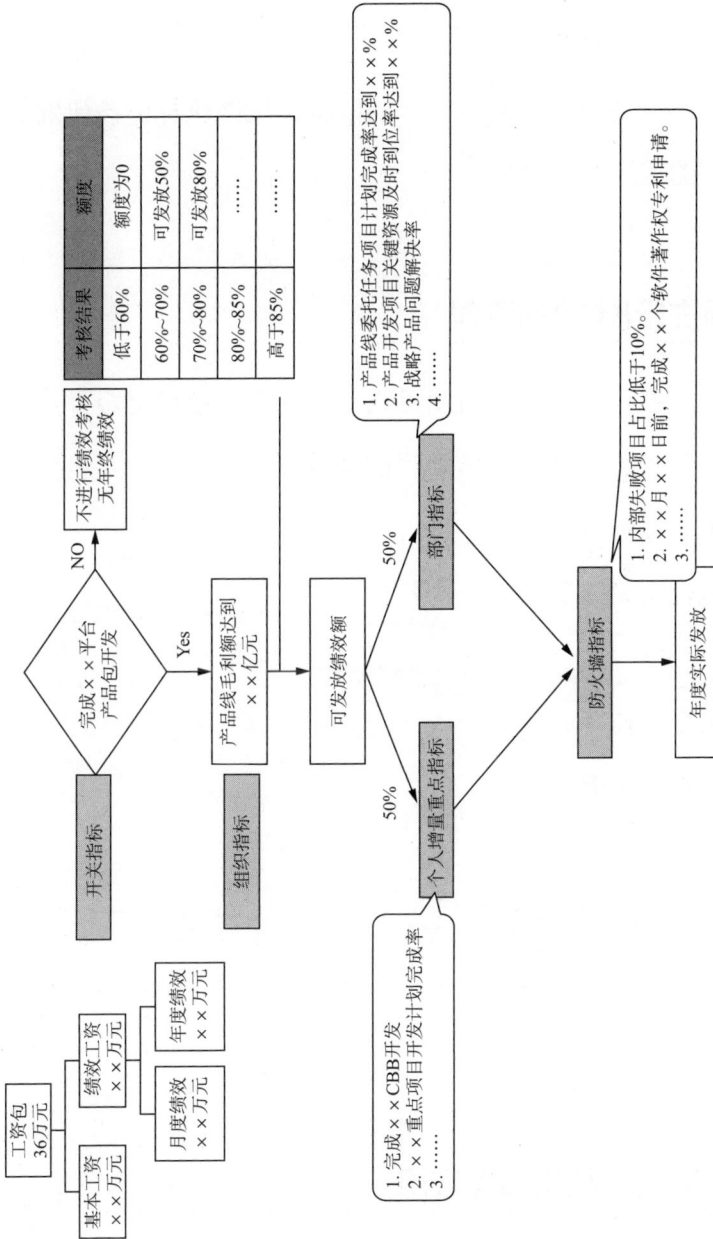

图11-3-4　年度绩效考核及发放流程模型

第四步，进行防火墙指标的考核。防火墙指标中某一项未完成扣减一定的绩效额。

第五步，通过以上五类指标的考核，最终核算出该研发经理年度绩效的实际发放值。

如何进行KCP的管理

针对一些重大项目，公司设立项目奖金，项目奖金并不是所有的员工都有，主要是考核项目的关键点，项目人员是否获得项目奖金主要参看以下六条。

1. 是否在关键项目的关键路径上。

2. 是否要付出个人额外的努力。

3. 是否有独特贡献。

4. 是否是关键资源。

5. 是否冒一定的风险。

6. 是否代表一定的价值导向。

针对KCP的完成情况，设立相应的奖励，可以在项目完成后发放项目奖金，也可以在年底发放。

绩效管理的结果如何应用

绩效考核结果的应用应尽量体现在薪酬激励上，应该注意并不是所有的研发人员都只关心薪酬。除了薪酬提升，应该将职位升迁、能力的提升、技能的提高和考察学习的机会等设计进绩效考核的应用中去。因此，绩效考核应该综合体现在各类激励上，包括机会的获得，机会主要是指工作岗位的轮换、学习的机会、培训的机会、考察的机会，还包括更多的福利。某企业的激励机制如图11-3-5所示。

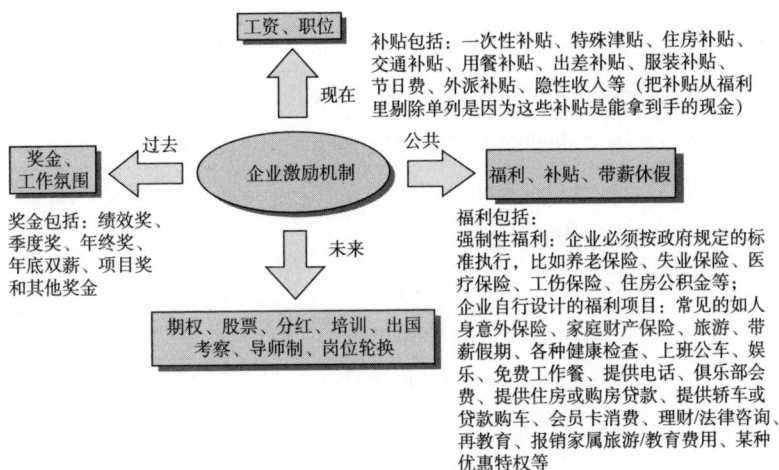

图11-3-5　某企业的激励机制

术语解释

$APPEALS	$Price/Availability/Packaging/Performance/Ease of Use/Assurances/Life Cycle Cost/Social Acceptance	价格/可获得性/包装/性能/易用性/保证性/生命周期成本/社会接受度
CBB	Common Building Block	公共基础模块
DCP	Decision Check Point	决策评审点
IPD	Integrated Product Development	集成产品开发
IPMT	Integrated Product Management Team	集成产品管理团队
IPI	Individual Performance Indicator	个人绩效指标
IRB	Investment Review Board	投资评审委员会
KCP	Key Control Point	关键控制点
KPI	Key Performance Indicator	关键绩效指标
LMT	Life Management Team	生命周期管理团队
PBC	Personal Business Commitments	个人绩效承诺
PMT	Product-line Marketing Team	产品线市场管理团队
TDT	Technology Development Team	技术开发团队
PDT	Product Development Team	产品开发团队
PQA	Product Quality Assurance	产品质量工程师
R&D	Research&Development	技术研究和产品开发
TPBC	Technology/Product/Business/Customer service	经营技术/经营产品/经营解决方案/经营客户和服务
TR	Technical Review	技术评审
VRM	Version/Release/Modification	V版本/R版本/M版本
WBS	Work Breakdown Structure	工作任务分解

参考文献

[1]（美）麦格拉思:《培思的力量：产品及周期优化法在产品开发中的应用》，上海科学技术出版社，2005年。

[2] 吴建国 冀勇庆:《华为的世界》，中信出版社，2006年。

[3]（美）琳达·哥乔斯:《产品经理的第一本书》，中国财政经济出版社，2004年。

[4] 周辉:《增量绩效管理》，电子工业出版社，2019年。

后记暨鸣谢和展望（第一版）

本书写作虽然只历时一年，但整体的思路和体系的形成却要追溯到我参加工作的那一刻。

我首先感谢给我第一份工作，让我经历各个岗位并参与各种培训的华为公司以及与我共同开展研发管理工作的领导、同事和朋友。

我要感谢亿阳信通公司和青牛软件，我担任COO和CEO的经历弥补了我经历的不足和完善了我的理论体系。

我还要感谢我的客户，他们所面临的问题和我们共同形成的解决方案很好地补充了我的经历和案例。

我更要感谢融智咨询公司的同事，有很多成果是我们共同的思想碰撞和研发出来的。

最后我要感谢PRTM公司所出的《PACE》一书和IBM公司在华为执行IPD项目组的咨询顾问，他们在国外实施研发管理和IPD的成功案例和经验帮助我很好地开拓了思路和充实了理论。

在本书即将完稿之际，我正好接受了国资委《培育具有国际竞争力的世界一流企业要素指引》项目中的"研发能力"建设课题，我衷心地希望此书能为培养一批创新型企业、建设创新型国家做出一些贡献。

后续融智咨询将出版《增量绩效管理》《核心技术管理》《研发项目管理》《研发质量管理》，以及《如何成为好的产品经理》等更详细的专题性的系列书籍，希望得到各界人士的批评、指正和帮助。

融智咨询创始人　周辉

邮箱：zhouhui@rdmu.com.cn

2011年12月10日

后记暨鸣谢和展望（第二版）

本书第二版修订完成之际，正值美国将华为、中兴通讯、海康威视等一批高科技企业列入"实体清单"，中美之间将围绕5G、人工智能等下一代核心高科技技术展开激烈竞争。国家已将技术创新定为我国经济发展的国策，提出"企业是技术创新的主体"，各企业不仅要加大产品开发的投入，还要加强支撑核心产品的核心技术、关键技术的研究，以及前沿基础技术的探索。自主创新的环境不断优化，自主创新的氛围空前热烈，促使我加快了下一本书《核心技术管理》的创作进度。

我仍然要感谢这十年来一如既往支持我的客户和团队，我们持续的合作促进了本书案例、模板、工具不断丰富和完善。

一家伟大的咨询公司必须和一群伟大的行业头部企业共同成长和进步，我们将持续努力地坚持回归产品，坚持在经营中解决管理的问题，坚持核心技术支撑核心产品，核心产品支撑解决方案，通过对优质客户定制带来新技术循环的商业模式，并坚持将咨询费用与客户的增量进行行业绩对赌，实现双赢。

最后，再一次强调，IPD的改革不仅仅是流程的改革，也不仅仅是技术体系的改革，而是商业模式的转型，是将对技术负责的研发体系转变为对产品市场成功、财务成功负责的产品管理体系，并同步提升核心员工的任职资格能力。

祝伟大的祖国繁荣昌盛！

祝奋斗的企业基业长青！

祝尊敬的读者节日快乐！

周　辉

zhouhui@rdmu.com.cn

2019年9月30日

附 录 1

创新核心技术　构建核心产品

提升任职资格　实现增量绩效

伟大的咨询公司，必须与伟大的企业共同成长，我们期待与您的合作!

融智的竞争力

1. 不仅仅是IPD，更是通过"三六三"模型，让IPD落地。

2. 不仅仅是咨询，更有产品线管理特训营IPD&IPM。

3. 不仅仅是管理，更强调经营。

4. 不仅仅是人才的培养，更着重强调业绩增长和对赌。

5. 不仅仅强调方案的落地，更强调与行业数据的对标。

融智的奋斗目标

1. 至少有三十家企业通过三期每期三年的合作，业绩翻了四番。

2. 至少有百家企业通过IPD和增量绩效管理，实现了业绩的三年翻番。

3. 上千家企业中80%的客户都保持了三年以上的合作，50%的客户保持了长达五年以上的合作。

4. 在每个细分领域，培养一个"华为"。

融智选择客户的要素

1. 企业主营业务和核心产品突出。

2. 企业领导人富有责任感和使命感，立志将企业做到行业前三名。

3. 有核心技术或正在构建核心技术。

4. 中高级干部有忧患意识和开放的学习心态。

融智的合作模式

1. 咨询：模块项目式咨询、系统顾问式咨询、业绩对赌咨询。

2. 培训：IPD&IPM特训营、培训式咨询、内训。

3. 对赌投资：咨询费转投资、对赌费转股权。

附 录 2

欢迎您参加
融智产品线总经理和产品经理实战营

企业管理应回归产品的经营，在回归产品的同时产品线总经理和产品经理的能力则成为企业竞争的重中之重。因此，公司高级管理者应回归产品线，从产品线总经理和产品经理做起。

IPD&IPM致力培养对市场和财务成功负责的、关注增量和产出的全流程、全要素的产品线总经理及核心经营管理者。目前，融智已经成功培养了上千名产品线总经理和产品经理以及高管。《产品研发管理》及《增量绩效管理》作者周辉老师全程亲自讲授、现场辅导。

1. 按照产品线管理的模型，涵盖六大模块（见下图）：

2. 每年4～9月开班，每月2天（周五、周六），一个模块一套模板一个作业。

3. 企业最好是团队参加，带实际产品，现场随课程进度全流程的实战演练、交流。

4. 每个细分行业只选择一个客户。

融智IPD & IPM创新联盟欢迎您
融智产品线总经理和产品经理实战营欢迎您

产品线管理

产品推广与销售支持
- 新场景前三单突破
- 产品战略合作与渠道建设
- 产品解决方案营销和品牌建设
- 战略客户关系维护
- 关键大项目和入围支持
- 一线渠道培训

生命周期管理
- 产品竞争分析及策略
- 产品销售工具包维护
- 产品品质管理
- 产品服务管理
- 产品成本管理
- 产品定价管理
- 产品供应管理
- 产品退市管理

基础管理
- 产品线财务
- 产品线绩效
- 产品线任职资格
- 产出文化

产品线经营
- 市场细分与策略
- 竞争分析
- 产品地图及路标规划
- 增长路径设计
- 产品线业务计划
- 产品线经营分析

需求分析及产品定义
- 需求收集
- 需求分析
- 用户研究与痛点识别
- 新产品和解决方案定义
- 需求价值验证
- 技术及发货平台管理

新产品开发及上市管理
- IPD项目开发管理
- 新产品竞争及定价分析
- 新产品试验局/样板局建设
- 新产品销售工具包
- 新产品上市营销宣传
- 新产品早期销售及交付管理

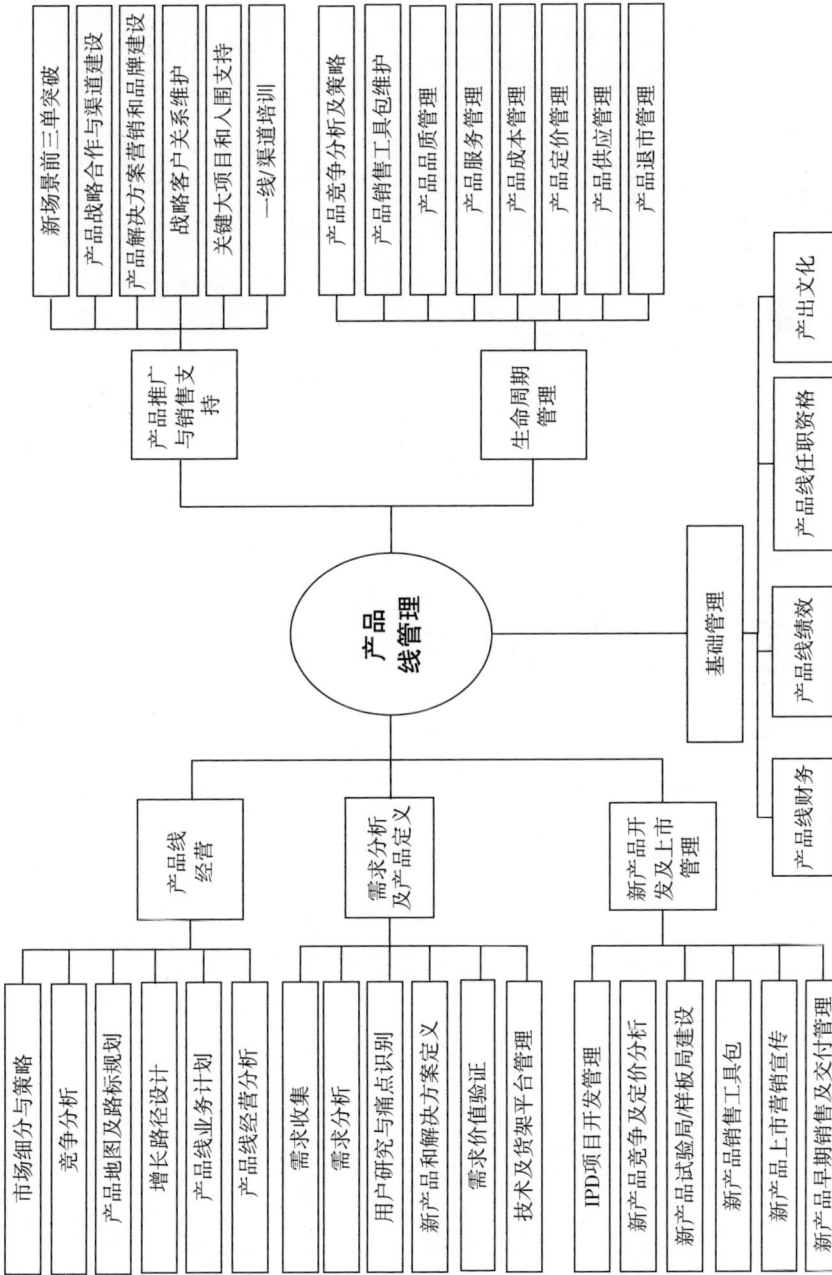

产品线管理任职资格模型